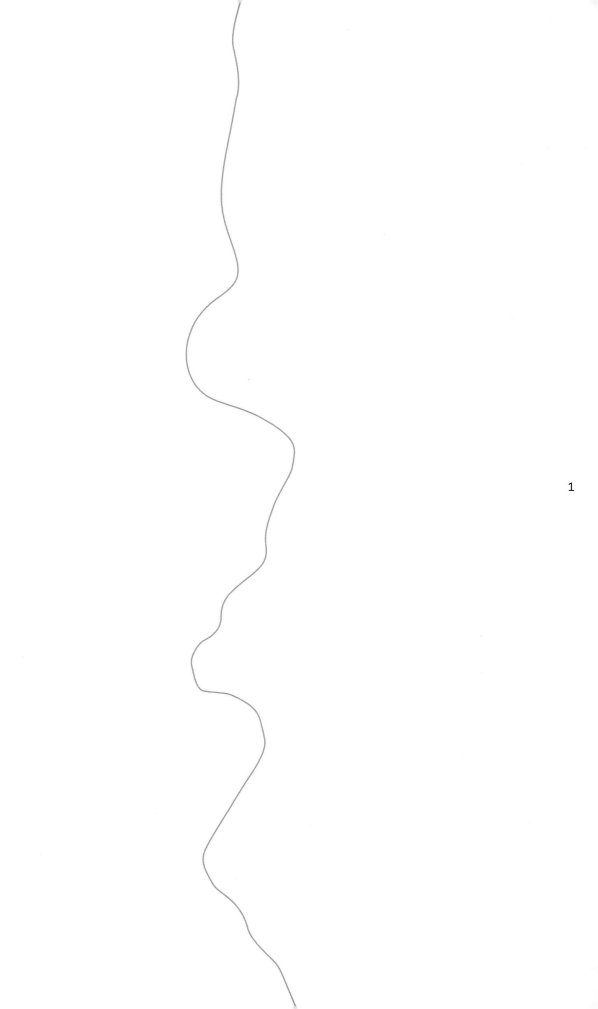

1

**Edited by / Editado por:**
Felipe Correa, *Associate Professor of Urban Design*
Ramiro Almeida, *Loeb Fellow '13*

**Publication design and production team**
Equipo de diseño y producción:

Alexis Coir
Pablo Pérez Ramos
Caroline Shannon
Nathan Shobe
Emmet Truxes

Graphic Design / Diseño gráfico
Nicholas Rock

**Exhibition Design Team**
Equipo de diseño de la muestra:

Felipe Correa
Carlos Garciavelez Alfaro

Translation / Traducción:
Kastin Mattern / GSD team

Applied Research and Design Publishing
Gordon Goff: Publisher
www.appliedresearchanddesign.com
info@appliedresearchanddesign.com

2

Color Separations and Printing: ORO Group Ltd.
Printed in China.

This book is part of the South America Project (SAP)
research initiative; a trans-continental applied research
network that proactively endorses the role of design
within rapidly transforming geographies of the South
American Continent. SAP specifically focuses on how
a spatial synthesis best afforded by design can provide
alternative physical and experiential identities to the
current spatial transformations reshaping the South
American urban landscape.

Harvard University
**Graduate School of Design**

**HARVARD UNIVERSITY**
David Rockefeller Center
for Latin American Studies

SAP

Metro de Quito
Empresa Pública
Metropolitana

APPLIED
RESEARCH
DESIGN
PUBLISHING

# A LINE IN THE ANDES

## UNA LÍNEA EN LOS ANDES

# ACKNOWLEDGEMENTS
# AGRADECIMIENTOS

The successful completion of any publication is always the result of a well crafted collaboration among a diverse group of individuals under the support and endorsement of a variety of institutions. A *Line in the Andes* is no exception. The material presented in the pages to follow is the result of an applied research and design studio conducted during the 2011-2012 academic year, and developed with students from all three departments –Architecture, Landscape Architecture, and Urban Planning and Design– at the Harvard Graduate School of Design (GSD).

A great debt is owed to Harvard's GSD for having supported our team in the execution of this endeavor. A special mention should be made to Rahul Mehrotra, Chair of the Department of Urban Planning and Design as well as Dean Mohsen Mostafavi and Executive Dean Patricia Roberts for supporting this enterprise from the start. The Loeb Fellowship at Harvard should also be acknowledged for their unceasing support along the development of this book. Much gratitude is owed to Merilee S.Grindle, Director of the David Rockefeller Center for Latin American Studies at Harvard for her support in this enterprise and the South America Project at large.

The project could not have come to fruition without the unconditional support of a series of agencies in Quito. A special acknowledgement must be made to Dr. Augusto Barrera, Mayor of the Distrito Metropolitano de Quito and to Edgar Jácome, General Manager of Metro de Quito for their unconditional support in this undertaking. Their belief in this project, paired with the unassailable support of the two institutions they lead, guaranteed its successful completion.

Una publicación como la que el lector tiene en sus manos, es siempre el resultado de una gran colaboración entre un grupo diverso de individuos y el apoyo de una variedad de instituciones. Este es el caso de *Una Línea en los Andes*. El material presentado en este volumen es el resultado de una investigación aplicada y taller de diseño desarrollado durante el año académico 2011-2012. El equipo fue formado por alumnos de los tres departamentos académicos – Arquitectura, Paisajismo, y Urbanismo– de la Escuela de Diseño de la Universidad de Harvard.

Extiendo un gran agradecimiento a la Escuela de Diseño de la Universidad de Harvard por el apoyo institucional en el desarrollo de este proyecto. Cabe hacer una mención especial a Rahul Mehrotra, Director del Departamento de Planificación y Diseño Urbano. También quiero expresar mi gratitud a Mohsen Mostafavi, Decano de la Escuela de Diseño, y a Patricia Roberts, Decana Ejecutiva de la misma escuela, por su incondicional apoyo a este proyecto. El Loeb Fellowship en Harvard también debe ser mencionado por su continua dedicación en el desarrollo de este libro. También quiero agradecer a Merilee S. Grindle, Directora del David Rockefeller Center for Latin American Studies en Harvard, por su apoyo a éste libro y al South America Project en general.

El apoyo de diversas instituciones en Quito fue fundamental para poder avanzar el proyecto. Quiero hacer una mención especial al Dr. Augusto Barrera, Alcalde del Distrito Metropolitano de Quito y a Edgar Jácome, Gerente General del Metro de Quito por su apoyo incondicional a esta iniciativa. Su fe en el estudio y el apoyo brindado

4

I would also like to acknowledge all the critics who during the midterm and final reviews gave substantial feedback to the team. These include María Arquero, Ila Berman, Anita Berrizbeitia, Adrian Blackwell, Joan Busquets, Ana María Durán, Keller Easterling, Danielle Etzler, Dan Handel, John Hong, Brad Horn, Chris Lee, Rahul Mehrotra, Christopher Roach, Renata Sentkiewicz, and Mason White.

Extreme gratitude goes to the team who throughout the past summer helped to advance this research as well as the students that participated in the option studio, spending endless hours imagining and imaging Quito's urban future. Also, Martín Cobas, Ana María Duán, Pablo Pérez Ramos and Graciela Silvestri deserve special recognition for their compelling essays in this volume. Sebastián Ordóñez also deserves special recognition for his assistance to the project and the team in Quito. Furthermore, Carlos Garciavelez Alfaro also deserves recognition for his dedication and critical eye in the design of the the exhibition component of this project soon to open in Quito.

Finally, my biggest gratitude goes to Ramiro Almeida, current Loeb Fellow at Harvard's GSD, who helped me transform a conversation into an important applied research and design project for the city.

F.C

por las dos instituciones que lideran, garantizo el éxito del proyecto.

También quiero agradecer al grupo de profesionales que proporcionaron comentarios constructivos durante la presentación intermedia y final. Ellos son María Arquero, Ila Berman, Anita Berrizbeitia, Adrian Blackwell, Joan Busquets, Ana María Durán, Keller Easterling, Danielle Etzler, Dan Handel, John Hong, Brad Horn, Chris Lee, Rahul Mehrotra, Christopher Roach, Renata Sentkiewicz, y Mason White.

Quiero también expresar un fuerte agradecimiento al equipo que durante el verano desarrolló los diversos temas cubiertos en la investigación, al igual que a los alumnos que participaron en el taller avanzado. Ambos grupos dedicaron mucho de su tiempo a imaginar y dibujar el futuro urbanístico de Quito. También cabe mencionar las contribuciones escritas de Martín Cobas, Ana María Duran, Pablo Pérez Ramos y Graciela Silvestri. Sus ensayos han enriquecido el contenido intelectual de este volumen. Sebastián Ordóñez también debe ser reconocido por su apoyo al proyecto y al equipo en Quito. Adicionalmente quiero agradecer a Carlos Garciavelez Alfaro por su dedicación y ojo critico en el diseño de la muestra, que próximamente se inaugurará en Quito, y en donde se exhibirá el material documentado en este libro.

Finalmente el mayor agradecimiento es para Ramiro Almeida, Loeb Fellow en el Harvard GSD, con quien transformamos una conversación en un importante proyecto urbanístico para la ciudad.

F.C.

5

# CONTENTS
## ÍNDICE

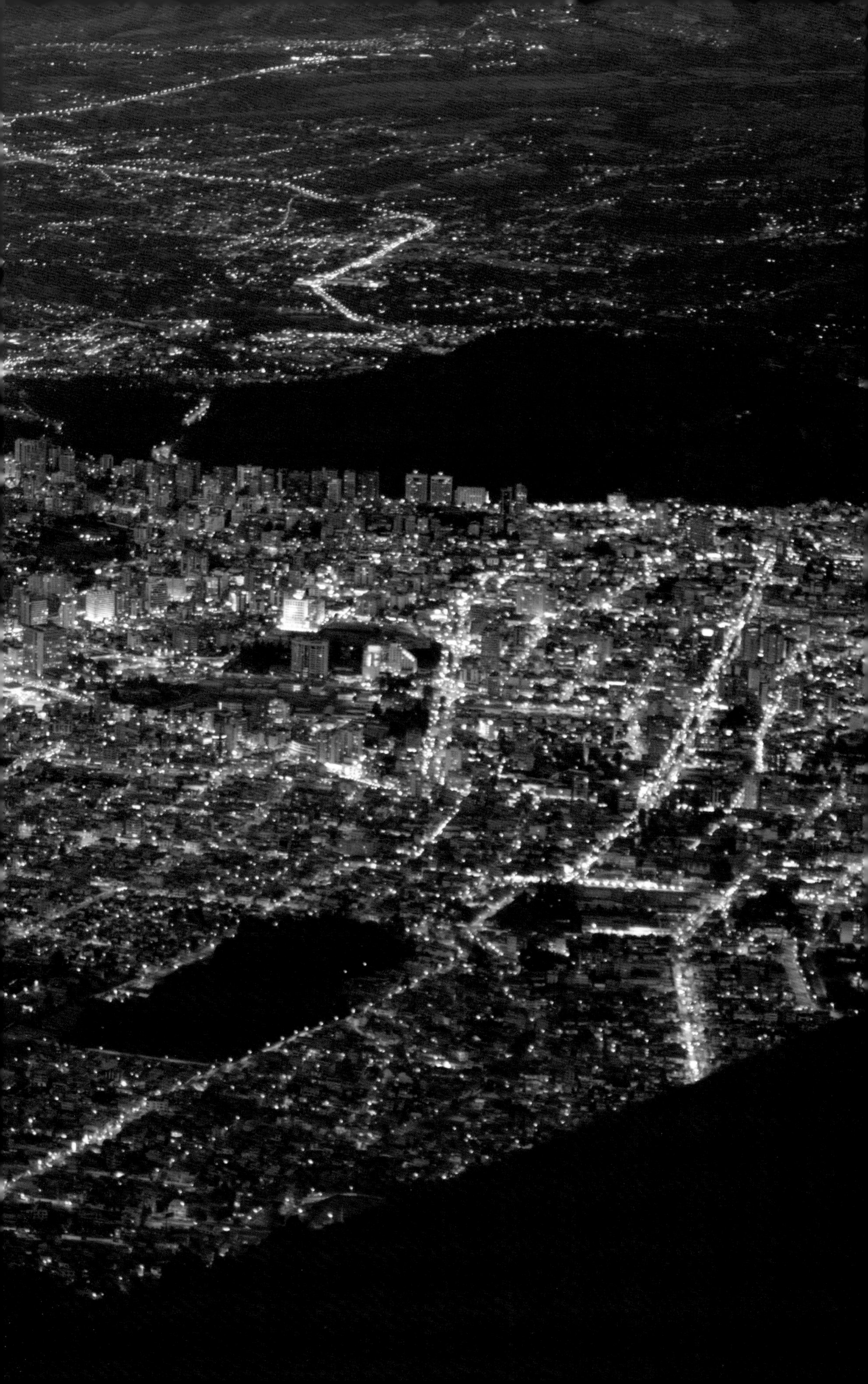

# FOREWORD
## PRÓLOGO

The city of Quito is currently undertaking its most important public works project of the twenty first century: the introduction of the first metro line in the city. As with many mid sized capitals across the globe, the introduction of a project of this scale poses unique challenges as well as opportunities to preserve the city's history while facilitating its growth as a dynamic contemporary metropolis. But more importantly, a crucial piece of infrastructure such as a metro can set up new, complex and often unpredictable interconnections and synergies across the urban landscape that have transformative effects in a city.

The work developed by Associate Professor Felipe Correa and his team, incisively examines and anticipate these conditions in Quito both as a research project as well as one which speculates about new possibilities (both physical and social), that the new metro infrastructure can bring to the city. This applied research project uses the metro as a premise to unfold a unique set of analyses that trace the evolution of the city from its foundation as a colonial outpost to its current state as a mid size South American city situated in an unique geography - embedded in an Andean Valley at 10,000 feet above sea level! This document, captures, and archives an unprecedented graphic biography for Quito. Yet, its ambition is broader and therefore the diversity of design hypotheses and projections showcased in this volume aspire to be provocative in that they will hopefully inspire the citizens to imagine new urban formations for Quito.

This volume is also an important contribution to the more general issue of mobility infrastructure. The research examines the metro as an

La ciudad de Quito está emprendiendo actualmente su proyecto de obra pública más importante del siglo XXI: la creación de su primera línea de metro. Como con muchas otras capitales de tamaño medio en el mundo, la incorporación de un proyecto de esta escala presenta retos y oportunidades únicas para la ciudad, de preservar su historia y de facilitar su desarrollo como metrópolis dinámica y contemporánea. Pero hay algo incluso más importante: un ejemplo de infraestructura crucial como es el del metro permite concebir nuevas, complejas y a menudo impredecibles sinergias e interconexiones a lo largo y ancho del paisaje urbano, que tendrán efectos de cambio en la ciudad.

El trabajo desarrollado por el Profesor Felipe Correa y su equipo examina y anticipa incisivamente estas condiciones en Quito, como proyecto de investigación y como ejercicio de diseño acerca de las nuevas posibilidades (tanto físicas como sociales) que la nueva infraestructura del metro puede suponer para la ciudad. Esta investigación aplicada utiliza el metro como premisa para desplegar una serie excepcional de diferentes análisis que siguen la evolución de la ciudad, desde su fundación como asentamiento colonial hasta su condición actual de ciudad sudamericana de tamaño medio sobre una geografía única –incrustada sobre un valle andino a más de 3000 metros sobre el nivel del mar. Este documento captura y archiva una biografía gráfica de Quito sin precedentes. Pero su ambición es incluso mayor y, así, la diversidad de las hipótesis y propuestas de diseño contenidas en este volumen aspiran a ser provocativas e inspirar a los ciudadanos a imaginar nuevas formalizaciones urbanas para Quito.

instrument used in the orchestration of the terrain of a city with the view to not only create the physical networks that make the city an efficient organism but also one that spawns rich physical design possibilities. These often range from the creation of new and accessible public spaces to the opening up of land for affordable housing across the city through the metros inherent ability to subsidize mobility and thus accessibility in Quito. The city of Quito displays an exceptional history and manifests the idea of geography being destiny – something that resonates with many other urban centers of a comparable size around the world. We hope this publication will act as a handbook as well as a manifesto that inspires and propels the citizens of Quito towards a more nuanced understanding of the city through these design ideas that seamlessly synthesize the past, present and possible future transformations in Quito.

Rahul Mehrotra
Professor and Chair, Department of Urban Planning and Design
Harvard University

11

Este libro constituye igualmente una contribución importante a la cuestión más amplia de las infraestructuras de movilidad. La investigación explora la idea de metro como un instrumento no sólo utilizado en la configuración del terreno de una ciudad con la vista puesta en la creación de redes físicas que la conviertan en un organismo más eficiente, sino también en la emergencia de valiosas oportunidades de diseño. Éstas varían desde la creación de nuevos espacios públicos hasta la apertura de nuevos espacios para la construcción de vivienda social a lo largo de la ciudad, pasando por la capacidad inherente del metro de garantizar movilidad, y por tanto accesibilidad, en Quito. La ciudad presenta una historia excepcional y propone un concepto de geografía como destino –algo que resuena con muchos otros centros urbanos de un tamaño semejante en todo el mundo. Confiamos en que esta publicación funcionará como un manifiesto que inspire e impulse a los quiteños hacia un entendimiento más sutil de la ciudad, a través de unas propuestas de diseño que sintetizan sagazmente el pasado, el presente, y un posible futuro para Quito.

Rahul Mehrotra
Profesor y Director del Departamento de Planificación y Urbanismo
Universidad de Harvard

# NOTES FROM QUITO
## NOTAS DESDE QUITO

A *line in the Andes* is a suggestive and symbolic title for this book, analyzing Quito from the Foundational City up and its evolution, the compact city's characteristics of expansion in the 20th century with paradigmatic moments in the consolidation of citadels, avenues, social dwelling neighborhoods and informal settlements. In a revealing fashion, it shows the extended metropolis as the Metropolitan District, in order to delve into the relationship between the compact capital and the valleys, and to explain the importance of territorial relationships, ground use densities and transportation networks as per the largest transformation project we have ever undertaken: The Metro of Quito.

The context elements included within this book help us to understand that Quito, Metropolitan District, capital of the Republic of Ecuador, is a city undergoing a profound transformation process. The axes directing a radical change toward modernity respond to the problems and needs of metropolitan areas with similar characteristics in the Region.

The responses to such needs are doubtlessly summarized within the concept of the right to the city, consecrated in an innovative fashion in our country's Constitution, conceived to promote citizen access to universal, efficient and sustainable mobility; access to safe and quality public spaces; access to equipment and infrastructures for everyday enjoyment; living in a healthy environment, in a territory that is a place of pacific coexistence for the expression of multiple cultural expressions, inherent to a historic, thousand-year-old, yet still modern city.

In order to exercise said right, the city I am

*Una línea en los Andes* es un título sugestivo y simbólico para este libro que analiza a Quito desde la Ciudad Fundacional y su evolución, las características de la expansión de la ciudad compacta en el siglo XX con momentos paradigmáticos en la consolidación de ciudadelas, avenidas, barrios de vivienda social y asentamientos informales. De forma reveladora muestra la urbe extendida como Distrito Metropolitano para profundizar en la relación entre la capital compacta y los valles y explicar la importancia de las relaciones territoriales, densidades de uso del suelo y redes de transporte en función del proyecto más grande de transformación que hemos emprendido: El Metro de Quito.

Los elementos de contexto que este libro coloca, permiten entender que Quito, Distrito Metropolitano, capital de la República del Ecuador es una ciudad que atraviesa por un profundo proceso de transformación. Los ejes que orientan un cambio radical hacia la modernidad, responden a las problemáticas y necesidades que no son ajenas a urbes de similares características en la Región.

Sin duda las respuestas a tales necesidades, se resumen en el concepto del derecho a la ciudad, consagrado de manera innovadora en la Constitución de nuestro país, pensado para promover que los ciudadanos y ciudadanas, puedan disponer de movilidad universal, eficiente y sustentable; contar con espacios públicos seguros y de calidad; acceder a equipamientos e infraestructuras para el disfrute cotidiano; vivir en un ambiente sano y saludable, en un territorio que sea un lugar de convivencia pacífica para la expresión de las múltiples expresiones culturales,

honored to preside over as Mayor has powerful planning and management tools for the progressive structuring of a territorial model that aims to:

- Promote regional completeness to achieve territorial management and planning in coordination with other levels of government, economic integration, optimization and consolidation of mobility systems, connectivity and accessibility with the rest of regions in the country.

- Consolidate the main environmental structure through the System of Protected Areas and Ecological Corridors.

- Regulate and manage balanced urban and rural development that is both sustainable and safe, by consolidating the use and occupation of ground reserves; densifying selected sectors with appropriate load capacity, as per urban habitat quality criteria; containing the disperse growth at the edges of the city, and integral planning of equipping the city with basic services.

- Structure the District Network of Mobility, Connectivity and Accessibility. It is within this framework of primary importance that we have the New International Airport of Quito, as an international and national transportation hub for people and freight; the Quito Metro as the central axis of massive urban public transit, and the integrated transportation system (BRT, trolley bus and power suppliers); optimization of the road system according to the demand for connectivity and accessibility on a district, regional and national scale, and improvement of physical conditions for non-motorized mobility (pedestrian, bicycle and others).

- Strengthen the District System of Urban and Rural Centers of different scales, by providing equipment and services in a balanced fashion.

- Consolidate the District Network of Public Spaces and Green Areas, to structure a system composed of places to linger--large and small city squares-- and places of transition--roads, sidewalks, steps, and bridges.

The symbiosis of the elements forming this territorial model is revealed as the book's critical analysis progresses. The comparison study on other metro systems describe how similar projects have successfully resolved the intersection of architecture, infrastructure and city planning, offering new opportunities to reconfigure certain existing conditions, while stimulating new models for urban development.

propias de una ciudad histórica, milenaria y a la vez moderna.

Para el ejercicio del citado derecho, la ciudad que me honro en presidir como Alcalde, dispone de herramientas potentes de planificación y gestión que permiten la estructuración progresiva de un modelo territorial que apunta a:

- Promover la integralidad regional para conseguir una planeación y gestión territorial coordinada con otros niveles de gobierno, la integración económica, optimización y consolidación de los sistemas de movilidad, conectividad y accesibilidad con el resto de regiones del país.

- Consolidar la estructura ambiental principal a través del Sistema de Áreas Protegidas y Corredores Ecológicos.

- Regular y gestionar un desarrollo urbano y rural equilibrado, sustentable y seguro, a través de la consolidación del uso y ocupación de las reservas de suelo; densificación de sectores seleccionados con capacidad de carga apropiada y bajo criterios de calidad de hábitat urbano; contención del crecimiento disperso de los bordes de la ciudad y, planificación integral de la dotación de servicios básicos.

- Estructurar la Red Distrital de Movilidad, Conectividad y Accesibilidad, es en este marco de primera importancia el Nuevo Aeropuerto Internacional de Quito, como nodo internacional y nacional de transporte de personas y carga; el Metro Quito como eje central de transporte público masivo urbano y del sistema integrado de transporte (BRT, trole y alimentadores); la optimización de la red vial arterial en función de la demanda de conectividad y accesibilidad a escala distrital, regional y nacional y, el mejoramiento de las condiciones físicas para la movilidad no motorizada (peatonal, bicicleta, otros).

- Fortalecer el Sistema Distrital de Centralidades Urbanas y Rurales de diferentes escalas, mediante la dotación equilibrada de equipamientos y servicios.

- Consolidar la Red Distrital de Espacios Públicos y Áreas Verdes, para estructurar un sistema compuesto por espacios de permanencia –plazas, plazoletas- y de transición –vías, andenes, escalinatas, puentes.

La simbiosis de los elementos que configuran este modelo territorial, se revelan conforme avanza el análisis crítico del libro, el estudio comparado de otros sistemas de metro describen cómo proyectos similares han resuelto

Thought, reflection and critical analysis of significant issues for cities and those inhabiting them are part of democratic management, and for this reason, this book is an invitation to delve into deeper knowledge of Quito and to form part of its projects and plans, especially forming part of that "line in the Andes" which, short-term, will no longer be merely a dream.

Augusto Barrera Guarderas
MAYOR OF THE METROPOLITAN
DISTRICT OF QUITO

con éxito las intersección de arquitectura, infraestructura y urbanismo, ofreciendo nuevas oportunidades de reconfigurar ciertas condiciones existentes y estimulando nuevos modelos de desarrollo urbano.

El pensamiento, la reflexión y el análisis crítico de los temas trascendentes para las ciudades y para quienes habitan en ellas, son parte de la gestión democrática y por eso este libro es una invitación a profundizar en el conocimiento de Quito, a ser parte de sus proyectos y de sus proyecciones, especialmente de esa "línea en los andes" que en el corto plazo dejará de ser un sueño.

Augusto Barrera Guarderas
ALCALDE DEL DISTRITO
METROPOLITANO DE QUITO

# NOTES FROM QUITO
## NOTAS DESDE QUITO

Quito's first metro line is an emblematic project for the Ecuadorian capital. Never before had we imagined carrying out a project of such magnitude and technical content, crossing the core of Quito, millennial and enigmatic and at the same time dynamic and entrepreneurial. Embedded in the precipitous slopes of the historic Pichincha Mountain, it is surrounded by a string of geometric and snowy volcanoes, with abundant testimonies of its unique past, expressed in the Historic Center, the largest inhabited museum and best-conserved core of Latin America, with its splendorous architecture, declared capital of the American Baroque and World Cultural Heritage by UNESCO in 1978, keeping intact that piece of yesteryear as suspended in time.

The city of the eternal spring, a relic of art in America, the one where the first cries for independence were heard, the one with a libertarian and rebel spirit, the one that loves and lives its past while still facing the challenge of modernity, Quito faces this project with great technological dimensions. It will propel the city towards a splendid future, not only in terms of human mobility, but also in terms of the development of a metropolis that will harmonically combine the goodness of the colonial city with an avant-garde conception of city planning.

Above all else, the design of the *Metro de Quito* took the city's inherent conditions, and this is why several preliminary studies were launched, with dynamism and certainty, in seeking out a deep understanding of mobility problems, carrying out an 80,000-person survey regarding origin and destination trajectories, so as to then continue with the conceptual design of the *Integrated Public Transportation System*, of which

La primera línea del *Metro de Quito* es un proyecto emblemático para la capital de los ecuatorianos. Nunca antes nos habíamos imaginado la ejecución de un proyecto de tal magnitud y contenido tecnológico, atravesando las entrañas de ese Quito milenario y enigmático pero al mismo tiempo dinámico y emprendedor, incrustado en las escarpadas faldas del histórico Pichincha, rodeado por un rosario de geométricos volcanes y nevados, con abundantes testimonios de su pasado único que se expresa en el Centro Histórico el museo habitado más grande y mejor conservado de Latinoamérica con su esplendorosa arquitectura, declarada por la UNESCO en 1978 como capital del barroco americano y Patrimonio Cultural de la Humanidad, que guarda intacto ese pedazo del ayer como suspendido en el tiempo.

En esta ciudad de la eterna primavera, relicario de arte en América, la del primer grito de la independencia, la del espíritu libertario y rebelde, la que ama y vive su pasado pero que al mismo tiempo le gusta el reto de la modernidad, se desarrolla este proyecto de grandes dimensiones tecnológicas, que le proyectará a Quito hacia un futuro esplendido, no solo en materia de movilidad de sus habitantes, sino además en el desarrollo de una urbe que combine de forma armónica las bondades de la ciudad colonial con una concepción urbanística de vanguardia.

El diseño del *Metro de Quito* consideró ante todo las condiciones propias de la ciudad, por ello se emprendieron con dinamismo y certeza sendos estudios previos que partieron por entender a cabalidad la problemática de la movilidad mediante 80.000 encuestas origen destino, para continuar con el diseño conceptual del *Sistema Integrado de*

the metro acts as a spine. Definitive engineering of the project finally established a metro line 22 km. long, from the southern Quitumbe station to El Labrador in the north, with 15 operative stations and 5 in reserve. The project was supported by in-depth technical studies, such as geological and geotechnical characterization of the soil, the study of hydrogeological conditions, the recording and interpretation of seismicity, conditions of the constructed structures above, paleontological and archeological explorations, the study of patrimonial constructions, vibration and micro-tremor analysis, in addition to others, and the study of environmental impact, widely open to the public.

Withing this framework, and aware of the need to preserve the harmony between the city's historic patrimony and its modern future, as well as the fact that the project will be a milestone, not only in the life of the inhabitants of Quito, but also in the city's urban development, we undertook the project with a scientific study, supported by exigent research processes, developed by bright and passionate minds working together within a highly rigorous academic atmosphere, so as to identify the potential urban impacts by such a relevant intervention in a city such as ours.

The Harvard Graduate School of Design is introducing the book *A Line in the Andes*, showing the huge urban potential of Quito, in natural harmony with its historic wealth; this book is a product of an academic process undertaken by master level students, directed by Felipe Correa, a Quito native with a unique devotion for the city, to whom we would like to extend our most heartfelt recognition for the determination, passion and high technical content of this excellent work.

Edgar Jácome,
CEO, Metro de Quito

*Transporte Público* en el cual el Metro se inserta como su eje articulador. La ingeniería definitiva del proyecto que define una línea de metro de 22 Km. desde la estación Quitumbe al sur hasta la estación El Labrador al norte, con 15 estaciones operativas y 5 de reserva, se sustentó en sendos y profundos estudios técnicos de soporte, tales como la caracterización geologica y geotécnica, estudio de la hidrogeología, registro e interpretación de la sismicidad, estado de las edificaciones, exploración arqueológica y paleontológica, estudio de edificaciones patrimoniales, análisis de vibraciones y microtremores, entre otros, y el estudio de impacto ambiental que fue ampliamente socializado.

En este marco y conscientes de la necesidad de preservar la armonía entre el patrimonio histórico y el futuro moderno de la ciudad, y de que el proyecto marcará un antes y un después en la vida de los habitantes de Quito, pero también un punto de inflexión en su desarrollo urbanístico, no podíamos prescindir de un estudio científicamente realizado, soportado en exigentes procesos de investigación y desarrollado por mentes brillantes y apasionadas en un ambiente de alta rigurosidad académica, que identifique los potenciales impactos urbanos provocados por una intervención tan relevante en una ciudad como la nuestra.

La Escuela de Diseño de la Universidad de Harvard, nos presenta el libro *Una Línea en los Andes*, que muestra el enorme potencial urbano de Quito en franca armonía con su riqueza histórica, producto de un proceso académico en el que han participado estudiantes de maestría, dirigidos por el Arq. Felipe Correa, un quiteño de corazón, para quien extendemos nuestro más sentido reconocimiento por el empeño, pasión y alto contenido técnico de este excelente trabajo.

Edgar Jácome,
Gerente, Metro de Quito

# NOTES FROM QUITO
## NOTAS DESDE QUITO

The city of Quito is unique in the world, with an impressive and extensive green landscape, at an altitude of ten thousand feet, surrounded by active volcanoes and mountains in the middle of the Andean range. It is this complex combination of nature and urbanity that make Quito so special, and at the same time it is one of the main reasons why the city is facing many planning challenges as it advances into the second decade of the twenty first century.

Some of the most critical issues are associated with planning, safety and transportation. The situation is complex, with traffic congestion, excessive loss of time traveling and pollution increasing at very dramatic levels. According to recent studies, if left unchecked our current public transportation system would collapse by 2018; and by 2030, the average citizen could spend four hours in their daily commute.

The vision for a better future on such a sensitive scenario requires a long-term solution. For this reason Quito decided to change the mobility model to a social inclusive and urban integrated public transportation system. The key to this new system includes a technological jump that involves an underground urban railway system as the backbone of this integrated plan.

The project of implementing Ecuador's first subway line, in Quito, is a major opportunity for positively transforming many of the city's existing urban structures and citizens behavioral conducts that have been around for decades. In addition the Metro will also save billions of travel time hours to millions of citizens, increase productivity and efficiency, create greater social inclusion, improve public health and reduce

Quito es única en el mundo, una impresionante ciudad en donde el verde siempre predomina, a una altura de 2.800 metros sobre el nivel del mar, rodeada de volcanes y montañas en el corazón de la Cordillera de Los Andes. Es justamente esta compleja combinación de naturaleza y urbanismo lo que la hace tan especial, y al mismo tiempo son estos factores los que generan una serie de retos que la ciudad debe afrontar mientras avanza hacia el futuro en la segunda década de este nuevo milenio.

Algunos de los retos mas críticos tienen que ver con la planificación, la seguridad y el transporte. La situación es compleja con patrones de movilidad que conlleva para los ciudadanos una excesiva pérdida de tiempo en los viajes diarios y una polución que sigue creciendo a niveles inapropiados. De acuerdo a los estudios de factibilidad realizados recientemente para el Metro de Quito, si la ciudad no toma medidas determinantes, el sistema de transporte público llegaría a niveles de insatisfacción intolerables para el usuario en el año 2018, y en el 2030, un ciudadano promedio podría llegar a destinar hasta cuatro horas diarias para sus traslados.

La visión para un futuro mejor en un escenario de esta complejidad requería de una solución de largo plazo. Es por esta razón que Quito tomo la decisión de cambiar el modelo de transporte hacia uno socialmente más inclusivo y enlazado con el diverso tejido urbano de la ciudad. La clave de este modelo incluye una innovación tecnológica de enorme importancia: el diseño, planificación y puesta en marcha de la primera línea de Metro de Ecuador, como columna vertebral del Sistema Integrado de Transporte de la Capital.

environmental pollution. Such an undertaking promotes a new civic culture and an optimistic attitude towards public works, endowing its citizens with a sense of common good.

Perhaps, some of the most important challenges relate to the fact that the Metro and its affiliated urban development are being approached with a completely new perspective, as the city is attracting international attention at different levels and important recognition for such a difficult undertaken. It is in this context that a partnership with Harvard University has resulted in an applied research and design studio that explores the urban potentials embedded in the Metro project.

As is the case with the many of Harvard's Graduate School of Urban Design studios offered every semester around the world, dozens of students together with faculty take time to visit and study the cities that we live in and think about ways to implement projects that will improve peoples lives forever. Quito had the honor to host the Urban Design Studio: A *line in the Andes*, which gave life to this book. The ideas and concepts that evolved throughout the project are part of the vision that will help shape the urban future of such a complex and mystical city, full of innovative potential.

Ramiro Almeida
Loeb Fellow (13)
Harvard GSD

El Proyecto del Metro de Quito es una oportunidad excepcional para generar la mayor transformación de la ciudad en toda su historia. No solamente en un contexto urbanístico, sino más importante aún, alrededor de la posibilidad de cambiar los patrones de conducta de los ciudadanos que han estado presentes durante décadas. Permitirá que la gente aprecie y valore la calidad de sus servicios públicos y engendrará un extraordinario sentido de pertenencia hacia el bien común. Con su implementación, el sistema formará una monumental plataforma de intercambio e inclusión social y mejorará el estado de salud de todos sus habitantes. Adicionalmente el Metro ahorrará billones de horas a millones de personas en sus traslados, generando un incremento en la productividad e índices de eficiencia de la ciudad nunca antes alcanzados.

Una de las ventajas más significativas para la ciudad tiene que ver con la posibilidad de estar siendo estudiada permanentemente por la comunidad internacional en diversos ámbitos y áreas de interés. Es justamente en este contexto que Quito logra generar la colaboración con la Universidad de Harvard para desarrollar un estudio aplicado de diseño e investigación urbana, para explorar las posibilidades y desarrollar conceptos a lo largo de toda la ciudad.

En los estudios realizados cada año alrededor del mundo, la Escuela de Diseño y Planificación Urbana, los estudiantes de maestrías, profesores e investigadores dedican tiempo para estudiar a fondo las ciudades en las que vivimos para presentar ideas y promover conceptos que podrían cambiar positivamente la vida de millones de personas.

Quito tuvo el honor de haber recibido al Estudio de Diseño Urbano: *Una línea en Los Andes*, que dio vida a este libro. Las ideas y conceptos que nacieron a lo largo del estudio forman parte de la innovación que ayudará a implementar un proceso de revitalización que aproveche el potencial que tiene nuestra ciudad de cara al futuro.

Ramiro Almeida
Loeb Fellow (13)
Harvard GSD

# INTRODUCTION
# INTRODUCCIÓN

San Francisco de Quito, a robust, midsized South American capital city of approximately 2.5 million people, has throughout its 500 years of urban history developed an intricate relationship between geography and geometry. Founded and perched in an Andean valley, 10,000 feet above sea level, this Spanish outpost capitalized on existing footpaths that linked current-day southern Colombia and Ecuador to the extensive territorial network of the Inca Empire. The geographic advantage put forward by the presence of this ready-made regional transportation network—one that would facilitate movement along the north–south axis of the Andes Mountain range and later connect Quito with Lima —trumped the complexity of the local topography. In 1534, Sebastián de Benalcázar founded the city of Quito in a series of small plateaus separated by deep ravines. The foundational project for the city's colonial core exemplifies the 148 points tightly scripted in the ordinance of The Law of the Indies, enacted by King Phillip II of Spain. While Quito's foundational project shares the DNA of the most expansive city-making enterprise in the history of the Americas—one that established more than 900 foundational towns—the city was made a reality only through an unprecedented public works project that would resolve the conflict between a desirable geography and a complex geometry. The site of the historic core was originally sliced by seven deep ravines. These crevasses were slowly filled as the imprint of the Spanish grid became relentlessly inscribed in the Andes. The acts of infilling, leveling, bridging, and containing served as infrastructural ploys that mediated between the abstract city project imposed by the

San Francisco de Quito, una gran capital sudamericana, de tamaño medio, con aproximadamente 2,5 millones de habitantes, ha desarrollado durante sus 500 años de historia urbana, una compleja relación entre geografía y geometría. Encaramada en un valle andino, a 10.000 pies sobre el nivel del mar, esta fundación Española capitalizó senderos prexistentes que vinculaban el sur de la actual Colombia y Ecuador, con la extensa red territorial del Imperio Inca. La ventaja geográfica planteada por la presencia de esta red existente de transporte regional, una que facilitaría la circulación a lo largo del eje norte-sur de la Cordillera de los Andes y conectaría Quito con Lima, superó la complejidad de la topografía local. En 1534, Sebastián de Benalcázar fundó la ciudad de Quito en una serie de pequeñas mesetas separadas por profundos barrancos. El proyecto fundacional para el centro colonial de la ciudad ilustra los 148 puntos estrictamente establecidos en la ordenanza de las Leyes de Indias, establecida por el rey Felipe II de España. Mientras que el proyecto fundacional de Quito comparte el ADN de la empresa más extensa en la creación de ciudades en la historia de las Américas, -una que estableció más de 900 ciudades fundacionales-, la fundación de la ciudad se hizo realidad en gran parte por un proyecto de obras públicas sin precedente, que resolvió el conflicto entre una geometría compleja y el deseo de unir una geografía mas extensa.

Originalmente, el emplazamiento del centro histórico estaba cortado por siete profundos barrancos. Estas grietas se fueron rellenando lentamente a medida que la huella del dominio español se inscribió lentamente en la cordillera

La Compañia Church and the elaborate construction of its interior space.

Iglesia de La Compañia y la detallada construcción de su espacio interior.

Spanish crown and the realities of the site and its extreme topography, resulting in the most heroic urban enterprise in the city's history. An effective public works project has allowed Quito to operate in a dual condition as an urban center, becoming one of the richest depositories of art and culture in the Americas, and a remote and chimerical location, vertically displaced and close to the sky.

Today, Quito straddles the north–south axis of the Guayllabamba River Basin, with urbanization occupying a diverse topography that registers elevation changes of more than 1000 meters. What was a legible grid built through infill and bridges, today is an expansive metropolitan district that covers more than 10,000 square kilometers and incorporates a much larger perimeter that extends far beyond the edges of the central depression, joining an extensive valley system into a single geopolitical entity. The broader metropolitan region includes large agricultural holdings, as well as newly developed suburbs along the lower valleys that flank the more compact fabrics adjacent to the colonial grid.

Quito's current municipal administration, led by Mayor Augusto Barrera, has set forth the most significant infrastructural undertaking in the city's history since the establishment of the Spanish grid in the 1500's—the construction of the city's first underground metro line, the highest underground metro in the world. The Metro de Quito project proposes a single 22-kilometer, 15-station underground line that will act as the backbone of a much more comprehensive transportation network, effectively bringing together under a unified transportation system the three main areas of the metropolitan district, the historic core, the compact expansions along the core, and the urbanized areas along the lower eastern valleys.

While the Metro de Quito is a significant initiative in its own right as a cutting edge, long-term transportation solution for the city, its greatest potential lies in its ability to go beyond an autonomous mobility infrastructure and serve as the catalyst for the most ambitious urban transformation effort in the city's history. *A Line in the Andes*, a one-year applied research initiative undertaken at the Harvard University Graduate School of Design, examines potential ways in which the project can bring about a renewed urban agenda for the city as it addresses its twenty-first-century challenges.

de los Andes. Las obras de relleno, ,construcción de puentes, y nivelación, funcionaron como estratagemas de infraestructura, mediando entre el proyecto abstracto de ciudad impuesto por la corona española, y las realidades del lugar y su extremada topografía, dando lugar al proceso de construcción urbanística más heroica en la historia de la ciudad. Este gran proyecto infraestructural ha permitido que Quito exista en una doble condición, como centro urbano, convirtiéndose en uno de los depósitos más valiosos de arte y cultura en las Américas y como un lugar, remoto y quimérico, desplazado verticalmente y cerca del cielo.

Hoy en día, Quito se extiende en el eje norte-sur del de un valle elevado, con una urbanización que ocupa una topografía diversa que registra cambios de elevación de más de 1000 metros. Lo que antes era una grilla legible a la distancia, construida con relleno y puentes, hoy es un extenso distrito metropolitano que ocupa mas de 10.000 kilómetros cuadrados, incluyendo un perímetro que se extiende mucho más allá de los bordes de la depresión central, incorporando un extenso sistema de valles en una sola entidad geopolítica. La región metropolitana más amplia incluye grandes explotaciones agrarias y suburbios recientemente desarrollados a lo largo de los valles bajos que flanquean los tejidos más compactos, adyacentes a la red colonial.

La actual administración municipal de Quito, liderada por el alcalde Augusto Barrera, ha desarrollado el proyecto de infraestructura más importante de la ciudad desde la creación de la grilla española en el siglo XVI: la construcción de una primera línea de metro subterránea; la mas alta del mundo. El proyecto Metro de Quito propone un túnel 22 kilómetros con 15 estaciones que funcionará como la espina dorsal de una red de transporte integrada, uniendo eficazmente las tres zonas más importantes del distrito metropolitano dentro de un solo sistema de transporte: el centro histórico, las expansiones compactas a lo largo del centro y las zonas urbanizadas a lo largo de la parte baja de los valles orientales.

Mientras que el Metro de Quito es una iniciativa de gran importancia en su propio derecho, como solución de vanguardia a largo plazo para el transporte en la ciudad, su gran potencial se halla en su capacidad de ir más allá de una infraestructura autónoma de movilidad, y servir como catalizador de una ambiciosa restructuración urbanística que permita repensar los retos y aspiraciones de la ciudad en el siglo 21. *Una*

The objective of this publication is twofold. First, in the initial four chapters, it reconstructs, through archival material and original drawings, a visual history of Quito. The material highlights the rich cultural diversity, both physical and social, interwoven throughout the city in the last 500 years. It explains the formative process of the city through a series of nested scales. The work begins with a typological and morphological reading of the historic core, followed by an analysis of the expansion of the compact city, and ends with a series of visual profiles of the metropolitan region and the new conurbation stretching between the compact city in the upper valley and newer forms of urbanization along the lower valleys. The plates clearly show the urban dynamics of the metropolitan region. And the research frames the potential of the metro project, literally a line inscribed in the Andes, to tie together the diverse parts that make up the metropolitan region through a series of new centralities affiliated to the proposed spine.

Second, in the remaining three chapters, which are more projective in nature, the publication documents a series of design hypotheses that envision how the metro project, a chimerical line underneath the city, can have a transformative impact upon the city's surface. Through an expanded notion of what a subway station can be, the projects conceive epicenters of new residential densities and urban services paired with the systematic introduction of high-quality public spaces. The strategies focus on rethinking the metro stations as nodal points that can, under a single design project, bring together multiple scales of mobility—from bicycles to rail—and pair them with a diversified programmatic brief in order to establish new urban centralities. The ultimate objective of the design hypotheses lies in establishing a constellation of projects that, through accretion, can exercise substantial and positive change at a metropolitan scale.

The publication also contains a collection of essays interspersed between chapters. The writings cast the urban history of the city and the metro project in a broader disciplinary context. Pablo Pérez Ramos in his essay *The Elastic Grid* explores the projective qualities of gridded schemas in contemporary urbanization. Martín Cobas in his essay *The Distant Gaze: Guillermo Jones Odriozola and En Route Modernity* presents an overview of the life and works of Jones Odriozola, a midcentury Uruguayan architect and author of the 1942 Pilot Plan for Quito. In *The Symbolic*

*línea en los Andes,* es una investigación aplicada realizada por el Harvard University Graduate School of Design que se basa en el proyecto del metro como punto de partida para un estudio que explora las posibilidades urbanísticas que una infraestructura de la escala y ambición del metro puede traer a Quito.

El objetivo de esta publicación es doble. Los cuatro capítulos iniciales reconstruyen una historia visual de Quito con material de archivo y dibujos originales. El trabajo destaca la enorme diversidad cultural, tanto física como social, entretejida en la ciudad en los últimos 500 años. Se explica el proceso formativo de la ciudad a través de unas series de escalas urbanas y regionales. El trabajo empieza con una lectura tipológica y morfológica del centro histórico, seguida por un análisis de la expansión de la ciudad compacta, y termina con una serie de perfiles visuales de la región metropolitana y la nueva conurbación que se extiende entre la ciudad compacta en el valle alto y formas más recientes de urbanización a lo largo de los valles bajos. La cartografía a escala metropolitana muestra claramente la nueva dinámica urbana del distrito. El estudio enmarca el potencial del proyecto del metro, literalmente una línea inscrita en la cordillera de los Andes, para unir las varias partes que componen la región metropolitana a través de una serie de nuevas centralidades conectadas a esta gran espina dorsal.

En los tres capítulos restantes, que tienen un carácter más proyectual, la publicación documenta una serie de hipótesis de diseño, que visualizan cómo el proyecto del metro, una línea quimérica abajo de la ciudad, puede tener un impacto transformador sobre la superficie de la ciudad. A través de una noción ampliada de lo que puede ser una estación de metro, los proyectos conciben epicentros de nuevas densidades residenciales y servicios urbanos combinados con la introducción sistemática de espacios públicos de alta calidad. Las estrategias se concentran en reconsiderar las estaciones de metro como puntos nodales que pueden, bajo un solo proyecto de diseño, reunir varias escalas de movilidad, desde bicicletas hasta riel, y vincularlas con diversos programas urbanos para establecer nuevos nodos a lo largo de la ciudad. Finalmente, el objetivo de las hipótesis de diseño está en establecer una constelación de proyectos que, en suma, propongan cambios positivos y sustanciales a una escala metropolitana.

La publicación también contiene una colección de ensayos intercalados entre capítulos. Los escritos enmarcan la historia urbana de la ciudad

*Dimensions of Transportation Infrastructure in South America: From the Sublime to the Everyday*, landscape historian Graciela Silvestri expands on the cultural values of transportation as a collective enterprise in South America. Finally, Ana Maria Durán in *A Design Policy: The Road to New Urban Centers* explores the alignment between design initiatives and political will in South America as a way to advance a successful urban agenda.

The applied research and design proposals condensed in this volume in no way present a set of fixed prescriptions for the future of the city. On the contrary, the work presented herein serves as a series of provocations that allow the reader to imagine an infinite number of scenarios for Quito in light of its new metro project. Furthermore, this work highlights the value of the hypothetical urban project and its multiple scales of intervention as critical ingredients for well-informed, collective discussions about the city and the urban future it deserves.

Felipe Correa
Associate Professor
Director of the Urban Design Program

y el proyecto del metro en un contexto disciplinario más amplio. Pablo Pérez Ramos explora en su ensayo *La Retícula Elástica* las cualidades proyectuales de esquemas en grilla en el panorama urbano contemporaneo. Martín Cobas presenta en su ensayo *La Modernidad Distante: Guillermo Jones Odriozola y la modernidad en route*, un panorama de la vida y obras de Jones Odriozola, arquitecto uruguayo de mediados del siglo veinte y autor del Plan Piloto para Quito en 1942. *En Las dimensiones simbólicas de la infraestructura de transporte en Sudamérica: de lo sublime a lo cotidiano*, la historiadora del paisaje Graciela Silvestri se expande sobre los valores culturales de transporte como un emprendimiento colectivo en Sudamérica. Finalmente, Ana María Durán en *Una política de diseño: El camino hacia las nuevas centralidades* explora la alianza entre iniciativas de diseño y voluntad política en Sudamérica y como los intercambios entre política y diseño han permitido desarrollar agendas urbanas exitosas.

La investigación aplicada y las propuestas de diseño documentadas en este volumen en ningún modo presentan un conjunto de prescripciones inmodificables para el futuro de la ciudad. Al contrario, la obra que se presenta en esta publicación sirve como una serie de incentivos que le permiten al lector imaginar un número infinito de escenarios posibles para Quito, a la luz de del nuevo proyecto de metro. Más aun, esta obra acentúa el valor del proyecto hipotético urbano y sus múltiples escalas de intervención, como un ingrediente esencial para discusiones colectivas y bien informadas sobre Quito y el futuro urbano que se merece.

Felipe Correa
Professor Asociado
Director del Programa de Urbanismo

Exploded axonometric of Quito's Metropolitan District visualizing the valley-city dynamic.

Axonometría del Distrito Metropolitano de Quito que visualiza la dinámica ciudad-valle.

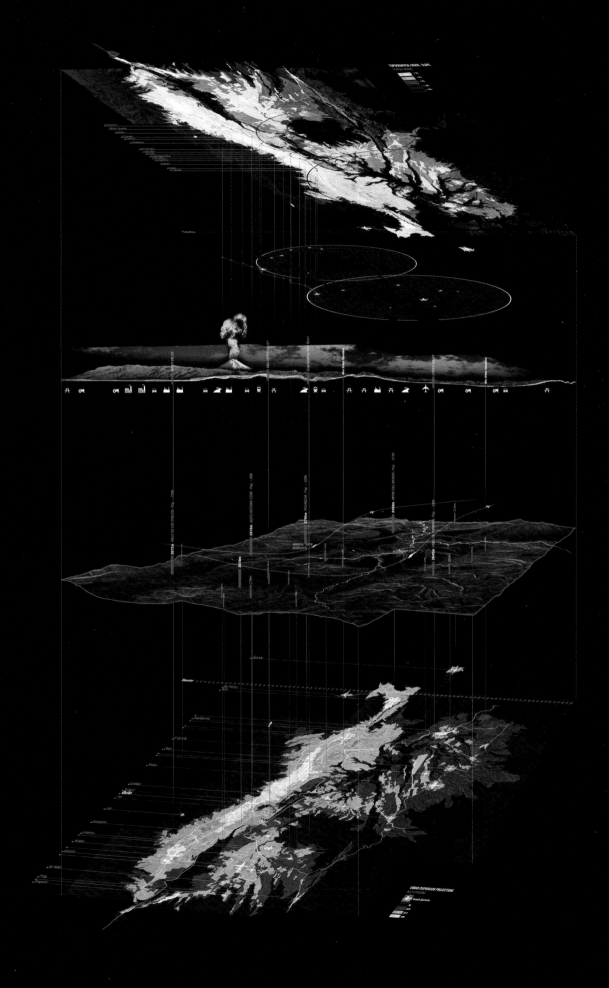

URBAN DISPERSION PROJECTIONS

# THE FOUNDATIONAL CITY (1);

*Typological inventory of the historic core*

# LA CIUDAD FUNDACIONAL (1);

*Inventario tipológico del centro histórico*

1

# HISTORIC CORE INVENTORY
## INVENTARIO DEL CENTRO HISTÓRICO

34    The city of Quito, founded in 1534, preserves the most important historic core in South America. As many other settlements founded by the Spanish during the first decades after the discovery of America, the center of Quito is built upon a reticular and orthogonal structure, with equidistant axes that are approximately 100 meters apart. The predominant block typology is defined by a closed perimeter with interior courtyards. This structure is present, in different scales and intensities, as much in the main religious buildings –such as San Francisco or Santo Domingo Monasteries– as it is in the basic residential units in which most historic blocks are subdivided. Quito's core is a harmonic and homogeneous urban fabric, where some specificities emerge from the suppression of some of the blocks and the subsequent appearance of large public spaces around which the main religious and civil buildings gather.

La ciudad de Quito, fundada en 1534, conserva uno de los centros históricos más importantes de América Latina. Como muchos otros asentamientos fundados por los españoles en las décadas posteriores al descubrimiento de América, el centro de Quito está trazado sobre una estructura reticular y ortogonal de una dimensión próxima a los 100 metros. Las manzanas se construyen de una tipología cerrada con patios interiores, a la que responden, en diferentes escalas e intensidades, tanto los principales edificios religiosos –los monasterios de San Francisco o de Santo Domingo– como las unidades residenciales en que están divididas la mayor parte de las manzanas y que han poblado históricamente el centro colonial. El resultado es un tejido urbano armónico y homogéneo, en el que surgen ciertas especificidades gracias a la supresión de algunas de estas manzanas y la consecuente aparición de grandes espacios públicos en torno a los cuales se consolidan los principales edificios religiosos y civiles.

50  0          100m

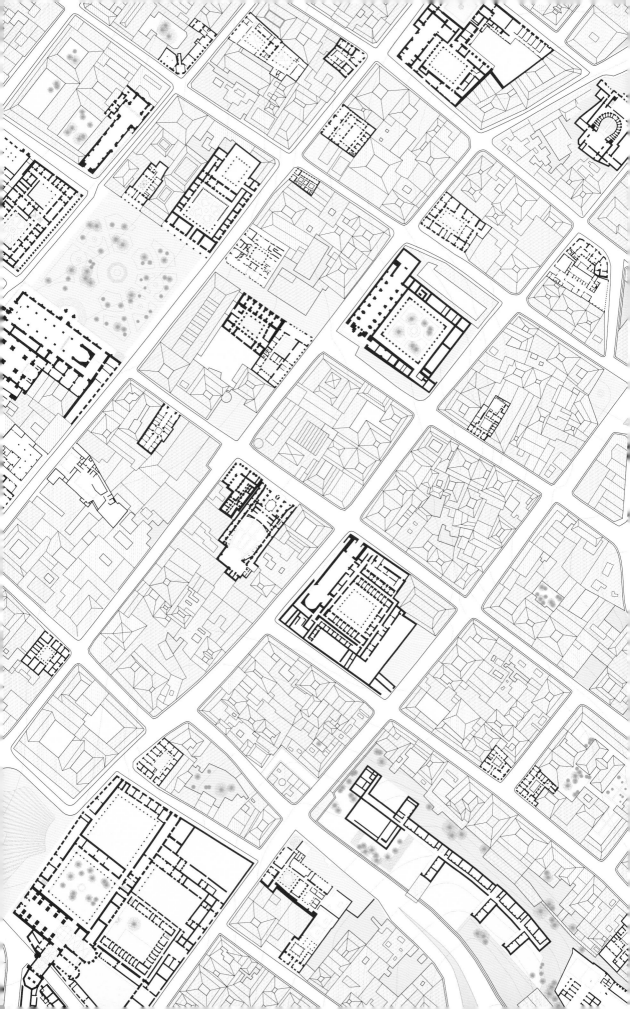

50 0 100m

50

100m

# DELAMINATING THE HISTORIC CORE
## EL CENTRO HISTÓRICO EN CAPAS

48

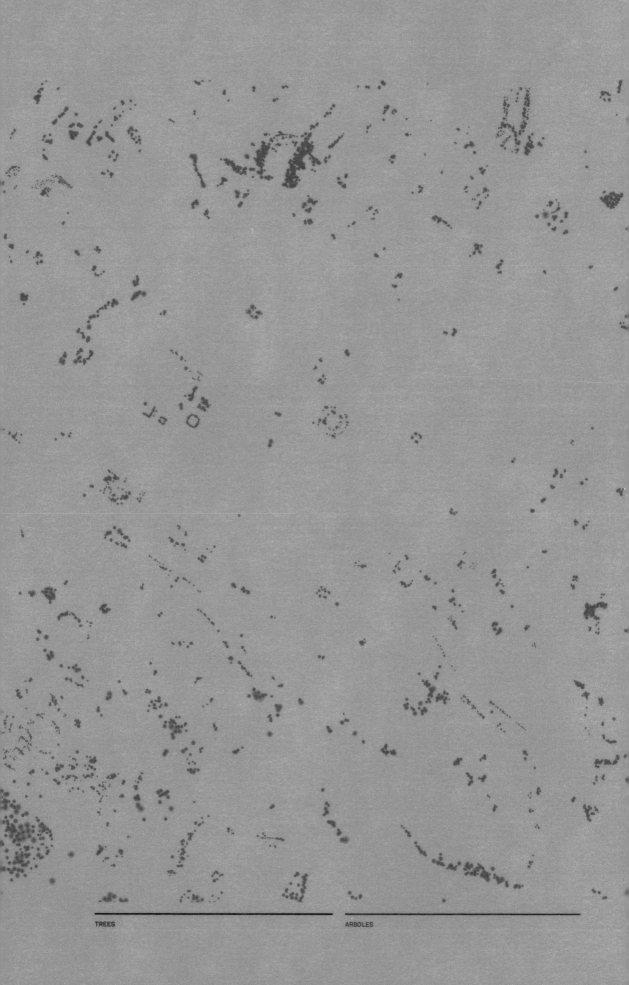

TREES

ARBOLES

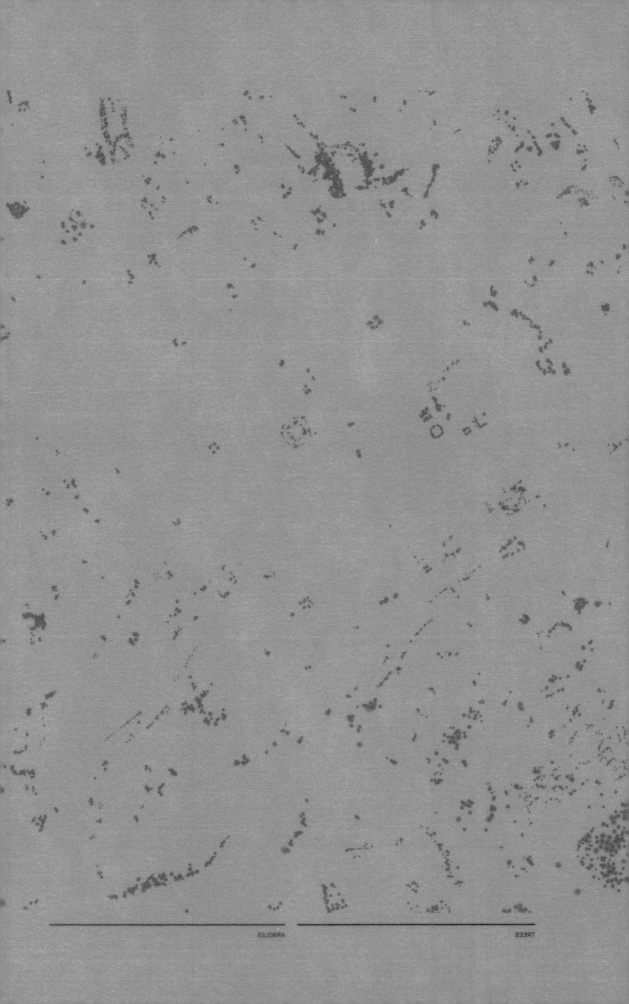

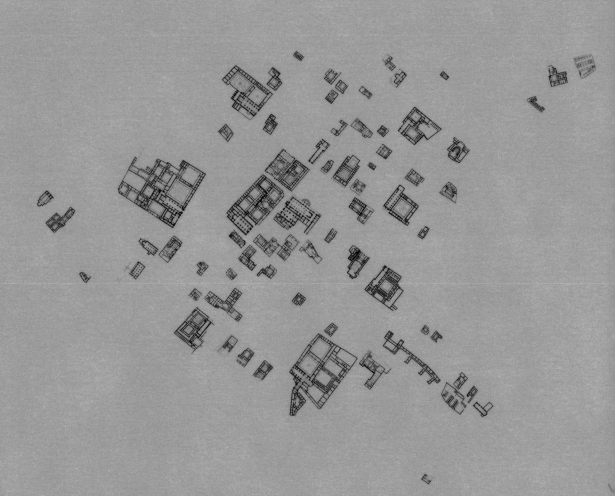

KEY BUILDINGS                    EDIFICIOS PRINCIPALES

MAJOR COURTYARDS                    PATIOS GRANDES

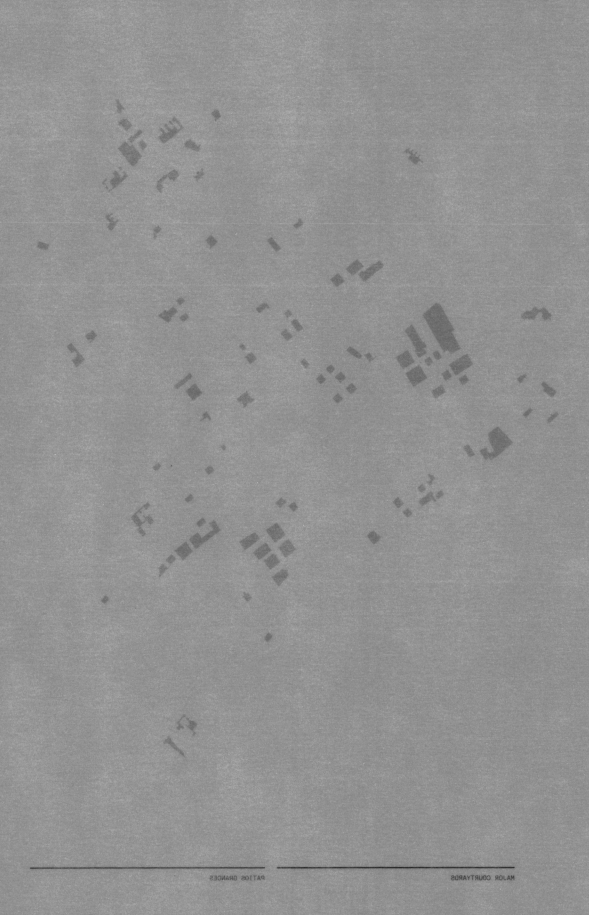

MINOR COURTYARDS                          PATIOS PEQUEÑOS

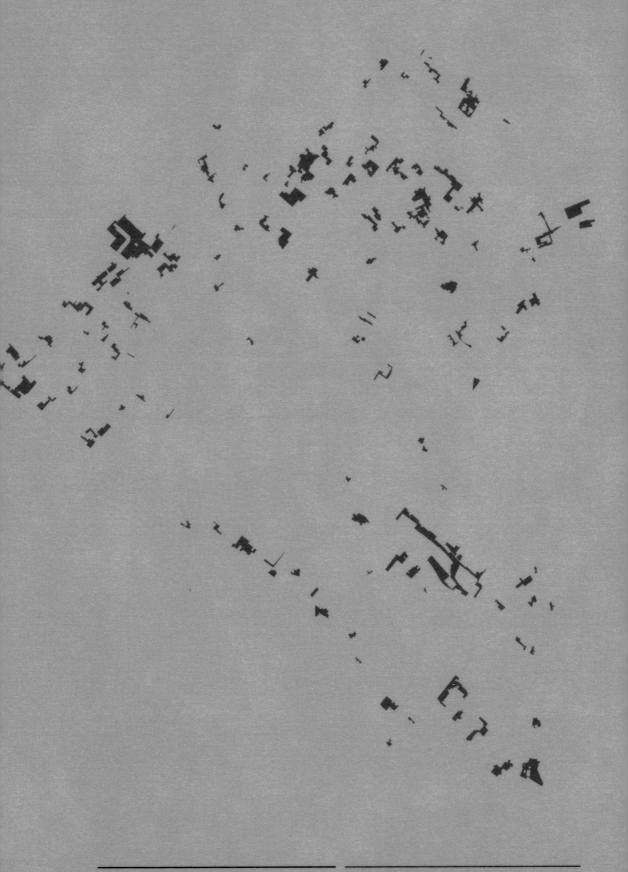

INTERIOR BLOCK RESIDUAL SPACE        ESPACIO RESIDUAL EN INTERIOR DE MANZANA

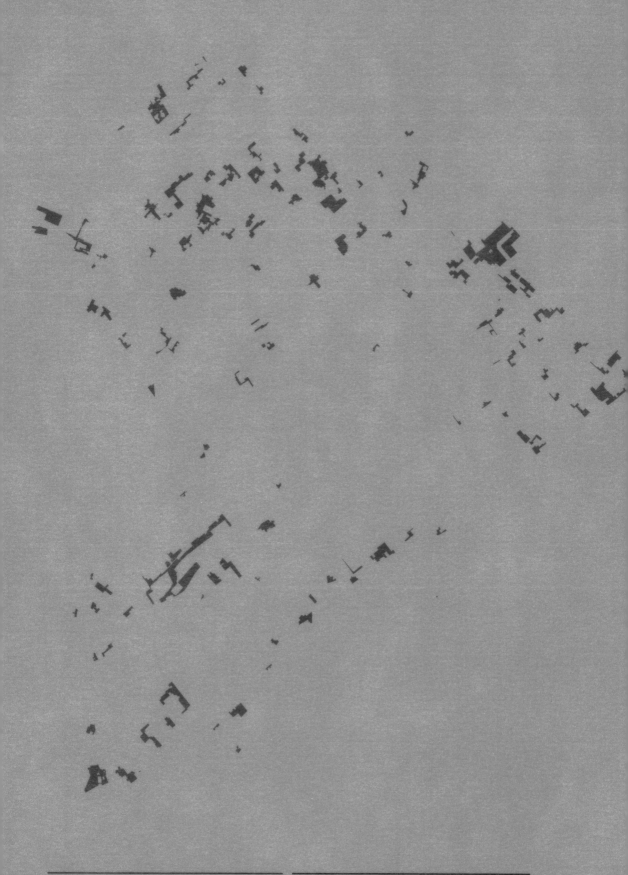

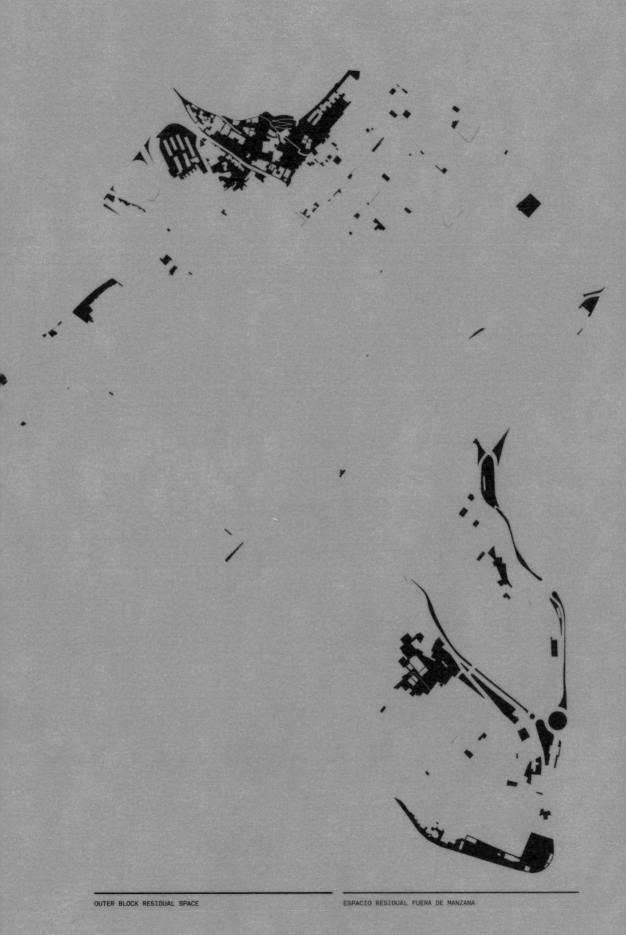

OUTER BLOCK RESIDUAL SPACE                    ESPACIO RESIDUAL FUERA DE MANZANA

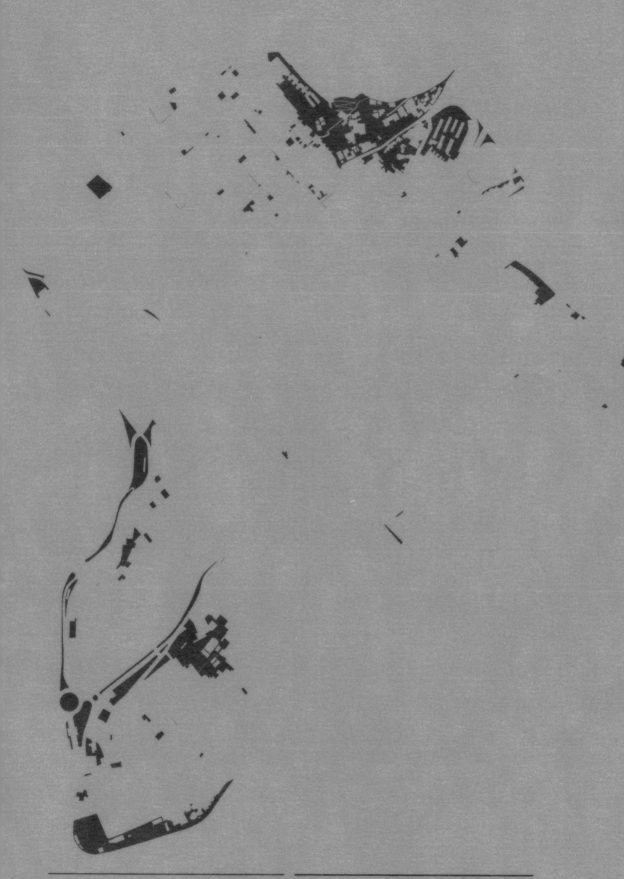

ESPACIO RESIDUAL FUERA DE MANZANA

OUTER BLOCK RESIDUAL SPACE

URBAN FABRIC                              TEJIDO URBANO

STREETS                                          CALLES

TOPOGRAPHY                    TOPOGRAFÍA

50        0        100m

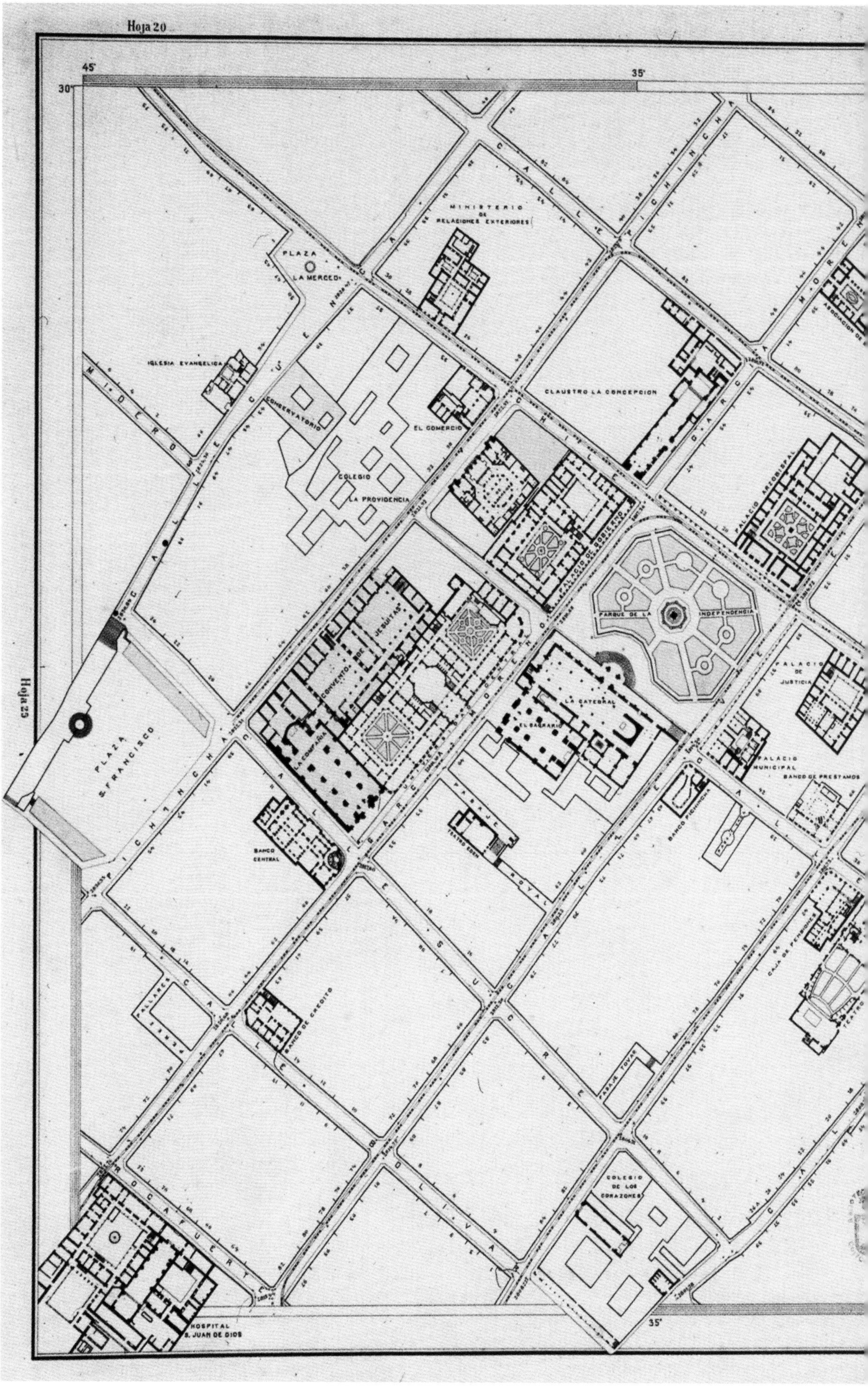

45'
35'
30'

MINISTERIO
DE
RELACIONES EXTERIORES

PLAZA
LA MERCED

IGLESIA EVANGELICA

CONSERVATORIO

EL COMERCIO

CLAUSTRO LA CONCEPCION

COLEGIO
LA PROVIDENCIA

PALACIO DEL GOBIERNO

PARQUE DE LA INDEPENDENCIA

PALACIO
DE
JUSTICIA

CONVENTO DE JESUITAS

PLAZA
S. FRANCISCO

LA CATEDRAL

EL SAGRARIO

PALACIO
MUNICIPAL
BANCO DE PRESTAMOS

BANCO
CENTRAL

TEATRO SUCRE

BANCO EQUINOCCIAL

CAJA DE PENSIONES

BANCO DE CREDITO

COLEGIO
DE LOS
CORAZONES

HOSPITAL
S. JUAN DE DIOS

35'

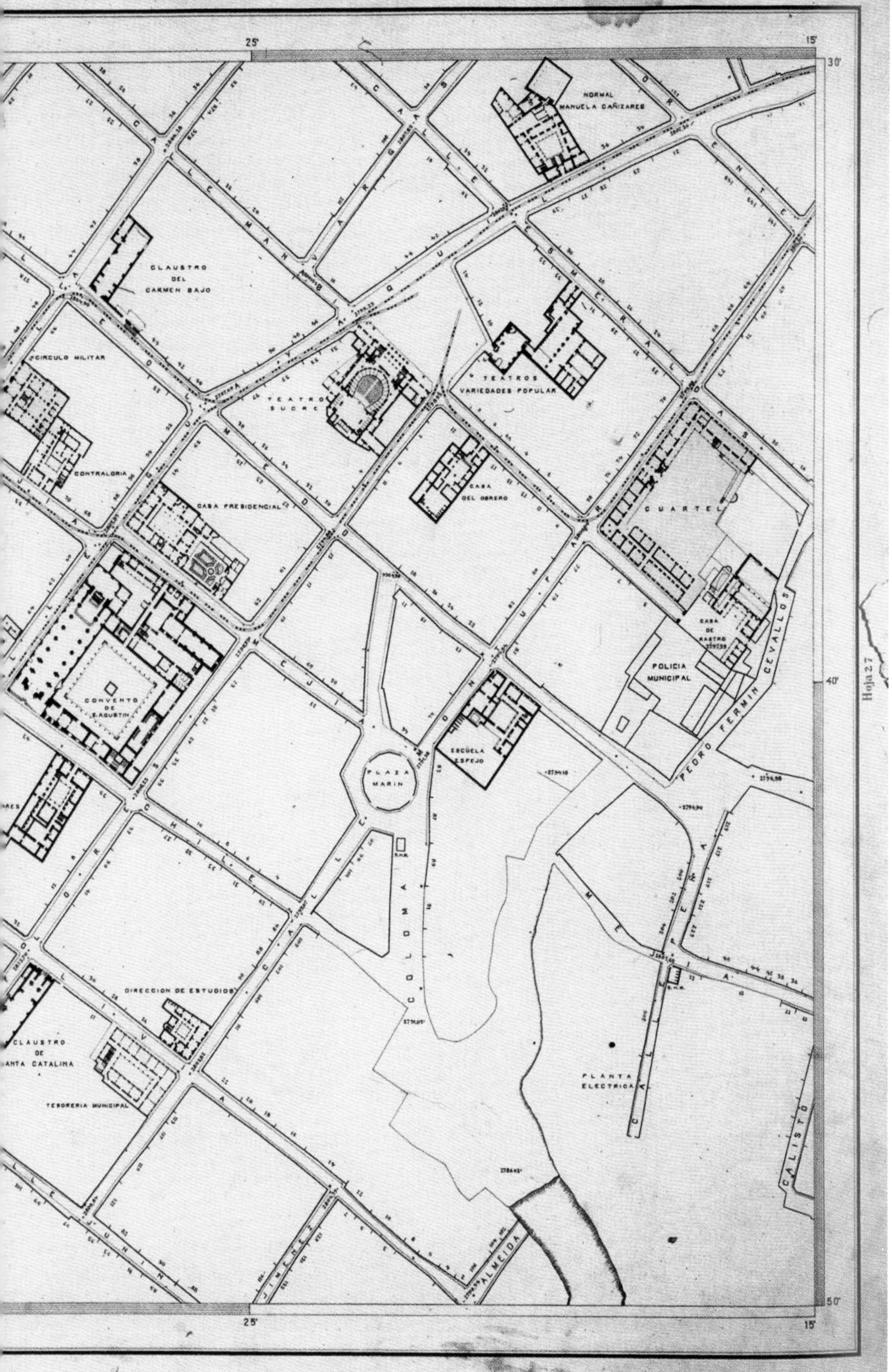

NORMAL MANUELA CAÑIZARES
CLAUSTRO DEL CARMEN BAJO
CIRCULO MILITAR
CONTRALORIA
CASA PRESIDENCIAL
TEATRO SUCRE
TEATROS VARIEDADES POPULAR
CASA DEL OBRERO
CUARTEL
CASA DE RASTRO
POLICIA MUNICIPAL
CONVENTO DE S.AGUSTIN
PLAZA MARIN
ESCUELA ESPEJO
PEDRO FERMIN CEVALLOS
DIRECCION DE ESTUDIOS
CLAUSTRO DE SANTA CATALINA
TESORERIA MUNICIPAL
PLANTA ELECTRICA
COLOMA
ALMEIDA
JIMENEZ
CALISTO
Hoja 27

70

1_Empresa de Desarrollo del Centro Histórico 2_Antiguo Museo Camilo Egas 3_Casa Museo Archivo de Arquitectura de Quito 4_Casa Moncayo 5_Lavandería de la Chilena 6_Casa Ortiz Bilbao 7_Capillo del Robo 8_Capillo de los Milagros 9_Casa del Doctor Pablo Arturo Suárez 10_Archivo Histórico del Banco Central 11_Casa del Higo 12_Casa de las Flores y los Peces 13_Pasaje Baca 14_Antigua Dirección General de Estancos 15_Oficina de la Empresa Nacional de Ferrocarriles del Estado 16_Casa de Diego de Sandoval 17_Casa del Alcalde 18_Casa de Benalcázar 19_Casa del Toro 20_Casa del Puente de Manosalvas o "Escuela de los Burros" 21_Casa Pardo 22_Casa del Regalo 23_Casa de Jesús María 24_Antigua Caja de Pensiones 25_Casa Guillespie 26_Casa de la Fundación Caspicara 27_Casa de Matthias Abram 28_Antiguo Círculo Militar 29_Casa María Augusta Urrutia 30_Iglesia de San Roque 31_Antiguo Banco Central 32_Casa Museo de Sucre 33_Iglesia y Plaza de San Marcos 34_Academia Ecuatoria de la Lengua 35_Monasterio de Santa Clara 36_Antiguo Beaterio 37_Antigua Fundación Pérez Pallares 38_ Iglesia de San Roque 39_Administración Zonal Centro 40_Iglesia de Santa Bárbara 41_Antigua Cancillería 42_Dirección General Financiera MDMQ 43_Dirección General de Educación y Cultura MDMQ 44_Casa Ponce 45_Patio Andaluz 46_Museo de Arte Colonial

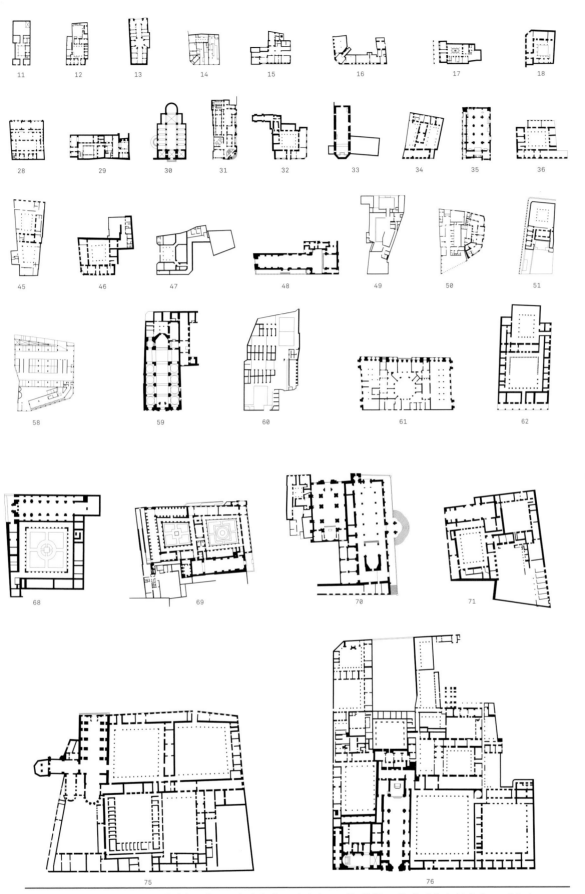

47_Centro Cultural Mama Cuchara 48_Igelsia y Monasterio de la Inmaculada Concepción 49_Dirección Municipal del Avaluos y Catastro 50_Monte Piedad / Caja de Pensiones 51_Casa de Luis Robalino Dávila 52_Casa de García Moreno 53_Escuela Aurelio Espinosa Polit y Colegio Santiago de Guayaquil 54_Palacio Gangotena 55_Casa de los Siete Patios 56_Teatro Bolívar 57_Teatro Nacional Sucre 58_Estacionamiento Plaza de Bolívar 59_Iglesia de la Compañía de Jesús 60_Guambrateca 61_Vicepresidencia de la República 62_Palacio Arzobispal 63_Palacio del Gobierno 64_Centro Comercial La Manzana 65_Antigua Maternidad 66_Escuela Municipal Mariscal Sucre 67_Casa Vascónez Gómez / Insituto Nacional del Niño y la Familia (INNFA) / Casa Barba Naranjo / Galería Sucre 68_Iglesia y Convento de San Agustín 69_Museo de la Ciudad 70_Catedral Metropolitana 71_Iglesia y Monasterio del Carmen Bajo 72_Iglesia y Monasterio de Santa Catalina 73_Iglesia y Monasterio de La Merced 74_Colegio de los Jesuitas / Museo Municipal Alberto Mena Caamano y Centro Cultural Metropolitano 75_Iglesia y Convento de Santo Domingo 76_Convento de San Francisco / Iglesia de San Francisco / Capilla de Cantuna

# THE ELASTIC GRID
## LA RETÍCULA ELÁSTICA

*Pablo Pérez Ramos*

The systematic implementation of the grid as the principle for urban consolidation in colonizing South America is a key phenomenon in the history of urbanism. Not only is it the modern culmination of a regular and isotropic urban development typology used contemporarily, but also, and above all else, it is a unique phenomenon in its ambition to construct a new order on a global scale. Indeed, the grid is a utopic model for occupation, a planning instrument proposing the unfolding of a rational and abstract order over the complex and imprecise reality of the territory. Its functionality, productive and spatial optimization capability have made the grid one of the greatest active players in urban and territorial development over the past centuries, guaranteeing its success in a large number of cases. A success which may not be as such, as per the viewpoint

La implementación sistemática de la retícula como principio de consolidación urbana en la colonización de Sudamérica constituye un fenómeno clave en la historia del urbanismo. Supone no sólo la culminación moderna de una tipología de desarrollo urbano regular e isótropo ampliamente utilizada en la contemporaneidad sino también, y sobre todo, un fenómeno único en su ambición por construir un nuevo orden a escala global. En efecto, la retícula es un modelo utópico de ocupación, un instrumento de planificación que propone el despliegue de un orden racional y abstracto sobre la realidad compleja e imprecisa del territorio. Es su funcionalidad, su capacidad productiva y de optimización espacial lo que ha convertido a la retícula en uno de los grandes artífices del desarrollo urbano y territorial de los últimos siglos, y lo que le ha garantizado el

Satellite image of Richland, North Dakota, USA. Courtesy of GoogleMaps. 2009

Satélite del condado de Richland, Dakota del Norte, EEUU. Cortesía de GoogleMaps. 2009

with which we analyze these developments, since, over the last decades, the emergence of a greater consideration of environmental and ecological factors in landscape and city construction has given way to certain controversies in the relation between territorial complexity and the seemingly rigorous nature of grid structures. Notwithstanding, in light of its high level of abstraction and simplicity, one could say that the grid is a highly elastic territorial occupation model, with certain intrinsic reconfiguration capacities that allow it to actively and coherently negotiate with the territory's geographical and ecological characteristics. In the following essay, I will investigate some of the functional provisions of grid-based territorial occupation models, and how the grid's morphology can indeed formally respond to the "informal" nature of certain geographical agents that definitively form the physical body of valuable ecological systems over which human activity is dispersed. Many of the issues referenced in the text arose from academic research—and their application in the conceptual design for Quitumbe, a neighborhood in southern Quito—recently carried out along with Lucas Correa Sevilla.

According to *Oxford English Dictionary[1]*, a grid is "a network of lines that cross each other to form a series of squares or rectangles"[2]. Indeed, a grid is an abstract and rational structure, most certainly related to the definition of Cartesian space axes. It is constructed in accordance with certain elemental geometric rules, and its visual result is an easily comprehensible image, simple to represent and reproduce. And it is precisely in light of this simplicity that the image of a grid may be interpreted as a symbol of order. This, even when an idea as complex as the idea of city is represented with it.

The truth of the matter is that an important

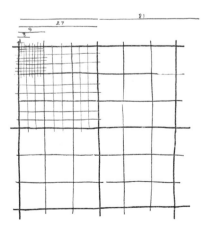

éxito en un gran número de casos. Un éxito que puede no ser tal, en función de la óptica con que analicemos estos desarrollos, ya que, a lo largo de las últimas décadas, la emergencia de una mayor consideración de factores ambientales y ecológicos en la construcción de la ciudad y el paisaje ha introducido ciertas controversias en las relaciones entre la complejidad el territorio y la aparente rigurosidad de las estructuras reticulares. Sin embargo, podemos decir que una retícula es, en virtud de su alto grado de abstracción y simplicidad, un modelo de ocupación territorial altamente elástico, con ciertas capacidades intrínsecas de reconfiguración que le permiten negociar activa y coherentemente con las características geográficas y ecológicas del territorio. En este ensayo se indagará sobre algunas de las disposiciones funcionales de los modelos de ocupación territorial de base reticular, y sobre cómo la morfología de la retícula puede, efectivamente, dar respuesta formal a la naturaleza "informal" de ciertos agentes geográficos que constituyen, en definitiva, el cuerpo físico de valiosos sistemas ecológicos sobre los que se despliega la actividad humana. Muchas de las cuestiones presentes en el texto emergen de una investigación académica –y su aplicación en un diseño conceptual para Quitumbe, un barrio en el sur de Quito– desarrollada recientemente junto a Lucas Correa Sevilla como parte de la investigación sobre Quito documentada extensamente a lo largo del libro.

Según el *Oxford English Dictionary[1]*, una retícula es "una red de líneas que se cruzan entre sí para formar una serie de cuadrados o rectángulos"[2]. Una retícula es, en efecto, una estructura abstracta y racional, ciertamente relacionada con la definición de los ejes del espacio cartesiano. Se construye de acuerdo con unas reglas geométricas elementales, y su resultado visual es una imagen fácilmente comprensible, sencilla de representar y reproducir. Y es precisamente en virtud de esta sencillez que la imagen de una retícula se puede interpretar como símbolo de orden. Incluso cuando con ella se representa una idea tan compleja como es la idea de ciudad.

Y es que una parte importante de los sistemas parcelarios y asentamientos humanos sobre el territorio se ha construido sobre estructuras planificadas de base reticular. En el amplio contexto geográfico sudamericano, se puede decir incluso que la retícula constituye todo un símbolo de identidad urbanística. Efectivamente, la expansión de la lógica de la retícula urbana durante la conquista del Nuevo Mundo supone

Reticular modulations. Constantinos A. Dioxiadis. 1963

Modulaciones reticulares. Constantinos A. Doxiadis. 1963

part of parcel systems and human settlements over territory were constructed over grid-based planned structures. Within the broad South American geographical context, one might even say that the grid is a symbol of urban identity. Indeed, the expansion of the logic of the urban grid during the conquest of the New World is an incomparable testimony to the Spanish Crown's will to construct, as part of the colonization process, a new urban order on a global scale[3]. The *"Ordenanzas de descubrimiento, nueva población y pacificación de las Indias"*[4], (Ordinances of discovery, new population and pacification of the Indies), published in 1573

un testimonio incomparable de la voluntad de la Corona Española por construir, como parte del proceso de colonización, un nuevo orden urbano a escala global[3]. Las "Ordenanzas de descubrimiento, nueva población y pacificación de las Indias"[4], publicadas en 1573 por Felipe II, son la colección definitiva de 148 artículos que exponen las normas de acuerdo con las cuales las tierras descubiertas debían ser colonizadas y administradas. El documento deja constancia de un intenso anhelo institucional por construir "ciudades ordenadas", y si bien no se hace referencia en él a la idea de retícula, lo cierto es que la retícula fue, definitivamente, el vehículo formal de la

77

Satellite image of Carrington, North Dakota, USA. Courtesy of GoogleMaps. 2009

Satélite del condado de Carrington, Dakota del Norte, EEUU. Cortesía de GoogleMaps. 2009

by Philip II, are the definitive collection of 148 articles showing the standards with which discovered lands were to be colonized and administered. The document bears witness to an intense institutional desire to construct "ordered cities", and even if reference is not made therein to the idea of the grid, the grid was definitely the formal vehicle for executing this new global order: the grid left a massive footprint along the length and width of all American territory belonging to Spain at any given time, formalizing the urban configuration of a large part of more than 250 settlements founded before drafting the Ordinances, and of many of the more than 500

ejecución de este nuevo orden global: la retícula dejó masivamente su huella a lo largo y ancho de todo el territorio americano que perteneció a España en algún momento, formalizando la configuración urbana de gran parte de los más de 250 asentamientos fundados antes de la redacción de las Ordenanzas, y de muchos de los más de 500 constituidos a partir de ese momento.

Este fenómeno, que constituye una experiencia magnífica en su ambición, no es, desde luego, único. Ya incluso en algunas de las primeras oleadas de la historia de la colonización en el mundo occidental, los griegos fundaron sobre las costas del Mediterráneo varias ciudades

78

Model of a sector of Islamabad, Pakistan. Constantinos A. Doxiadis. 1963

Maqueta de un sector de Islamabad, Pakistán. Constantinos A. Doxiadis. 1963

founded after that time.

This phenomenon, a magnificent experience in its ambition, is not, of course, unique. Already even in some of the first colonization waves in history in the Western world, the Greeks founded several cities based on the grid on the Mediterranean coasts, the case of Miletus serving as a point of reference. The Romans also deployed grids over territory occupied by the Empire, not only to construct military encampments and populated settlements, but as territorial parceling structures for agricultural and livestock exploitation, the so-called *centuriatio*. Throughout the last two centuries, there have been a countless number of large-scale grids developed all over the world as part of the contemporary demographic explosion. Amongst them, urban expansions in New York or Barcelona in the 19th century, for example, deserve mention.

All of these examples have a common denominator, which is none other than their condition as foundational exercises of human occupation. And this is no coincidence. It is easy to understand that the geometry of the grid is not the result of a spontaneous city planning process taking place over the years or centuries –what Christopher Alexander[5] called "natural cities"–, but rather the product of an intellectual and intentional spatial strategy, organizing space with integral vocation, making possible certain future development scenarios –"artificial cities"– in detriment to others. Indeed, a grid is a plan[6], and it is for this reason that it is an urban formalization model, systematically associated with the founding of settlements, and territorial occupation strategy design. Its reiterated implementation in planning exercises over hundreds of years is the best proof of its success as an urban and landscape design model.

This success is due to the high levels of functionality, productivity, equity and spatial optimization after which plans for new territorial occupations have historically sought. Indeed, the study of Roman expansion reveals that many of the cities constructed over grid schematics actually originated in the *castrum*—the Empire's basic expansion unit—and as such, sprung from principles as functional and strategic as those inherent to military science. From a productivity perspective, the success of the grid structure has to do with the geometric patterns imposed by agricultural exploitation methods. Also from an equity viewpoint, it proves to be

basadas en un esquema de retícula, con el caso de Mileto como estandarte. También los romanos desplegaron retículas sobre el territorio ocupado por el Imperio, no sólo para la constitución de sus campamentos militares y asentamientos poblados, sino también como estructuras de parcelación territorial para explotación agrícola y ganadera, las llamadas *centuriatio*. A lo largo de los dos últimos siglos, es incontable el número de retículas a gran escala que se han desarrollado por todo el mundo como parte de la explosión demográfica de la contemporaneidad. De todos ellos, merecen mención por ejemplo las expansiones urbanas de Nueva York o Barcelona en el siglo XIX.

Todos estos ejemplos tienen un denominador común, que no es otro que su condición de ejercicios fundacionales de ocupaciones humanas. Y no por casualidad. Es fácil comprender que la geometría de la retícula no es resultado de un proceso espontáneo de urbanización que sucede a lo largo de los años o los siglos –lo que Christopher Alexander[5] llamó "ciudades naturales"–, sino que es producto de una estrategia intelectual e intencional sobre el espacio, que lo organiza con una vocación integral y posibilita ciertos escenarios futuros de desarrollo –"ciudades artificiales"– en detrimento de otros. Una retícula es, efectivamente, un plan[6], y es por ello que constituye un modelo de formalización urbana sistemáticamente asociado a la fundación de asentamientos y al diseño de estrategias de ocupación del territorio. Y es su implementación reiterada en ejercicios de planeamiento a lo largo de cientos de años la mejor prueba de su éxito como modelo de desarrollo urbano y paisajístico.

Un éxito que tiene que ver los altos grados de funcionalidad, productividad, equidad y optimización espacial que la planificación de nuevas ocupaciones del territorio ha perseguido históricamente. En efecto, el estudio de la expansión romana revela que muchas de las ciudades que se construyeron sobre esquemas reticulares tuvieron en realidad su origen en el *castrum* –la unidad básica de expansión del Imperio– y, por tanto, en principios tan funcionales y estratégicos como son los de la ciencia militar. Desde la perspectiva de la productividad, el éxito de la estructura reticular tiene que ver con los patrones geométricos que imponen los métodos de explotación agrícola. También desde la óptica de la equidad resulta un modelo ciertamente plausible: no importa si consideramos la retícula de la ciudad colonial hispanoamericana, la *centuriatio* romana o la *Jeffersonian Grid* norteamericana, en cada uno de

a very plausible model: it does not matter if we are considering the Spanish American colonial city's grid, the Roman *centuriatio*, or the North American Jeffersonian Grid; in each one of these examples, the grid guarantees, in light of its geometry, a regular and unbiased spatial compartmentalization principle: each colonist has a plot of land with an area and border conditions which are the same as the other colonist's. In other words, the grid's geometric regularity may be translated into social terms as a spatial democratization model. Lastly, grid schemes are also capable of optimizing and densifying urban space. In this sense, it can be seen that in some examples of grids where occupation density is scarce –such as in the case of the first phases of development of the colonial Spanish American city– the parcels are large, and architecture can indeed arise in the form of isolated buildings not always responding to the orientation proposed by the grid[7]. However, later development phases when construction intensifies show how subdivision of space has almost always followed the grid's rectangularity. We may, in fact, affirm that straight angles reign in architecture, especially in architecturally dense settings, since straight angles also dominate the majority of serially manufactured products, and their aggregation and storage principles. As such, the urban grid triumphs because it is populated by buildings that are almost always rectangular, and this architectural rectangularity responds to the rectangularity predominant in many of the objects, in turn, populating the architecture. As a very basic principle: our city blocks are rectangular because the drawers in our furniture are as well.

For these and other reasons, the grid has been a most definitely successful urban development model for colonization. The arrival of human beings to an as of yet still unexplored territory implies, in a certain manner, a reading of that territory as an uninformed reality, as a *tabula rasa*, conditions over which the homogeneity and abstraction of the grid can be deployed with total coherence. In fact, a review of the historical cartography of South American colonial cities in the 17th and 18th centuries clearly reflects this issue[8]. We say that a development pattern consistently repeats itself, based on a foundational grid of approximately ten by ten city blocks, generally implemented over a geographical space with neutral base conditions, or approximated to the *tabula rasa* idea: relatively

estos ejemplos la retícula garantiza, en virtud de su geometría, un principio de compartimentación espacial regular y ecuánime: cada colono cuenta por principio con un lote de tierra que tiene un área y unas condiciones de borde iguales a las de otros colonos. Es decir, la regularidad geométrica de la retícula puede ser traducida en términos sociales como un modelo de democratización espacial. Por último, los esquemas reticulares son también capaces de optimizar y densificar el espacio urbano. En este sentido, podemos ver que en algunos ejemplos de retícula en los que la densidad de ocupación es escasa –como es el caso de las primeras fases de desarrollo de la ciudad colonial hispanoamericana– las parcelas son grandes, y la arquitectura puede efectivamente surgir en forma de edificaciones aisladas que no siempre responden a la direccionalidad propuesta por la retícula[7]. Sin embargo, fases posteriores de desarrollo en las que la construcción se ha intensificado muestran cómo la subdivisión del espacio ha seguido casi siempre la ortogonalidad de la retícula. Y es que podemos afirmar que el ángulo recto impera en la arquitectura, y muy especialmente en los entornos arquitectónica-mente densos, pues es también el ángulo recto el que domina la mayoría de los productos fabri-cados en serie y sus principios de agregación y almacenamiento. Por tanto, la retícula urbana triunfa porque está poblada de edificios que son casi siempre ortogonales, y esta ortogonalidad arquitectónica responde a la ortogonalidad pre-dominante en muchos de los objetos que pueblan, a su vez, la arquitectura. En forma de principio muy básico: las manzanas de nuestras ciudades son rectangulares porque los cajones de nuestros muebles también lo son.

Por estas y otras razones, la retícula ha sido un modelo de desarrollo urbano ciertamente exitoso como modelo de colonización. Y es que la llegada del ser humano a un territorio que aun no ha sido explorado implica, en cierto modo, una lectura de ese territorio como realidad desinformada, como *tabula rasa*, condiciones éstas sobre las que la homogeneidad y abstracción de la retícula pueden ser desplegadas con total coherencia. De hecho, un repaso a parte de la cartografía histórica de las ciudades coloniales sudamericanas en los siglos XVII y XVIII refleja claramente esta cuestión[8]. Vemos que se repite consistentemente un patrón de desarrollo basado en una retícula fundacional de aproximadamente diez por diez manzanas, implantada en general sobre un espacio geográfico con condiciones de

flat spaces, with no important geographical difficulties that could disfigure the grid's abstract schematic. Lesser problems, for example, small ravines originally in the area of what today is the historical center of Quito, were corrected in the interest of consolidating a homogeneous space of approximately one square kilometer. However, beyond the physical limits of these consolidated centers, historical colonial cartography anticipates another constant which South American city planning must face in later phases of urban expansion, which is none other than the existence of extreme geographical conditions in the almost immediate surroundings of the foundational grid.

partida neutrales, es decir, próximas a la idea de *tabula rasa*: espacios relativamente llanos y sobre los que no existen accidentes geográficos importantes que puedan desfigurar el esquema abstracto de la retícula. Los problemas menores, como por ejemplo algunas quebradas de poca entidad que había originalmente en el entorno de lo que hoy es el centro histórico de Quito, fueron corregidos en aras de la consolidación de un espacio homogéneo de aproximadamente un kilómetro cuadrado. Sin embargo, más allá de los límites físicos de estos centros consolidados, la cartografía colonial histórica anticipa otra constante a la que el urbanismo sudamericano habría

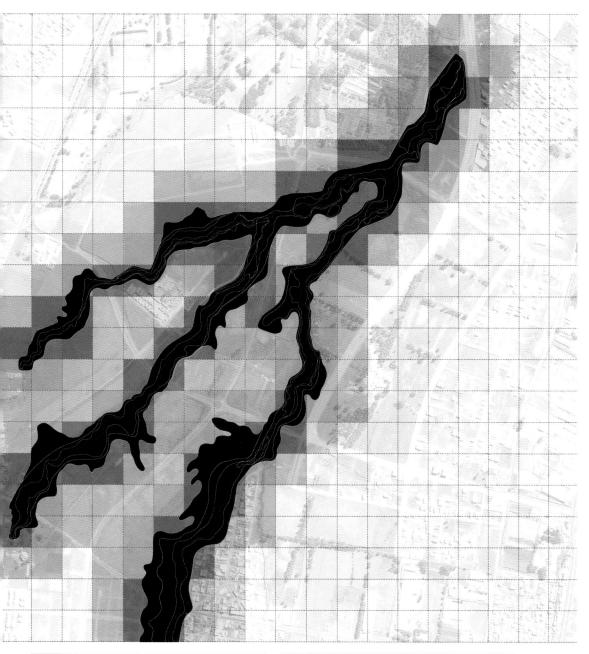

Grid/ravine over-imposition studies. A Line in the Andes Studio. Lucas Correa Sevilla and Pablo Pérez Ramos. 2012

Estudios de superposición de retícula y quebrada. Taller: Una Línea en los Andes. Lucas Correa Sevilla y Pablo Pérez Ramos. 2012

Once again with Quito as an example, we see that the current historical city center is indeed flanked by the Pichincha foothills, the Panecillo foothills and the Machangara riverbed. The most interesting aspect arising from the comparison of these colonial Spanish American city plans is the contrast between the intended rectangular tabula rosa condition, and the exuberant, dominant and imprecise physical geography of the South American continent.

Indeed, these cities have grown and have constructed new urban fabrics capable of negotiating with the contextual geographical conditions, and the grid has often remained restricted to this first colonial city plan. Many of the settlements constructed by man on topographically complex spaces have coherently assumed the setting's conditions, generating fabrics arising from the unplanned aggregation of development units. On the contrary, city planning models based on abstract schematics, such as rectangular schematics, provoke certain controversies due to the intended rigor in the face of the setting's physical configuration: topographical difficulties are an obstacle to its laws of formal generation. From the Cartesian viewpoint of the urban grid, contextual geography is understood as a shapeless chaos.

However, and as mentioned at the beginning, the highly abstract condition of the grid makes it a very elastic territorial occupation model, with a great capability of adapting to the territory's ecological and geographical singularities. As opposed to the definition we read at the beginning of this text, a grid is not necessarily a structure generating squares or rectangles. Greater abstraction in the interpretation of the grid concept allow us to modulate certain parameters to construct new models that conserve a certain formal and operative consistency—in other words, some of the capacities arising from the grid's regular logic–, while making way for the generation of new opportunities based on these contextual controversies. In many cases, the apparent rigidity of the urban rectangular grid has led to the decision to modify geographical conditions—let us consider, for example, the amount of ravines that the city of Quito has buried and channeled throughout the 20th century during its northern expansion—before exploring new urban generation models still based on grid logic, while at the same time actively reacting to the physical setting and the ecological processes carried out therein. In

de enfrentarse en fases posteriores de expansión urbana, y que no es otra que la existencia de unas condiciones geográficas extremas en el entorno casi inmediato de la retícula fundacional. De nuevo con Quito como ejemplo, vemos que el actual centro histórico de la ciudad está flanqueado efectivamente por las laderas del Pichincha, las laderas del Panecillo y el cauce del río Machángara. La cuestión más interesante que emerge de la comparación de estos planos de las ciudades coloniales hispanoamericanas es el contraste entre la pretendida condición de *tabula rasa* reticular y la exuberante, dominante e imprecisa geografía física del continente sudamericano.

En efecto, estas ciudades han crecido y han construido nuevos tejidos urbanos capaces de negociar las condiciones geográficas contextuales, y la retícula ha quedado a menudo restringida a esta primera traza colonial. Y es que muchos de los asentamientos construidos por el hombre sobre espacios topográficamente complejos han asumido coherentemente las condiciones de entorno, generando tejidos que surgen de la agregación no planificada de unidades de desarrollo. Por el contrario, los modelos de urbanismo basados en esquemas abstractos como el reticular suscitan ciertas controversias que surgen de un pretendido rigor ante la configuración física del entorno: los accidentes topográficos constituyen un obstáculo a sus leyes de generación formal. Desde la óptica cartesiana de la retícula urbana, la geografía contextual en entendida como un caos sin forma.

Sin embargo, y comose ha mencionado al principio de este ensayo, la condición altamente abstracta de la retícula hace de ella un modelo de ocupación territorial muy elástico, con una gran capacidad de adaptación ante las singularidades geográficas y ecológicas del territorio. Una retícula no es necesariamente, y en contra de la definición que leíamos al principio del texto, una estructura que genera cuadrados o rectángulos. Una mayor abstracción en la interpretación del concepto de retícula permite modular ciertos parámetros para construir nuevos modelos que conserven cierta consistencia formal y operativa –es decir, algunas de las capacidades que emergen de la lógica regular de la retícula–, a la vez que facilitan la generación de nuevas oportunidades a partir de estas controversias contextuales. La aparente rigidez de la retícula ortogonal urbana ha incidido en muchos casos en la decisión de modificar las condiciones geográficas –pensemos por ejemplo en la cantidad de quebradas que la

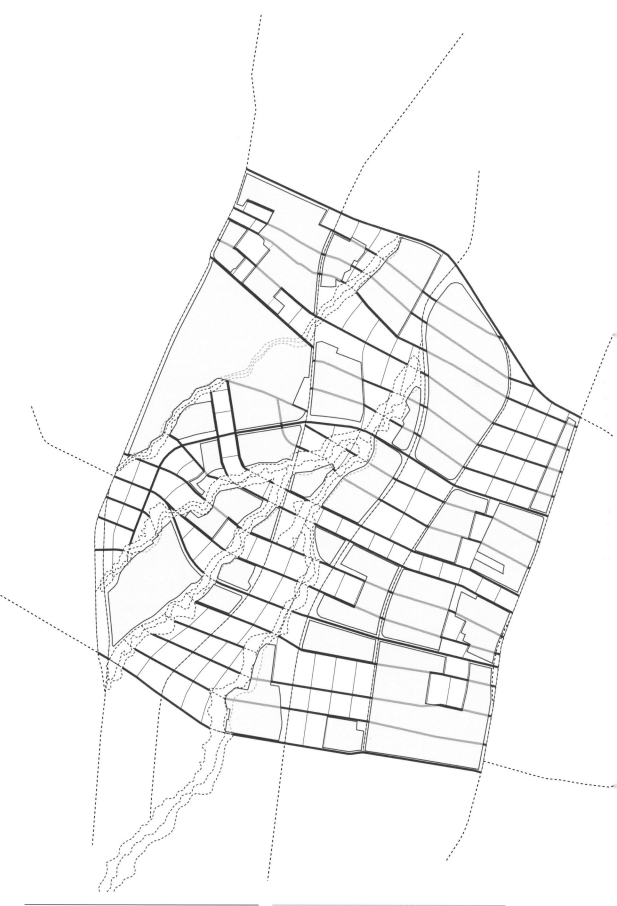

Geometric adaptation logic of an urban grid over the geographical context of Quitumbe, Quito. A Line in the Andes Studio. Lucas Correa Sevilla and Pablo Pérez Ramos. 2012

Lógica de adaptación geométrica de retícula urbana sobre el contexto geográfico de Quitumbe, Quito, Ecuador. Taller: Una Linea en los Andes Lucas Correa Sevilla y Pablo Pérez Ramos. 2012

fact, the grid's morphology can be modulated to formally respond to the "informal" nature of certain geographical agents that definitively make up the physical body of valuable ecological systems upon which human activity is deployed[9].

In this sense, precisely turning to the case of the ravines in Quito allows us to make a comparison with the city of Islamabad, in Pakistan, to see how a grid can modify the dimension of its module to respond to the scale of determined geographical conditions. Quito and Islamabad are most certainly constructed on terrains crisscrossed by water bodies supporting rich ecological systems in the form of ravines and gullies. Unlike Quito, the grid of which is based on a block measuring one hundred by one hundred meters, Doxiadis' plan for the city of Islamabad has an urban rectangular grid structure with a dimension module approximating Jefferson's grid. In other words, Islamabad is a grid with super city blocks measuring 1.6 kilometers per side. The scale of the ravines and rivers crossing the city of Islamabad is generally greater than in Quito, but the drastic alteration in size, and the reorientation of the grid module allows the ravines to remain, one by one, within the interior of the superblocks. This model allows for a large-scale city conception, based on a very limited number of development units, establishing different relationships with the ecological systems running through its interior: for each one of the superblocks, the ravines construct an original and recognizable footprint. However, this change in the urban structure scale gives way to a second level of consideration in the relationship between the block and geography, a level which must be resolved within the interior structure of the superblock. Indeed, this new substructure must be thought out in detail in order to respond to the particular situations arising along the ravine. Islamabad proposes different versions for each one of the superblocks, but a more or less constant condition may be seen in all of them, sectoring the block into a series of bands which, in spite of rotating in some cases, generally run in parallel to one of the block's sides, touching the ravine's space at one end and the edge of the superblock on the other. In short, the case of Islamabad proposes a regular and rectangular grid model that also explores a flexible grid condition: the possibility to define the module's dimension, and construct from there on out a new hybrid urban grid model combining the functional capacities of the regular

ciudad de Quito ha soterrado y canalizado a lo largo del siglo XX en su expansión hacia el norte– antes de explorar nuevos modelos de generación urbana que estén aun basados en la lógica reticular y que a la vez reaccionen activamente ante el entorno físico y los procesos ecológicos que en él se llevan a cabo. Y es que la morfología de la retícula puede, efectivamente, modularse para dar respuesta formal a la naturaleza "informal" de ciertos agentes geográficos que constituyen, en definitiva, el cuerpo físico de valiosos sistemas ecológicos sobre los que se despliega la actividad humana[9].

En este sentido, recurrir precisamente al caso de las quebradas de Quito nos permite hacer una comparación con la ciudad de Islamabad, en Pakistán, para ver cómo la retícula puede modificar la dimensión de su módulo para responder a la escala de determinadas condiciones geográficas. Ciertamente, Quito e Islamabad están construidas sobre terrenos atravesados por cursos de agua que dan soporte a ricos sistemas ecológicos en forma de quebradas y barrancos. A diferencia de Quito, cuya retícula está basada en una manzana de cien por cien metros, el plan de Doxiadis para la ciudad de Islamabad presenta una estructura reticular ortogonal urbana con un módulo de dimensiones próximas a las de la grilla de Jefferson. En otras palabras, Islamabad es una retícula de supermanzanas cuadradas de 1,6 kilómetros de lado. La escala de las quebradas y ríos que atraviesan la ciudad de Islamabad es, en general, mayor que la de Quito, pero la alteración drástica de tamaño y la reorientación del módulo reticular permite que las quebradas queden, una a una, alojadas en el interior de las supermanzanas. Este modelo permite pensar la ciudad a gran escala, a partir de un número muy limitado de unidades de desarrollo, que establecen diferentes relaciones con los sistemas ecológicos que discurren por su interior: para cada una de las supermanzanas, las quebradas construyen una huella original y reconocible. Sin embargo, este cambio en la escala de la estructura urbana hace que emerja un segundo nivel de consideración en las relaciones entre manzana y geografía, un nivel que debe ser resuelto en la estructura interior de la supermanzana. En efecto, esta nueva subestructura debe ser pensada pormenorizadamente para dar respuesta a las situaciones particulares que se dan a lo largo de la quebrada. Islamabad propone diferentes versiones para cada una de las supermanzanas, pero parece leerse una condición más o menos constante en todas ellas, que sectoriza la man-

grid—as is, in this case, the multiplicity of routes in two main directions, guaranteeing efficient, large-scale urban mobility—with a variable schematic for development within the interior of each block.

Another example of elasticity expanding the grid's formal possibilities is the progressive subdivision of the grid unit. The limiting condition on the grid *tabula rasa* implied by the presence of rivers or mountain chains is oftentimes resolved by systematic suppression of the outlying blocks, or by the uncontrolled invasion of the terrain's morphology by the grid's regularity. In this sense, subdivision of the grid module opens new channels for negotiation between the urban fabric's regularity and the geography's irregularity. In this case, we can take a look at the encounter between the grid rationality of agricultural fields and the growing complication of the terrain in Hankinson, in the state of North Dakota in the United States. The uniformity and vastness of the large North American plains, ideal for extensive livestock and agricultural exploitation, hold many spaces where Jefferson's grid may today be seen with greater geometric consistency. Where the context's conditions are more homogenous, the grid maintains a stable structure wherein the original one square mile parcels are generally divided into four equally squared parcels. However, when the terrain begins to present difficulties, the topography becomes more complex, and as a consequence, the terrain's ecological and hydrological conditions also present greater variability. This is when the terrain's pixilation intensifies, so that each one of the resulting parcels conserves intrinsic, homogenous conditions, in spite of the fact that the ensemble to which they belong is determined by a highly heterogeneous configuration. Indeed, the model arising from these characteristics sacrifices certain terrain productivity levels, but in exchange, offers a greater level of articulation between the grid's formal condition and the informal reality of the geography.

As such, the intensification of the subdivision allows each one of the parcels—or blocks—to respond more concretely to individual physical and ecological conditions. It is true that this progressive fractioning of space implies a greater level of specificity. The impartial terrain, originally undifferentiated from the *tabula rasa*, is progressively qualified and specialized by an ever-growing amount of information. Even when

zana en una serie de bandas que, a pesar de rotar en algunos casos, discurren en general paralelas a uno de los lados del cuadrado, tocando el espacio de la quebrada en uno de sus extremos y el borde de la supermanzana en el otro. En definitiva, el caso de Islamabad propone un modelo reticular regular y ortogonal, que explora a la vez una condición flexible de la retícula: la posibilidad de definir la dimensión del módulo, y construir a partir de ahí un nuevo modelo de retícula urbana híbrida que combina las capacidades funcionales de la retícula regular –como es en este caso la multiplicidad de recorridos en dos direcciones principales, que garantiza una movilidad urbana eficiente a gran escala– con un esquema variable para el desarrollo en el interior de cada manzana.

Otro ejemplo de elasticidad que expande las posibilidades formales de la retícula es la subdivisión progresiva de la unidad reticular. La condición de límite que suponen para la tabula rasa reticular la presencia de ríos o cadenas montañosas es resuelta a menudo mediante la supresión sistemática de las manzanas de borde, o mediante la invasión no controlada de la morfología del terreno por parte de la regularidad de la retícula. En este sentido, la subdivisión del módulo reticular abre nuevas vías de negociación entre la regularidad del tejido urbano y la irregu-laridad de la geografía. Podemos mirar en este caso al encuentro entre la racionalidad reticular de los campos agrícolas y la creciente compli-cación del terreno en el entorno de Hankinson, en el estado de North Dakota, en Estados Unidos. La uniformidad y vastedad de las grandes llanuras de Norteamérica, ideales para la explotación agrí-cola y ganadera extensiva, presenta muchos de los espacios donde la retícula de Jefferson puede ser leída hoy con mayor consistencia geométrica. Allá dónde las condiciones del contexto presentan una mayor homogeneidad, la retícula mantiene una estructura estable en la que las parcelas origi-nales de una milla cuadrada son, por lo general, divididas en cuatro parcelas cuadradas iguales. Sin embargo, cuando el terreno comienza a ac-cidentarse, la topografía se hace más compleja y, consecuentemente, las condiciones hidrológicas y ecológicas del terreno presentan también mayor variabilidad. Es entonces cuando el pixelado del terreno se intensifica, de modo que cada una de las parcelas resultantes conserva condiciones in-trínsecas homogéneas, a pesar de que el conjunto en que se inscriben esté determinado por una configuración altamente heterogénea. En efecto, el modelo que emerge de estas características

the formal resolution of all of the blocks is the same, these conditions will specifically define the metabolism and behavior of each one of them. The superimposition of a rectangular, homogenous schematic—with identically shaped and sized modules—over a heterogeneous setting—such as, for example, the ravines in the Quitumbe neighborhood, in the city of Quito—may reveal different informal configurations for each module, according to the different qualities of the terrain enclosed within each one of them. The equity principle inherent to the square grid is revealed as inevitably flexible within the grid, responding to the pressures posed by the context's ecology.

In the same way, it is also possible for the implementation of a grid over certain geographical conditions to be resolved by losing rectangularity at intersections, or even the linear rigidity of the regular grid's axes. In a certain fashion, these deformities imply renouncing the principle of spatial optimization, quite inherent to rectangular-based grids, and require the use of architectural solutions not always based on straight angles. In exchange, a certain level of circumvention and elasticity in urban planning provides a greater richness in perspectives, and more variety in the quality of the public space, in addition to greater progress in the pursuit of greater formal and operative integration of urban systems with geographical agents and ecological processes. A more elastic interpretation of the grid idea maintains the idea that a grid geometry distorted by the imprecise form of the geography continues to be a "grid", since is maintains some structural properties and certain functional capacities inherent to the grid. Indeed, a grid maintaining the module's scalable consistency—in favor of certain program permutations in city planning trials—a dimensional structural nexus guaranteeing the simultaneous and efficient nature of mobility, and the possibility of a summarized reading of urban complexity, in proximity to the dream of an order to which we alluded at the beginning of the text.

"The purpose of city planning is comprehensibility", wrote Alison and Peter Smithson[10]. The design of territorial occupation systems seeks clarity in the organization of space. These systems intervene in a countless number of phenomena, the evolution of which and future states, in the majority of cases, escape the design author's forecasting ability and certainty. Work with complex networks of complex phenomena is

sacrifica ciertos niveles de productividad en el terreno, pero ofrece a cambio un mayor grado de articulación entre la condición formal de la retícula y la realidad informal de la geografía.

Así, la intensificación de la subdivisión permite que cada una de las parcelas –o manzanas– responda más concretamente a unas condiciones físicas y ecológicas puntuales. Ciertamente, este fraccionamiento progresivo del espacio supone el reconocimiento de un mayor grado de especificidad. El terreno ecuánime y originalmente indiferenciado de la tabula rasa es progresivamente cualificado y especializado por una cantidad de información siempre creciente. E incluso cuando la resolución formal de todas las manzanas fuera la misma, estas condiciones definirán específicamente el metabolismo y comportamiento de cada una de ellas. La superposición de un esquema reticular homogéneo –de módulos idénticos en forma y dimensión– sobre un entorno heterogéneo –como puede ser por ejemplo el de las quebradas sobre el barrio de Quitumbe, en la ciudad de Quito– puede revelar diferentes configuraciones no formales para cada módulo, en función de las distintas cualidades del terreno acotado bajo cada uno de ellos. El principio de equidad propio de la retícula cuadricular se revela inevitablemente flexible en la retícula que responde a las presiones propuestas por la ecología del contexto.

Asimismo, es posible también que la implantación de una retícula sobre ciertas condiciones geográficas se resuelva a través de la pérdida de ortogonalidad en los cruces e incluso de la rigidez lineal de los ejes de la retícula regular. Estas deformaciones suponen en cierto modo una renuncia al principio de optimización espacial, tan propio de las retículas de base ortogonal, y requieren del empleo de soluciones arquitectónicas que no estarán siempre basadas en ángulos rectos. A cambio, cierto grado de circunvolución y elasticidad en la trama urbana proporciona mayor riqueza de perspectivas y más variedad en la calidad del espacio público, además de avanzar en pos de una mayor integración formal y operativa de los sistemas urbanos con los agentes geográficos y los procesos ecológicos. Una interpretación más elástica de la idea de retícula permite pensar que una geometría reticular distorsionada por la forma imprecisa de la geografía sigue siendo "retícula", ya que conserva algunas propiedades estructurales y ciertas capacidades funcionales propias de la retícula. Una retícula, en efecto, que conserva la consistencia escalar del módulo –a favor de ciertas permutaciones programáticas

only possible by formalizing abstract models that represent, process, evaluate, modify, record and communicate the operation of some of reality's aspects. How we define those models will depend on our comprehension of reality, and as such, will depend upon reality itself. To say that the purpose of city planning is comprehensibility is to say, in fact, that cities and landscapes planned must be made up of development units that may be read, interpreted, and of course, felt by the society inhabiting them, by the society for which they are planned. The grid is one of these simplification models. A model most definitely holding infinite individual responses.

Many of these responses consisted of variations on the most Cartesian concept of the grid—wherein two systems with equidistant straight lines intersect at a right angle to create a mosaic of identical squares. All of these variations, even while still needing to respond to this consistent geometric restriction, have benefited from other levels of freedom that reveal that even the Cartesian grid is a most definitely flexible territorial and urban design model. As we have seen, from a purely formal point of view, a Cartesian grid may effectively vary its modulation, proportions and scale, allowing for the generation of multiple occupations systems on the base of a similar structure, giving different operational responses to different social, economic and productive conditions. However, it is necessary to research the formulation of new, more elastic grid proposals, formally permeable in the face of new informational layers to which we have not always been so sensitive, that emerge from the purely geographical and ecological configuration of the context. We must design new flexible grids that allow for the construction of ordered structures in accordance with the setting's conditions, in accordance with requirements not necessarily linked to the deployment of human activity over the terrain. In "Form, Substance and Difference"[11], Gregory Bateson said that an organism or an aggregate of organisms that insists on operating with strict attention to its own survival, believing that this is the fundamental reasoning that should guide all of their movements, will end up causing the destruction of their own environment. If we wish to continue supporting ourselves with grid-based models to equip the space we inhabit with this idea of ordered space, and at the same time respond to the geographical and ecological conditions existing in that same space, we must

en los ensayos de planificación urbana–, una trama estructural bidimensional que garantiza simultaneidad y eficiencia en la movilidad, y la posibilidad una lectura sintética de la complejidad urbana, próxima aun al sueño de un orden al que aludíamos al principio del texto.

"El propósito del urbanismo es la comprensibilidad", escribieron Alison y Peter Smithson[10]. El diseño de sistemas de ocupación territorial persigue la claridad en la organización del espacio. Son sistemas éstos en los que interviene un número incontable de fenómenos, cuya evolución y estados futuros escapan en la mayoría de los casos a la capacidad de previsión y certidumbre del autor del diseño. El trabajo con redes complejas de fenómenos complejos es sólo posible mediante la formalización de modelos abstractos que permitan representar, procesar, evaluar, modificar, registrar y comunicar el funcionamiento de algunos aspectos de la realidad. De cómo definamos esos modelos dependerá nuestra comprensión de la realidad y, por tanto, dependerá la realidad misma. Decir que el propósito del urbanismo es la comprensibilidad es decir efectivamente que las ciudades y los paisaje planificados deben estar compuestos de unidades de desarrollo que puedan ser leídas, interpretadas y, por supuesto, sentidas por la sociedad que en ellos habita, por la sociedad que sobre ellos se proyecta. La retícula es uno de estos modelos de simplificación. Un modelo, ciertamente, sobre el que se reflejan infinitas respuestas particulares.

Muchas de estas respuestas han consistido en variaciones del concepto más cartesiano de retícula –en el que dos sistemas de rectas equidistantes intersectan en ángulo recto para crear un mosaico de cuadrados idénticos. Todas estas variaciones, aun debiendo responder a esta consistente restricción geométrica, han gozado de otros grados de libertad que revelan que incluso la retícula cartesiana es un modelo ciertamente flexible de diseño territorial y urbano. Como hemos visto, desde un punto de vista puramente formal, una retícula cartesiana puede efectivamente variar su modulación, proporciones y escala, permitiendo que sobre la base de una estructura semejante se puedan generar múltiples sistemas de ocupación, que darán diferentes respuestas operativas a distintas condiciones sociales, económicas y productivas. Es necesario, sin embargo, indagar en la formulación de nuevas propuestas de retículas más elásticas, formalmente permeables ante nuevas capas de información a las que no siempre hemos sido

indeed continue to work on the expansion and formal elasticity of the grid concept. If a few decades ago we learned that our interventions in our environment must attend to, and operatively respond to the ecological processes carried out there within, it is now time to explore, in depth, which new formal logic-based solutions can more coherently illustrate the inevitable integration of our territorial occupation systems with ecological systems.

*Pablo Pérez Ramos is a Spanish based architect and a doctoral candidate at the Harvard Graduate School of Design*

tan sensibles y que emergen de la configuración puramente geográfica y ecológica del contexto. Diseñar nuevas retículas flexibles que permitan construir estructuras ordenadas de acuerdo con las condiciones del medio, de acuerdo con requerimientos no necesariamente vinculados al despliegue de la actividad humana sobre el territorio. Decía Gregory Bateson en "Form, Substance, and Difference"[11] que un organismo o agregado de organismos que insiste en funcionar con una atención estricta por su propia super-vivencia, y que considera que es ésta la razón primordial que debe guiar todos sus movimientos, terminará ocasionando la destrucción de su pro-pio entorno. Si queremos seguir apoyándonos en modelos de base reticular para dotar de esa idea de orden al espacio que habitamos, y a la vez dar respuesta a las condiciones geográficas y ecológi-cas que existen sobre ese mismo espacio, debemos efectivamente seguir trabajando en la expansión y la elasticidad formal del concepto de retícula. Si hace ya algunas décadas hemos aprendido que nuestras intervenciones sobre el entorno deben at-ender y responder operativamente a los procesos ecológicos que en él se llevan a cabo, es hora ya de explorar en profundidad qué nuevas lógicas formales podrán ilustrar más coherentemente la integración inevitable de nuestros sistemas de ocupación territorial y los sistemas ecológicos.

*Pablo Pérez Ramos es un arquitecto Español y alumno de doctorado en el Harvard Graduate School of Design*

1.    "Grid". July 30th, 2012. Oxford English Dictionary
Online.

2.    The original definition in English provided by the Oxford English Dictionary is: "a network of lines that cross
each other to form a series of squares or rectangles".
This definition was used, given that the three proposed by
the Diccionario de la Real Academia de la Lengua Española
(Dictionary of the Royal Academy of the Spanish Language)
are less abstract and more instrumental, referring to determined optical apparatuses.

3.    Centro de Estudios Históricos de Obras Públicas y Ur-
banismo. La Ciudad Spanish Americana: El Sueño de un Orden.
Madrid: Centro de Estudios Históricos de Obras Públicas y
Urbanismo, Ministerio de Obras Públicas y Urbanismo, 1989.

4.    Morales Padrón, Francisco. Teoría y Leyes de la
Conquista. Madrid: Ediciones Cultura Hispánica del Centro
Iberoamericano de Cooperación, 1979. 489-518.

5.    Alexander, Christopher. "A City is not a Tree". In
Human Identity in the Urban Environment. Ed. Bell, Gwen,
and Jaqueline Tyrwhitt. Harmondsworth, Eng.: Penguin Books,
1972. 401-428.

6.    Martin, Leslie. "The Grid as Generator". In Urban
Design Reader. Ed. Carmona, Matthew and Steven Tiesdell.
Amsterdam; Boston: Architectural Press, 2007. 70-82.

7.    See, for example, the plans for the city of Quito
in the middle of the 18th century, such as by Jorge Juan
and Antonio de Úlloa, by Jean de Morainville or by Jean-
François de la Harpe, published in Ortiz Crespo, Alfonso,
Matthias Abram, and José Segovia Nájera. Damero. 1.th ed.
Quito: FONSAL, 2007.

8.    See, for example, South American city plans complies
in chapter VII of Brewer-Carías, Allan-Randolph. La Ciudad
Ordenada. Caracas: Criteria Editorial, 2006. 469-493.

9.    This is one of the essential motivations for the
"Ravine Central" work.

10.   Smithson, Alison Margaret, and Peter Smithson. Urban
Structuring: Studies of Alison & Peter Smithson. London;
New York: Studio Vista; Reinhold, 1967.

11.   Bateson, Gregory. "Form, Substance, and Difference".
In Steps to an Ecology of Mind. University of Chicago Press
ed. Chicago: University of Chicago Press, 2000. 454-472.

1.    "Grid". 30 Julio 2012. Oxford English Dictionary
Online.

2.    La definición original en inglés provista por el Oxford English Dictionary es: "a network of lines that cross
each other to form a series of squares or rectangles". Se
ha recurrido a esta definición puesto que las tres propuestas por Diccionario de la Real Academia de la Lengua Española son menos abstractas y más instrumentales, referidas a
determinados aparatos ópticos.

3.    Centro de Estudios Históricos de Obras Públicas y Ur-
banismo. La Ciudad Hispanoamericana: El Sueño de un Orden.
Madrid: Centro de Estudios Históricos de Obras Públicas y
Urbanismo, Ministerio de Obras Públicas y Urbanismo, 1989.

4.    Morales Padrón, Francisco. Teoría y Leyes de la
Conquista. Madrid: Ediciones Cultura Hispánica del Centro
Iberoamericano de Cooperación, 1979. 489-518.

5.    Alexander, Christopher. "A City is not a Tree". In
Human Identity in the Urban Environment. Ed. Bell, Gwen,
and Jaqueline Tyrwhitt. Harmondsworth, Eng.: Penguin Books,
1972. 401-428.

6.    Martin, Leslie. "The Grid as Generator". In Urban
Design Reader. Ed. Carmona, Matthew y Steven Tiesdell.
Amsterdam; Boston: Architectural Press, 2007. 70-82.

7.    Véanse, por ejemplo, los planos de la ciudad de
Quito de mediados del siglo XVIII, como el de Jorge Juan y
Antonio de Úlloa, el de Jean de Morainville o el de Jean-
François de la Harpe, publicados en Ortiz Crespo, Alfonso,
Matthias Abram, y José Segovia Nájera. Damero. 1.th ed.
Quito: FONSAL, 2007.

8.    Véanse, por ejemplo, los planos de ciudades sudameri-
canas recopilados en el capítulo VII de Brewer-Carías,
Allan-Randolph. La Ciudad Ordenada. Caracas: Criteria
Editorial, 2006. 469-493.

9.    Esta es una de las motivaciones esenciales del trabajo "Ravine Central".

10.   Smithson, Alison Margaret, and Peter Smithson. Urban
Structuring: Studies of Alison & Peter Smithson. London;
New York: Studio Vista; Reinhold, 1967.

11.   Bateson, Gregory. "Form, Substance, and Difference".
In Steps to an Ecology of Mind. University of Chicago Press
ed. Chicago: University of Chicago Press, 2000. 454-472.

# THE FOUNDA-TIONAL CITY (2);

*Morphological inventory of the historic core*

# LA CIUDAD FUNDACIO-NAL (2);

*Inventario morfológico del centro histórico*

# THE ESTABLISHMENT OF A GRID
## LA IMPLANTACIÓN DE UNA RETÍCULA

The city of Quito was founded in 1534. Its one of the 250 reticular settlements that the Spanish founded in Latin America before 1573, the year in which the King Philip II published the "The ordinances of Discovery, New Population, and the Pacification of the Indies". It is precisely because of this ordinance that a government worker sketched the first plan of Quito (right). A review of Quito's cartographic history, from its foundation to its development as a linear valley city, clearly visualizes the phases and characteristics of the evolution of the colonial grid. The subdivision and densification of the more consolidated areas, as well as the morphological distortions and other anomalies that characterized the later development of the peripheral areas of the historic core, are clearly visible throughout this chapter. The collection manifests the capacities and controversies that emerge from the implementation of a reticular logic upon the extreme topography of an Andean valley, and at the same time raises issues that are ubiquitous to many other examples of Latin-American colonial cities.

La ciudad de Quito fue fundada en el año 1534. Es uno de más de 250 asentamientos de traza reticular que los españoles fundaron en Latinoamérica antes de 1573, año en el que el rey Felipe II publica las "Ordenanzas de descubrimiento, nueva población y pacificación de las Indias." Y es precisamente con motivo de la redacción de tales ordenanzas que un funcionario de la Corona trazó el primer mapa que se conserva de la ciudad de Quito. Un repaso a la historia de la cartografía quiteña, desde entonces y hasta la definitiva expansión lineal de la ciudad a principios del siglo XX, constituye un elocuente discurso gráfico acerca de las distintas fases y características en la evolución de la retícula colonial. La fragmentación y densificación normalizada de las áreas más consolidadas, así como las distorsiones morfológicas y demás desregularizaciones que han caracterizado el desarrollo tardío de las áreas más periféricas del centro histórico, son algunas de las nociones reveladas en los mapas históricos de Quito. Esta colección constituye una clara evidencia de las capacidades y controversias que emergen de la implantación de una lógica reticular sobre la condición tortuosa de los valles del Pichincha, cuestiones éstas que son, a la vez, fácilmente exportables a otros muchos ejemplos de ciudades coloniales latinoamericanas.

1_Plan of the city of San Francisco de Quito. 1573.
Anonimous drawing. Ink on paper

1_Planta de la ciudad de San Francisco de Quito. 1573.
Dibujo anónimo. Manuscrito sobre papel

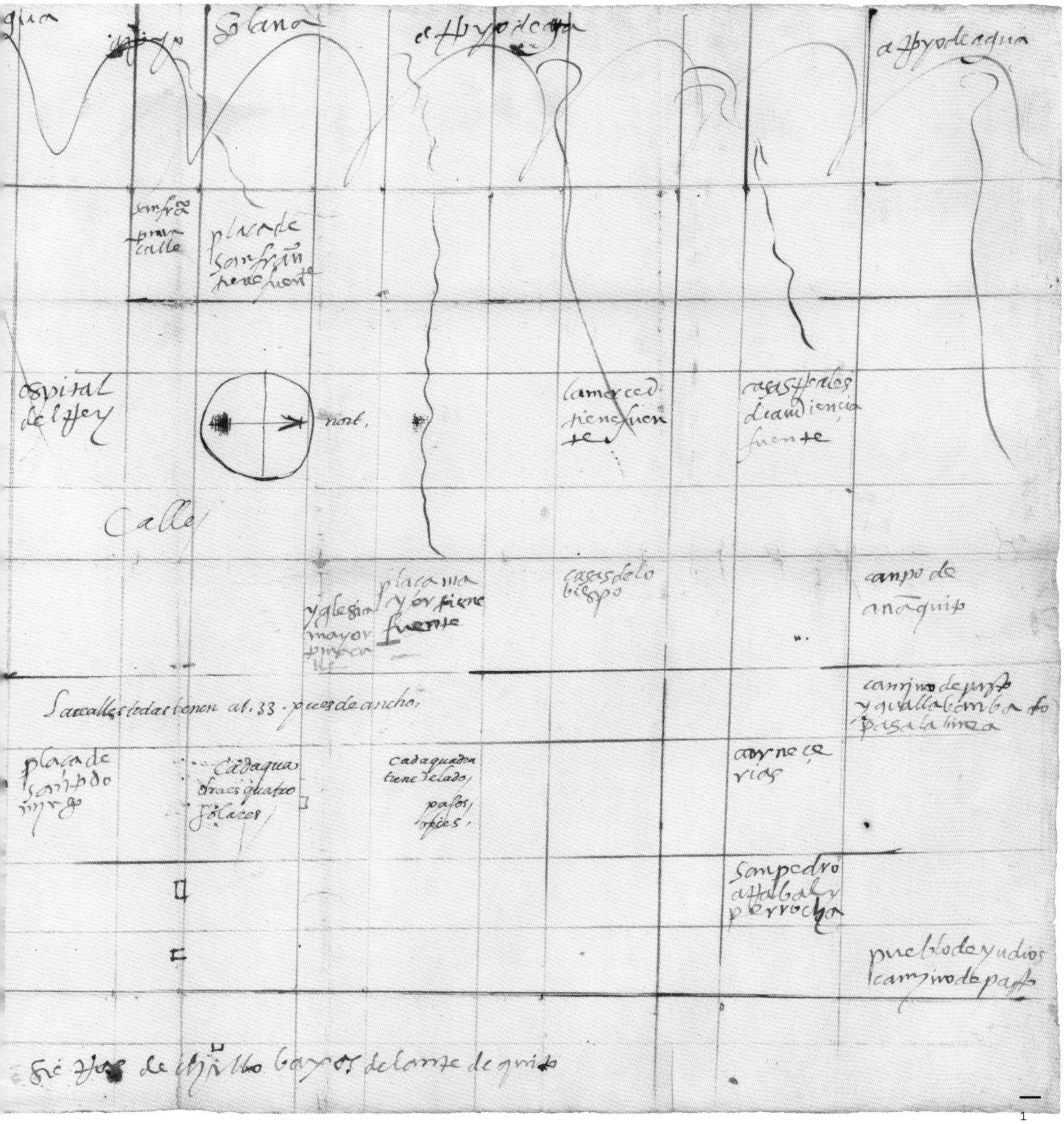

agua    yn̄n    Solana    el pyo de agua    el pyo de agua

sonfco pran calle

plaça de son fran tiene fuen

ospital del Rey

nort.

la merced tiene fuen te

casas delos deaudiencia fuente

Calle

yglesia mayor pça ...

plaça ma yor tiene fuente

casas delo bispo

campo de antequiq

Las calles todas tienen al.33. pies de ancho,

camjno de pasto y quilla bamba to pasa la linea

plaça de sonpdo jnrgo

cada agua draic quatro solares

cada agua tiene telados pasos refees

aqr ne es rios

sonpedro attabalu y errocho

pueblo de yndios camjno de pasto

fico pças de chjtubo bajas delante de quito

1

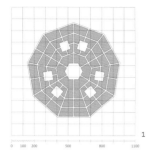

1

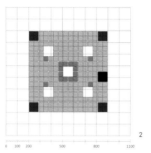

2

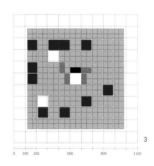

3

96

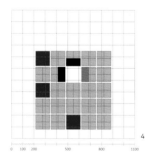

4

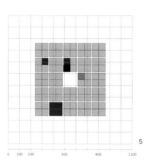

5

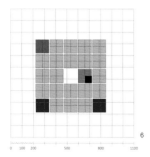

6

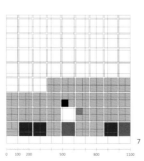

7

Analysis showing
the development of
the Spanish grid
in different South
American cities, noting
its consistencies
and deviations. The
drawings also highlight
the general attitude
towards government,
religious buildings and
public space.

Análisis que
muestra distintas
implementaciones de
la retícula española
en algunas ciudades
de América del
Sur, visualizando
elementos que son
consistentes y otros
que varían de ciudad
en ciudad. Los dibujos
también demuestran
la disposición
general de edificios
administrativos,
edificios religiosos y
espacios públicos en
las distintas opciones.

1_Palmanova  2_Eximenis theoretical city  3_Quito  4_Lima
5_Caracas 6_San Juan de la Frontera  7_Buenos Aires
8_Main Plaza in Quito in 2007

1_Palmanova 2_Ciudad teórica de Eximenis  3_Quito  4_Lima
5_Caracas  6_San Juan de la Frontera  7_Buenos Aires
8_Plaza Grande en Quito in 2007

# THE GRID AND THE VALLEY
## LA RETÍCULA Y EL VALLE

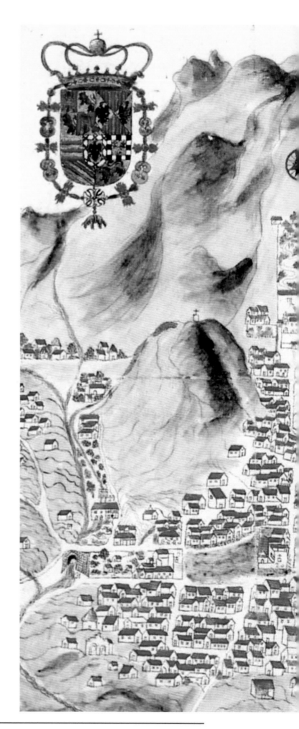

An early representation of the city, which combines plan and perspective, in order to represent the abstract order of the grid in relation to the geography's extreme topography.

Uno de los primeros mapas de Quito, que combina el dibujo en planta con la ilustración en perspectiva, con el objetivo de representar la relación de la retícula abstracta en un contexto topográfico extremo.

1_Map of the city of Quito, by Dionisio Alcedo y Herrera. 1734

1_Mapa de la ciudad de Quito, por Dionisio Alcedo y Herrera. 1734

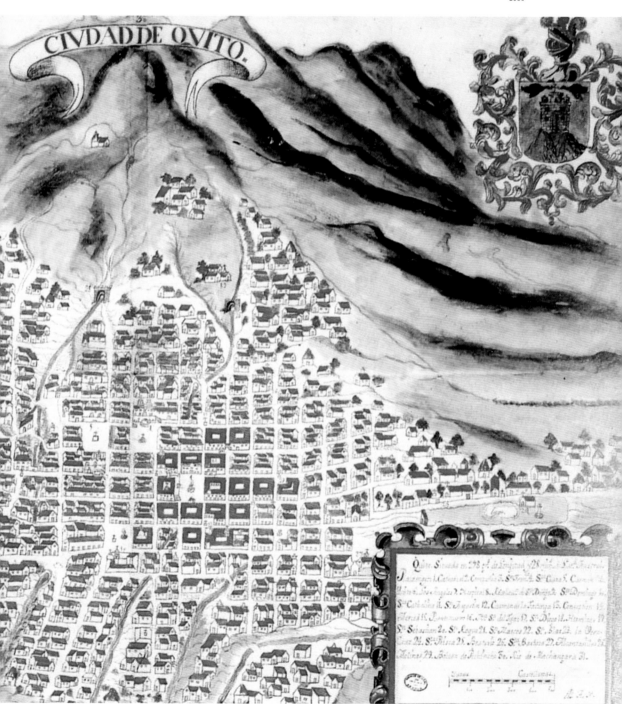

CIVDAD DE QVITO.

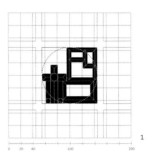

100

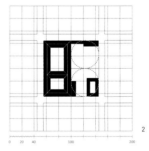

Diagrams showing the
progressive subdivision
of the Spanish grid's
unit. While its
full dimension, 100
*varas* by 100 *varas*,
accommodates the larger
administrative and
religious buildings,
the blocks can be
subdivided in multiples
of four in order to
accommodate smaller
buildings.

Diagramas que muestran
la subdivisión
progresiva de la
unidad de la retícula
española. Una manzana
completa, de 100
por 100 *varas*,
puede albergar
piezas únicas como
edificios religiosos
y administrativos,
mientras que su
progresiva subdivisión
en múltiplos de cuatro
permite acomodar
edificaciones más
pequeñas.

1_No subdivision: Monastery  2_One degree of subdivision:
Goverment Building 3_Higher degrees of subdivision:
residential units  4_Sample of blocks accommodating
buildings of diverse sizes and configurations, in 2007

1_Sin subdivisión: Monasterio  2_Un grado de subdivisión:
Edificio Gubernamental 3_Mayores grados de subdivisión:
unidades residenciales  4_Ejemplos de manzanas que albergan
edificios de diferentes tamaños y configuraciones, in 2007

# THE CONSOLIDATION OF THE GRID
## LA CONSOLIDACIÓN DE LA RETÍCULA

Map drawn through the scientific lens of the French Geodesic Mission depicts the conflict between the grid, conceived primarily in plan, and the sectional inconsistencies of the ground in the shape of the ravines. The acts of bridging and leveling become key components in the construction of the city's colonial core. The map also singles out the gradual consolidation process of the grid, made apparent along the edges of the city.

Mapa dibujado desde el enfoque científico de la Misión Geodésica Francesa, que visualiza el conflicto entre la retícula, concebida esencialmente en planta, y las inconsistencias verticales del terreno, es decir, las quebradas. La elaboración de sistemas constructivos en puente y la nivelación del terreno fueron dos elementos claves de la construcción de la ciudad colonial. El plano también destaca el proceso gradual de consolidación de la manzana Quiteña, visible sobre todo en las zonas periféricas de la ciudad.

1_Plan of the city of San Francisco de Quito, by Jorge Juan and Antonio de Ulloa. 1748

1_Plano de la ciudad de San Francisco de Quito, por Jorge Juan y Antonio de Ulloa. 1748

1535-1568

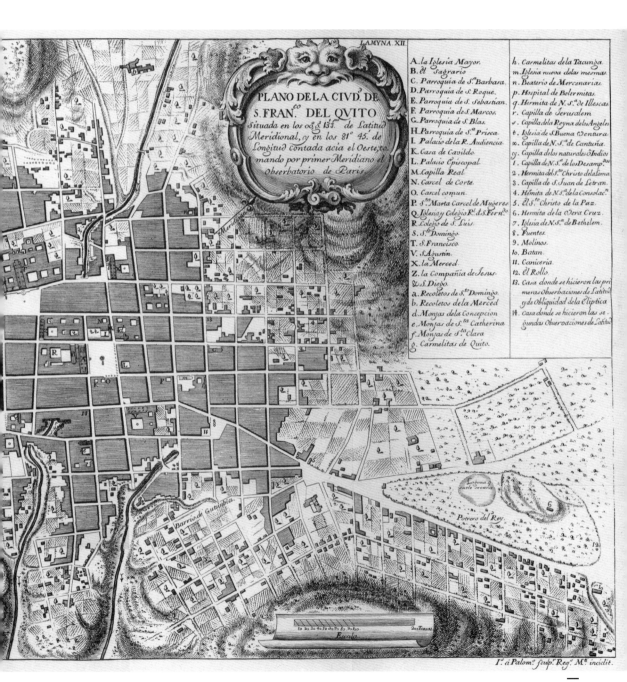

LAMYNA XII.

PLANO DE LA CIVD. DE
S. FRANco DEL QVITO
Situada en los 00°,g. 13 ½. de Latitud
Meridional, y en los 81° 45. de
Longitud contada acia el Oeste,to
mando por primer Meridiano el
Obserbatorio de Paris.

A. la Iglesia Mayor.
B. el Sagrario
C. Parroquia de S.a Barbara.
D. Parroquia de S. Roque.
E. Parroquia de S. Sebastian.
F. Parroquia de S. Marcos.
G. Parroquia de S. Blas.
H. Parroquia de S.a Prisca.
I. Palacio de la R. Audiencia.
K. Casa de Cavildo.
L. Palacio Episcopal.
M. Capilla Real.
N. Carcel de Corte.
O. Carcel comun.
P. S.ta Marta Carcel de Mugeres.
Q. Iglesia y Colegio R.l d. S. Fern.do
R. Colegio de S. Luis.
S. S.to Domingo.
T. S. Francisco.
V. S. Agustin.
X. la Merced.
Z. la Compañia de Jesus.
& S. Diego.
a. Recoletos de S.to Domingo.
b. Recoletos de la Merced
d. Monjas de la Concepcion
e. Monjas de S.ta Catharina
f. Monjas de S.ta Clara
g. Carmelitas de Quito.

h. Carmelitas de la Tacunga.
m. Iglesia nueva de las mesmas.
n. Beaterio de Mercenarias.
p. Hospital de Belermitas.
q. Hermita de N. S.ra de Illescas.
r. Capilla de Jerusalem
s. Capilla de la Reyna de losAngeles
t. Iglesia de S. Buena Ventura.
x. Capilla de N. S.ra de Cantuña.
y. Capilla de los naturales ô Indios
1. Capilla de N. S.ra de los Desamp.dos
2. Hermita del S.to Christo de la Loma
3. Capilla de S. Juan de Letran.
4. Hermita de N. S.ra de la Consolac.n
5. El S.to Christo de la Paz.
6. Hermita de la Vera Cruz.
7. Iglesia de N. S.ra de Bethelem.
8. Fuentes.
9. Molinos.
10. Batan.
11. Caniceria.
12. El Rollo.
13. Casa donde se hicieron las pri
meras Observaciones de Latitud
y de Obliquidad de la Eliptica
14. Casa donde se hicieron las se
gundas Observaciones de Latitud

Marca

Barrio de Gutimbia.

Laguna q.
suele secarse

Potrero del Rey.

10 20 30 40 50 60 70 75 80 90     200 Toesas
Escala.

I.n à Palomo sculp.t Reg.o M.to incidit.

1

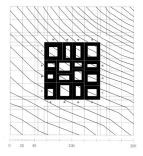 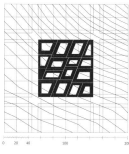 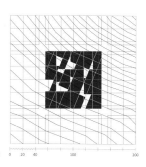

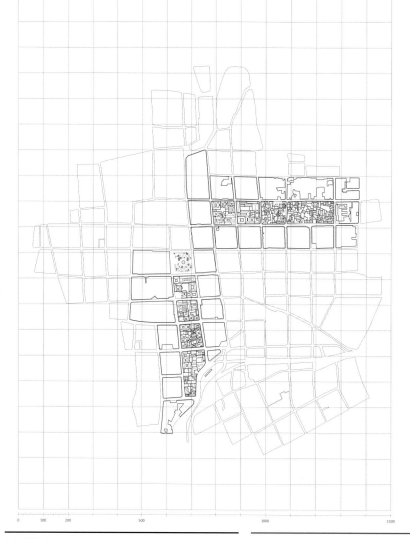

Two different strips of blocks in the historic core, showing the progressive disintegration of the originally strict reticular subdivision of the block; a disintegration that results from the implementation of the grid onto more complex topographic configurations at the periphery of the city core.

Dos líneas diferentes de manzanas en el centro histórico, que ilustran la progresiva desintegración de la subdivisión estrictamente reticular de la manzana original; una desintegración que resulta de la implementación de la retícula sobre configuraciones topográficamente complejas en la periferia del centro histórico.

1_Aerial photograph showing the surroundings of Sebastián de Benalcázar street. 2007

1_Fotografía aérea que muestra el entorno de la calle Sebastián de Benalcázar. 2007

# THE CONSOLIDATION OF THE BLOCK
## LA CONSOLIDACIÓN DE LA MANZANA

Influenced by the French Geodesic Mission, Gualberto Perez's plan is the first comprehensive survey of Quito, depicting a greater technical capacity than its previous counterparts. The plan also singles out the overlap between an expanding city grid and its adjacent agricultural subdivisions.

Influenciado por la Misión Geodésica Francesa, el plano de Gualberto Pérez es el primer levantamiento catastral integral de la ciudad de Quito y refleja capacidades técnicas superiores a la de sus antecesores. El dibujo también visualiza la expansión de la ciudad en relación a las geometrías agrícolas del entorno.

1_Plan of Quito with with detailed building footprints, by J. Gualberto Pérez. 1887

1_Plano de Quito con los edificaciones detalladas, por J. Gualberto Pérez. 1887

DEL PICHINCHA

PLANO DE QUITO
CON LOS PLANOS DE TODAS SUS CASAS
POR J. GUALBERTO PEREZ

EDIFICIOS PÚBLICOS.

CASAS PARTICULARES.

AÑO DE 1887

ICHIMBIA

Escala 1:1000

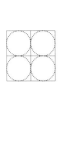

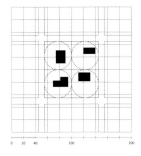

108

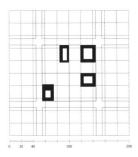

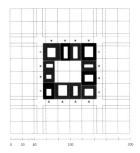

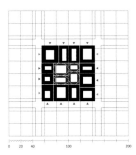

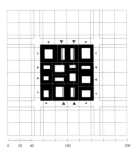

Diagrams explaining
the fractal condition
of Quito's historic
core, where the
progressive gridding
of the block allowed
the densification of
the city center.
As a result of
this increasing
compartmentalization,
new parcels emerged
in the center of
the blocks, forcing
the subsequent
appearance of a new
system of access and
communication within
the structure of the
block: the 'zaguán'
(pedestrian access
corridor).

Diagramas que muestran
la condición fractal
del centro histórico
de Quito, en el
que la progresiva
reticularización de
la manzana permitió
densificar el centro
de la ciudad.
Como resultado
de la creciente
compartimentación,
nuevas parcelas
surgieron en el
interior de las
manzanas, y forzaron la
aparición de un nuevo
sistema de acceso y
comunicación dentro
de la estructura de
manzana: el zaguán.

1_Aerial photograph showing fragmentation and densification
in some historic blocks around the Monastery of San
Francisco. 2007

1_Fotografía aérea que muestra manzanas fragmentadas y
altamente densificadas en el entorno del Monasterio de San
Francisco. 2007

# THE RISE OF CIVIC ARCHITECTURE
## EL AUGE DE LA ARQUITECTURA CIVIL

The transition from
the colonial period
to a republican era
was marked by the
introduction of new
civil architecture
that breaks away from
the orthogonal logic
of the grid.

La transición desde
el periodo colonial a
la época republicana
estuvo marcada por la
introducción de la
nueva arquitectura
civil que se aleja de
la lógica ortogonal de
la retícula.

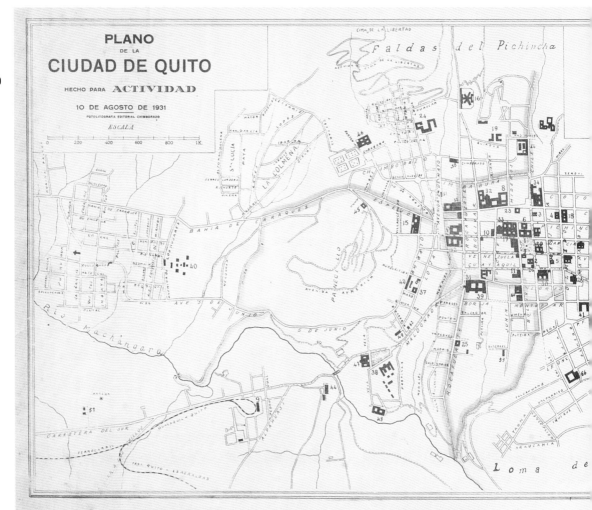

1_ Plan of the city of Quito, by Chimborazo publishers.
Around 1931

1_ Plano de la ciudad de Quito, publicado por editorial
Chimborazo. Hacia 1931

1748-1875

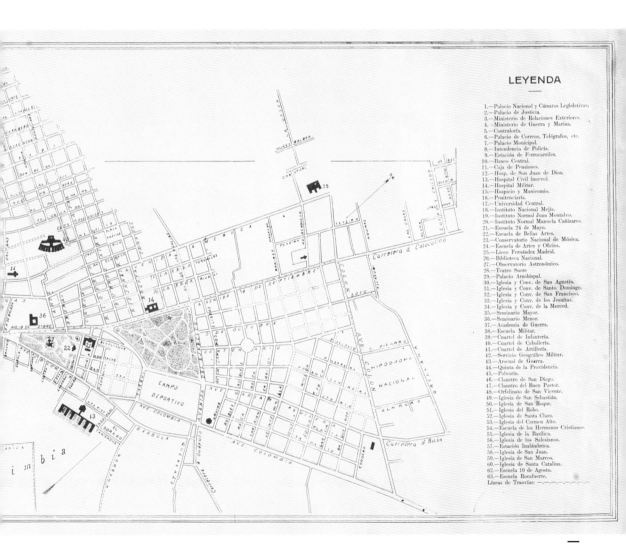

## LEYENDA

1.—Palacio Nacional y Cámaras Legislativas.
2.—Palacio de Justicia.
3.—Ministerio de Relaciones Exteriores.
4.—Ministerio de Guerra y Marina.
5.—Contraloría.
6.—Palacio de Correos, Telégrafos, etc.
7.—Palacio Municipal.
8.—Intendencia de Policía.
9.—Estación de Ferrocarriles.
10.—Banco Central.
11.—Caja de Pensiones.
12.—Hosp. de San Juan de Dios.
13.—Hospital Civil (nuevo).
14.—Hospital Militar.
15.—Hospicio y Manicomio.
16.—Penitenciaría.
17.—Universidad Central.
18.—Instituto Nacional Mejía.
19.—Instituto Normal Juan Montalvo.
20.—Instituto Normal Manuela Cañizares.
21.—Escuela 24 de Mayo.
22.—Escuela de Bellas Artes.
23.—Conservatorio Nacional de Música.
24.—Escuela de Artes y Oficios.
25.—Liceo Fernández Madrid.
26.—Biblioteca Nacional.
27.—Observatorio Astronómico.
28.—Teatro Sucre.
29.—Palacio Arzobispal.
30.—Iglesia y Conv. de San Agustín.
31.—Iglesia y Conv. de Santo Domingo.
32.—Iglesia y Conv. de San Francisco.
33.—Iglesia y Conv. de los Jesuitas.
34.—Iglesia y Conv. de la Merced.
35.—Seminario Mayor.
36.—Seminario Menor.
37.—Academia de Guerra.
38.—Escuela Militar.
39.—Cuartel de Infantería.
40.—Cuartel de Caballería.
41.—Cuartel de Artillería.
42.—Servicio Geográfico Militar.
43.—Arsenal de Guerra.
44.—Quinta de la Providencia.
45.—Polvorín.
46.—Claustro de San Diego.
47.—Claustro del Buen Pastor.
48.—Orfelinato de San Vicente.
49.—Iglesia de San Sebastián.
50.—Iglesia de San Roque.
51.—Iglesia del Robo.
52.—Iglesia de Santa Clara.
53.—Iglesia del Carmen Alto.
54.—Escuela de los Hermanos Cristianos.
55.—Iglesia de la Basílica.
56.—Iglesia de los Salesianos.
57.—Estación Inalámbrica.
58.—Iglesia de San Juan.
59.—Iglesia de San Marcos.
60.—Iglesia de Santa Catalina.
62.—Escuela 10 de Agosto.
63.—Escuela Rocafuerte.
Líneas de Tranvías: ‒‒‒‒‒‒

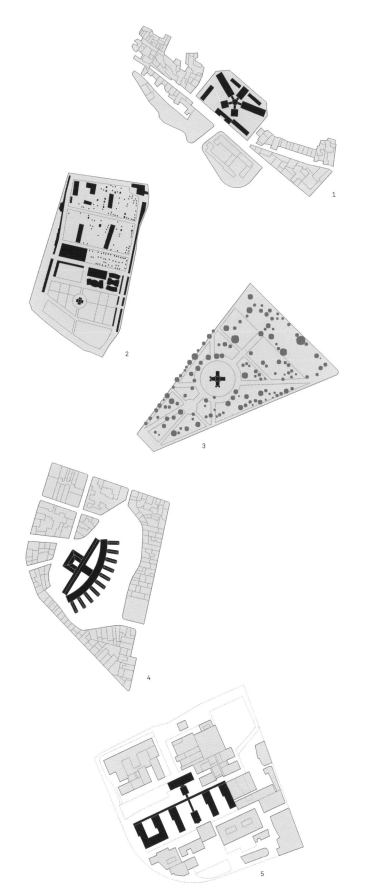

Plan drawings of
multiple new typologies
—penitentiary,
hospital, observatory,
military barracks…—
that emerged as
autonomous objects
throughout the late
1800's and early
1900's. Some of
these became the new
exceptionalities that
popped out from the
homogeneous gridded
fabric, in substitution
of the religious
architecture, the
only expression of
monumentality until
then.

Dibujos en planta de
las nuevas tipologías
—penal, hospital,
observatorio, cuartel…—
que se construyeron
entre finales del siglo
XIX y principios del
XX. Algunos de estos
se convirtieron en las
nuevas excepciones
que destacaban en
el tejido homogeneo
de la reticula, en
sustitución de la
arquitectura religiosa,
única expresión de
monumentalidad hasta
entonces.

1_Panopticon, 1869  2_San Diego Cemetery, 1872
3_Astronomic Observatory, 1873  4_Military Hospital,
1900  5_Municipal School Eugenio Espejo, 1915  6_Aerial
photograph showing the footprint of the old military
hospital and the grid. 2007

1_Panóptico, 1869  2_Cementerio de San Diego, 1900  3_
Observatorio Astronómico, 1873  4_Hospital Militar, 1900
5_Escuela Municipal Eugenio Espejo, 1915  6_Imagen aérea
que muestra la huella del antiguo hospital militar contra
la reticula. 2007

# FROM THE FOUNDATIONAL GRID
## TO THE LINEAR EXPANSION
### DE LA RETÍCULA FUNDACIONAL
### A LA EXPANSIÓN LINEAL

This plan is one of the first ones to represent Quito as a linear city along a perched valley. The presence of the mountain range and the ravines are extremely prominent in the drawing. The drawing also highlights the arrival of the train in the South of the city and new gentrified neighborhoods towards the north.

Este plano es uno de los primeros que representa Quito como una ciudad lineal a lo largo de un valle andino. Las montañas y quebradas tienen una fuerte presencia en el dibujo. Es también de destacar la representación de la llegada del tren al sur de la ciudad y el desarrollo de nuevos barrios burgueses en la zona norte.

114

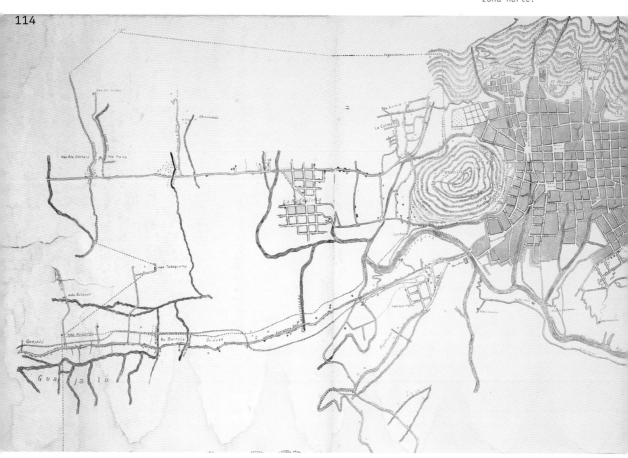

1_Plan of the city of Quito for the census.
1921

1_Plano de la ciudad de Quito para los trabajos del censo.
1921

1875-1922

PLANO
DE LA
CIUDAD DE QUITO

PARA LOS TRABAJOS DEL CENSO

ESCALA 1:8000

Referencias

1:8000

1

116

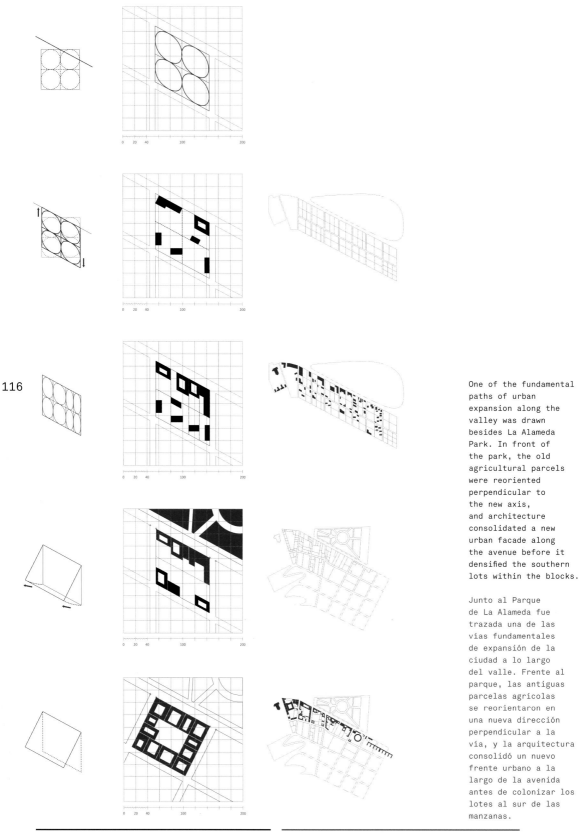

One of the fundamental
paths of urban
expansion along the
valley was drawn
besides La Alameda
Park. In front of
the park, the old
agricultural parcels
were reoriented
perpendicular to
the new axis,
and architecture
consolidated a new
urban facade along
the avenue before it
densified the southern
lots within the blocks.

Junto al Parque
de La Alameda fue
trazada una de las
vías fundamentales
de expansión de la
ciudad a lo largo
del valle. Frente al
parque, las antiguas
parcelas agrícolas
se reorientaron en
una nueva dirección
perpendicular a la
vía, y la arquitectura
consolidó un nuevo
frente urbano a la
largo de la avenida
antes de colonizar los
lotes al sur de las
manzanas.

1_Aerial image showing the urban fabric along the avenue in
front of La Alameda Park. 2007

1_Imagen aérea del tejido urbano a lo largo de la avenida
que discurre junto al Parque de La Alameda. 2007

# THE DISTANT GAZE
## *JONES ODRIOZOLA AND EN ROUTE MODERNITY*
## LA MIRADA DISTANTE
## *JONES ODRIOZOLA Y UNA MODERNIDAD EN ROUTE*

*Martín Cobas*

> *The land one possesses, is always a sign of*
> *barbarism and blood, while the land one tra-*
> *verses without taking it reminds us of a book.*

—*Chantal Akerman*

# Prologue:
# The dirigible[1]

A photograph shows a dirigible, the *Graf Zeppelin*, dangerously close to a gigantic, eclectic mass in the city of Montevideo. The photograph was taken on the 1st of July, 1934. The *Palacio Salvo*, the work of the Italian Mario Palanti, was constructed between the years of 1923 and 1928, and until 1935 (with the inauguration of the *Kavanagh* building in Buenos Aires), it was the highest building in South America. A parabolic mirror light on its dome (with an estimated 100 km reach) attempted to dialogue with the *Palacio Barolo* in Buenos Aires, also the work of traveler Palanti.

When the photograph was taken, the *Palacio Salvo* was, in all senses of the word, a decadent rarity in a city that, at the time, was fully imbibed in the vicissitudes of modern discourse. In fact, the photograph acts in opposition to the famous image showing the *Villa Stein* by Le Corbusier, accompanied by a dumpy Fort T: here, it is the dirigible (extemporaneously), not so much the architecture, that appears to assume the modern condition. And it was precisely Le Corbusier's visit to Montevideo, on the 7th of November, 1929

# Prólogo:
# El dirigible[1]

Una fotografía muestra un dirigible, el *Graf Zeppelin*, en peligrosa proximidad a una gigantesca mole ecléctica en la ciudad de Montevideo. La fotografía fue tomada el 1° de julio de 1934. El *Palacio Salvo*, obra del italiano Mario Palanti, había sido construido entre los años 1923 y 1928 y, hasta 1935 (con la inauguración del edificio *Kavanagh* en Buenos Aires), fue el edificio más alto de América del Sur. Sobre su cúpula, un faro de espejo parabólico (con alcance estimado de 100 km) intentaba dialogar con el *Palacio Barolo* de Buenos Aires, también obra del viajero Palanti.

El *Palacio Salvo*, cuando fue tomada la fotografía era, en todo sentido, una rareza decadente en una ciudad que para entonces estaba bien embebida en los avatares del discurso moderno. De hecho, la fotografía opera en oposición a la famosa imagen que muestra la *Villa Stein* de Le Corbusier acompañada de un rechoncho Ford T: aquí es (extemporalmente) el dirigible, antes que la arquitectura, el que parece asumir la condición moderna. Y fue precisamente la visita de Le Corbusier a Montevideo, el 7 de noviembre de

121

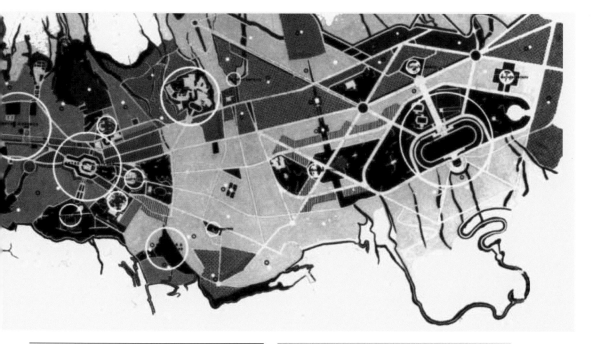

(from Buenos Aires), and his return on the 14th of November (on a layover from Buenos Aires to Rio de Janeiro), that ended up consolidating a scene dominated by modern discourse (and rejoicing). In 1930, a few blocks from the *Palacio Salvo*, the *Edificio Centenario* and the *Palacio Lapido* were being inaugurated, and further away, the *Estadio Centenario* and the monumental *Hospital de Clínicas*, all of them modern works[2]. Le Corbusier, who had critiqued the *Palacio Salvo* during his visit, in his *Prólogo Sudamericano* (South American Prologue), would manage to reconcile with this "unimaginably fun skyscraper in Montevideo."[3] In fact, in his sketches for the city, amongst partially submerged structures and strange geographical imprecisions, the *Palacio Salvo*, perhaps ironically, is the only visible building. From Le Corbusier's trip to Montevideo, there are amusing anecdotes, three conferences, photographs with the teaching staff from the Faculty of Architecture (which welcomed and embraced him as a hero), and an unprecedented, although fleeting, sensation of proximity to European modernity.

Uruguayan modernity was constructed *en*

1929 (desde Buenos Aires), y su retorno el 14 de noviembre (en escala de Buenos Aires a Río de Janeiro), lo que terminó de consolidar una escena dominada por el discurso (y el regocijo) moderno. En 1930, a pocas cuadras del *Palacio Salvo*, se inauguraban el *Edificio Centenario* y el *Palacio Lapido* y, más lejos, el *Estadio Centenario* y el monumental *Hospital de Clínicas*, todas obras modernas[2]. Le Corbusier, que en su visita había arremetido contra el *Palacio Salvo*, en su *Prólogo Sudamericano* llegará a reconciliarse con este "rascacielos inimaginablemente divertido de Montevideo"[3]. De hecho, en sus bocetos para la ciudad, entre rascamares y curiosas imprecisiones geográficas, es el *Palacio Salvo*, tal vez irónicamente, el único edificio visible. Del viaje de Le Corbusier a Montevideo quedaron curiosas anécdotas, tres conferencias, fotografías con el plantel docente de la Facultad de Arquitectura (que lo recibió y abrazó como héroe), y una inédita, aunque fugaz, sensación de proximidad con la modernidad europea.

La modernidad uruguaya se construyó *en route*: con quienes viajaron a Europa habiendo

Palacio Salvo and Graf Zeppelin. *Montevideo 1934*. b/w photo by M. Palanti. Centro de Fotografía de Montevideo

Palacio Salvo y Graf Zeppelin. *Montevideo 1934*. Foto en blanco y negro de M. Palanti. Centro de Fotografía de Montevideo

route: by those who travelled to Europe with the Faculty's *Gran Premio* (Grand Prize) (designed in a similar fashion as the *Grand Prix* from *L'Ecole des Beaux-Arts*), and all of the modern people who visited the country, a doubly fortunate event. At the time, it was modernity with a bit of *affair*, with seductive superficiality in the face of the deeper issues comprising the European debate. This progressive modern construction was taught in a Faculty which, since 1907 (still part of the Mathematics Faculty), with Frenchman Joseph P. A. Carré (and even before, with Julián Masqualez and Alfredo Jones Brown, trained in French academicism), followed the *Beaux-Arts* model in a country that, at the time, adopted the French cultural model, resolutely and in all fields. The academic model, largely thanks to Carré's vision (who, notwithstanding, remained faithful to academicism in his professional practice) was permeated by the avant-garde model, the Bauhaus, and the Modern Movement. An example of this was the inclusion of urban issues in academic training, at the beginning of the 20s, with the course on *Trazado de Ciudades y Arquitectura Paisajística* (Layout of Cities and Landscape Architecture), taught by Mauricio Cravotto, which would later give way to the creation of the Institute of Urbanism. In addition to travels, the enormous influence of *L'Architecture d'Aujourd'hui* was added, but also *Moderne Bauformen*, and the *Revista de Arquitectura*, published by the Society of Architects of Uruguay since 1914. Octavio de los Campos, author of the modern *Edificio Centenario*, recounts: "We received teachings from professors who had travelled; such as Cravotto, who came with the bomb of Modern Architecture … other returned to the country fairly liberated from the academic studies that, up until that moment, were taught in our Faculty."[4]

Guillermo Jones Odriozola (1913-1994), author of the *Plan Regulador de Quito* (Master Plan for Quito), was part of one of the several generations of Uruguayan architects trained in this *en route* modernity, in his case, particularly eclectic, inclusive, and eventually, amusingly imprudent. Jones began his studies at the Faculty of Architecture of Montevideo in 1932, and graduated in 1937. His father, the architect Alfredo Jones Brown, Faculty teacher between 1906 and 1926, was one of the main exponents of historicist eclecticism in Montevideo at the beginning of the 20th century[5]. Little or nothing has been studied regarding Jones; his files, at the moment of writing this essay, are recently being declassified. Two hypoth-

obtenido el *Gran Premio* de la Facultad (diseñado a semejanza del *Grand Prix* de *L'Ecole des Beaux-Arts*), y con los modernos que visitaron el país, en una suerte de doble agenciamiento. Era, entonces, una modernidad con algo de *affair*, de seductora superficialidad frente a las cuestiones más profundas del debate europeo. Esta progresiva construcción moderna se daba en una Facultad que desde 1907 (todavía como parte de la Facultad de Matemáticas), con el francés Joseph P. A. Carré (y aun antes, con Julián Masquelez y Alfredo Jones Brown, formados en el academicismo francés), seguía el modelo del *Beaux-Arts* en un país que entonces adoptó, resueltamente y en todos los campos, el modelo cultural francés. Al modelo academicista, en buena medida gracias a la visión de Carré (quien no obstante se mantuvo fiel al academicismo en su práctica profesional) había permeado el de las vanguardias, el Bauhaus, y el Movimiento Moderno. Un ejemplo de ello fue la inclusión en la formación académica de la problemática urbana, a comienzos de los años 20, con el curso de *Trazado de Ciudades y Arquitectura Paisajística*, dictado por Mauricio Cravotto, que derivaría más adelante en la creación del Instituto de Urbanismo. A los viajes, se sumaba la enorme influencia de *L'Architecture d'Aujourd'hui* fundamentalmente, pero también *Moderne Bauformen*, y de la *Revista de Arquitectura* editada por la Sociedad de Arquitectos del Uruguay desde 1914. Octavio de los Campos, autor del moderno *Edificio Centenario*, relata: "recibíamos enseñanzas provenientes de profesores que habían viajado; como Cravotto, que venía con la bomba de la Arquitectura Moderna … otros volvieron al país bastante liberados de los estudios académicos que hasta ese momento se impartían en nuestra Facultad."[4]

Guillermo Jones Odriozola (1913-1994), autor del *Plan Regulador de Quito*, fue parte de una de las varias generaciones de arquitectos uruguayos formados en esta modernidad *en route*, en su caso, particularmente ecléctica, inclusiva y, eventualmente, divertidamente imprudente. Jones comenzó sus estudios en la Facultad de Arquitectura de Montevideo en 1932 y egresó en 1937. Su padre, el arquitecto Alfredo Jones Brown, docente de la Facultad entre 1906 y 1926, fue uno de los principales exponentes del eclecticismo historicista en el Montevideo de principios de siglo XX[5]. De Jones poco o nada se ha estudiado; sus archivos, recién en el momento en que se escribe este ensayo, se están desclasificando. Dos hipótesis pueden arriesgarse en relación a este descuido de

eses may be advanced in relation to this careless-ness in Uruguayan historiography. First: the fact that Jones did not formally lecture. Indeed, Jones never taught at the Faculty of Architecture, al-though he applied for a Chair of Design position in 1951[6], and had, in all of his writing, and accord-ing to contemporary and family references, a clear vocation for teaching[7]. This surely contributed, to a certain extent, towards keeping him distanced from academic circles and critical production. Second: his affiliation with North American architecture, in contrast with a cultural panorama (then and still today) that was predominantly Eu-ropeanized. In the face of rampant Corbusianism, Jones' model was Frank Lloyd Wright, "a light in the middle of the darkness."[8]

This essay attempts to trace the geographical, and also the intellectual, routes (previous and ret-roactive) between Jones and the *Plan Regulador de Quito*, arguing that it is precisely the *en route* condition, that gives a singular agency to moder-nity. In this essay, travel will not be considered as a source of, or passage for, cultural hybridization in modern discourse. An implicit part of this essay, is that this *en route* modernity is also the image and displacement of mainstream moder-nity. More precisely, of interest herein is travel as a state of awareness, or also, an *architectural will*, which in conjunction with academic training and qualitative sensitivity, are synthesized in the architectural and urban project. Latin American modernity was constructed in the most heterodox, liminal and *physical* (in movement, in the terri-tory) fashion, and its *image* (here as the construc-tion of a landscape) acquired fictional dimensions.

124

la historiografía uruguaya. Primero: el hecho de que Jones no haya ejercido la docencia en un sen-tido formal. En efecto, Jones nunca dictó clases en la Facultad de Arquitectura, si bien concursó para una posición de Profesor Titular de Proyecto en el año 1951[6], y tuvo, en todos sus escritos, y según referencias de contemporáneos y familiares, una clara vocación didáctica.[7] Seguramente esto contribuyó a mantenerlo alejado de los círculos académicos y de la tradición crítica. Segundo: su filiación con la arquitectura norteamericana, frente a un panorama cultural (entonces y aún hoy) predominantemente europeizante. Frente al corbusianismo rampante, el modelo de Jones fue Frank Lloyd Wright, "una luz en medio de tinieblas"[8].

Este ensayo intenta trazar las rutas geográfi-cas y también intelectuales (anteriores y retroac-tivas) entre Jones y el *Plan Regulador de Quito*, argumentando que es precisamente esa condición *en route* la que imprime un singular agencia-miento de la modernidad. No se considerará aquí el viaje como fuente o pasaje de hibridación cultural en general o, en particular, del discurso moderno. Este es un argumento bien estudiado y parte implícita de este ensayo, en tanto, por ejem-plo, esta modernidad *en route* es también imagen y traslación de la del *mainstream*. Más precisa-mente interesará aquí el viaje como un estado de conciencia o, también, un *ánimo arquitectónico* que, conjuntamente con la formación académica y la sensibilidad cualitativa, se sintetizan en el proyecto arquitectónico y urbano. La modernidad latinoamericana se construyó de modo más hete-rodoxo, liminal, y *físico* (en el desplazamiento, en

Grand Prize Project by Guillermo Jones Odriozola. *Montevideo 1939*. Perspective. Centro de Documentación del Instituto de Historia de la Arquitectura, Facultad de Arquitectura de la Universidad de la República, Montevideo.

Proyecto Gran Premio de Guillermo Jones Odriozola. *Montevideo 1939*. Perspectiva. Centro de Documentación del Instituto de Historia de la Arquitectura, Facultad de Arquitectura de la Universidad de la República, Montevideo.

Julio Vilamajó[9], architect and teacher of Jones, in correspondence with Jones himself, remembers that "all are places on earth where we can play out our fantasy,"[10] as was the very dirigible in its modern displacements.

# (Before) Quito:
# A journey

DOCUMENT I: LA EVOLUCIÓN DE LA ARQUITECTURA EN AMÉRICA, INFORME II: MEMORIAS DE LA ETAPA LIMA-QUITO (THE EVOLUTION OF ARCHITECTURE IN AMERICA, REPORT II: MEMORIES OF THE LIMA-QUITO STAGE)

In 1938, along with architect Mario Paysée Reyes, Jones travelled to Europe and the north of Africa. In 1937, more informally, he had gone to Brazil and visited Roberto Burle Marx, Henrique Mindlin and Oscar Niemeyer, in addition to others. At that time, he had already collaborated in Julio Vilamajó and De los Campos, Puente, Tournier studios, two of the most relevant architectural offices from the so-called "first Uruguayan modernity". The European journey included stays in Italy, Switzerland, France, Germany, England, Scotland and Holland, visiting small towns such as Sabaudia, Littoria and Pontinia, in the Lazio region; also, in the north of Africa, Morocco, Algeria and Tunisia. And in Paris, two mandatory visits: Auguste Perret, and Le Corbusier's atelier, where he had the opportunity to meet him personally and see his city planning work. Later on, his stay at Oxford (with a scholarship granted by the then-ambassador of Great Britain in Uruguay, Sir Eugene Millington Drake) would give way to a detailed historical-urbanistic analysis regarding city conformation processes, as well as to his concern for "the concept of man taken as an exact measurement of urban proportion and scale," which he saw exemplified in this city, as well as in Florence and Hildesheim[11]. Along these lines, this is when he began to familiarize himself with the British city planning tradition, which would be determining in his ideas regarding the urban life of modern democratic societies, later present in the *Plan Regulador de Quito*, for example.

In 1939, Jones married Barbara Mary Torry, with whom he would have two daughters, participated in the competition for the *Grand Prize* from the Faculty of Architecture, along with another two architects (one of them, his travel companion in Europe), and formed an office with

el territorio), y su *imagen* (aquí como construcción de un paisaje) adquirió las dimensiones de la ficción. Julio Vilamajó[9], arquitecto y maestro de Jones, en correspondencia al propio Jones, recuerda que "todos son lugares sobre la tierra en donde podemos emplear nuestras fantasías"[10], como lo era también el propio dirigible, en sus desplazamientos modernos.

# (Antes de) Quito:
# Un viaje

DOCUMENTO I: LA EVOLUCIÓN DE LA ARQUITECTURA EN AMÉRICA, INFORME II: MEMORIAS DE LA ETAPA LIMA-QUITO

En 1938, junto con el arquitecto Mario Paysée Reyes, Jones viaja a Europa y el norte de África. En 1937, más informalmente, había conocido Brasil y visitado a Roberto Burle Marx, Henrique Mindlin y Oscar Niemeyer, entre otros. Para entonces, ya había colaborado con Julio Vilamajó y De los Campos, Puente, Tournier, en dos de las oficinas de arquitectura más relevantes de la llamada "primera modernidad uruguaya". El viaje europeo incluyó estancias en Italia, Suiza, Francia, Alemania, Inglaterra, Escocia y Holanda, visitando incluso pequeños poblados como Sabaudia, Littoria, y Pontinia en la región del Lazio. También en el norte de África Marruecos, Argelia y Túnez. Y en París dos visitas ineludibles: Auguste Perret, y el atelier de Le Corbusier, en donde tiene oportunidad de conocerlo personalmente y ver sus trabajos de urbanismo. Su estancia en Oxford (con una beca otorgada por el entonces embajador de Gran Bretaña en Uruguay, Sir Eugene Millington Drake) dará origen más adelante a un pormenorizado análisis histórico-urbanístico sobre los procesos de conformación de las ciudades, y a su preocupación por "el concepto del hombre tomado como medida justa de escala y proporción urbanas", que veía ejemplificado en esta ciudad, así como en Florencia y Hildesheim[11]. Asimismo, es entonces cuando comienza a familiarizarse con la tradición urbanística británica, que será determinante en sus ideas sobre la vida urbana de la sociedades democráticas modernas presentes en, por ejemplo, el *Plan Regulador de Quito*.

En 1939 Jones se casa con Barbara Mary Torry, con quien tendrá dos hijas, participa del concurso para el *Gran Premio* de la Facultad de Arquitectura junto con otros dos arquitectos (uno

Aurelio Lucchini and Gilberto Gatto, who would collaborate later on the *Plan* for Quito. The competition for the *Grand Prize*, led by Monsieur Carré, consisted of three eliminatory stages. After winning the first two, Jones had to carry out his final project: the *Palacio de la Fraternidad Universal* (Universal Fraternity Palace), a building to house and express "ideas of love and concord amongst men," in a "sort of university

de ellos, su compañero de viaje por Europa), y forma una oficina con Aurelio Lucchini y Gilberto Gatto, quien colaborará más adelante en el *Plan Regulador de Quito*. El concurso para el *Gran Premio*, dirigido por Monsieur Carré, constaba de tres etapas eliminatorias. Luego de obtener ventaja en las dos primeras, Jones debía realizar su proyecto final: el *Palacio de la Fraternidad Universal*, un edificio para albergar y

126

La naturaleza junto a Quito.

of thought." It would be established in a "picturesque region, in proximity to the mountain and sea," and would be composed of several administrative buildings, the palace, rooms, open spaces and, significantly, the monument[12]. Jones' project, with a considerably academicist leaning, still introduces an extraordinary flexible composition in its topographical adaptation to the "picturesque" site, incrusting the building between the sea and the mountain, and approaching a geometry and *parti* that reserve strict symmetry only for the monument[13]. Here, the project (*the art*) seems to go ahead of the happenings in his life; the project's fiction clearly moves towards a geography notably similar to that of Quito's valley. The landscape gaze becomes inevitable; and over it, travels as the substratum of all other construction.

Second travel: after winning the *Grand Prize*, and given the impossibility of traveling to Europe during war (as stipulated by the competition), Jones presented the reasons to take a trip through America to the Faculty Board. He began the journey in February of 1941, this time in the company of architect Octavio de los Campos. The originally planned trip, to the north of Argentina, Bolivia, Peru, Ecuador, Colombia and the United States (to see its "contemporary architecture"), took a radical turn: a prolonged stay in Quito. Here, the *physical* journey stopped and another one began, which, as is to be seen, inexorably infiltrated into all of his other physical and intellectual journeys as a consistent narrative.

But the importance of the *American journey* is twofold: on one hand, it represented the first systematic approach to the study of architecture *en route*, a historical-critical trajectory that culminated (before planned) in Quito; definitively, an *academic journey*. On the other hand, it was the raw material for his stay in Quito and the preparation of the *Plan*. Both issues are synthesized in *La evolución de la arquitectura en América, Informes I & II* (The Evolution of Architecture in America, Reports I & II), a series of meditations in travel journal format, alternating poetical-rhetorical passages, with other more properly academic ones. Here, the *Informe II, Memorias de la etapa Lima-Quito* (Report II, Memories from the Lima-Quito Stage) is of particular interest, describing the Ecuadorian journey from the arrival to Guayaquil and the train passage to Quito. This second volume consists of 56 pages of type-written text and 82 pages of drawings, plans, cartographies, sketches

expresar "las ideas de amor y de concordia entre los hombres", en una "especie de universidad del pensamiento". Este sería establecido en "una región pintoresca, en proximidad de la montaña y del mar", y estaría compuesto de diversas dependencias administrativas, el palacio, habitaciones, espacios libres y, significativamente, el monumento[12]. El proyecto de Jones, de corte netamente academicista, deja ver no obstante una composición extraordinariamente flexible en su adaptación topográfica al sitio "pintoresco", incrustando al edificio entre el mar y la montaña, y aproximándose a una geometría y partido que reservan la simetría estricta sólo para el monumento[13]. Aquí, el proyecto (*el arte*) parece adelantarse a los sucesos de su vida. La ficción del proyecto avanza claramente hacia una geografía notablemente semejante a la del valle quiteño. La mirada paisajística se hace ineludible y, sobre ella, los viajes como sustrato de toda otra construcción posible.

Segundo viaje: tras la obtención del *Gran Premio* y ante la imposibilidad de viajar a la Europa en guerra (como estipulaba el concurso), Jones expone ante el Consejo de Facultad los motivos para emprender un viaje por América. Comienza el viaje en febrero de 1941, esta vez en compañía del arquitecto Octavio de los Campos. El viaje originalmente previsto, al norte Argentino, Bolivia, Perú, Ecuador, Colombia, y Estados Unidos (para ver su "arquitectura contemporánea"), toma una bifurcación radical: una prolongada estancia en Quito. Aquí se detiene el viaje *físico* y comienza otro que, como se verá, se infiltra inexorablemente, como una narrativa consistente, en todos sus otros viajes, físicos e intelectuales.

Pero la importancia de este *viaje americano* es doble: por un lado, representa una primera aproximación sistemática al estudio de la arquitectura *en route*, una *trayectoria* histórico-crítica que culmina (antes de lo previsto) en Quito; en definitiva, un *viaje académico*. Por otro, es la materia prima para su estancia en Quito y la elaboración del *Plan Regulador*. Ambas cuestiones se sintetizan en *La evolución de la arquitectura en América, Informes I & II*, una serie de meditaciones en formato de diario de viaje alternando pasajes poético-retóricos con otros más propiamente académicos. En particular interesa aquí el *Informe II, Memorias de la etapa Lima-Quito*, que describe el viaje ecuatoriano desde el arribo a Guayaquil y el pasaje en tren hacia Quito. Este segundo volumen consiste

and photographs, which in their ensemble provide a comprehensive reading of Ecuadorian landscape, its pre-Colombian history and Quito's colonial architecture, and the city of Quito in particular, both in its geo-morphological and its cultural aspects. Some descriptive passages regarding colonial architecture, such as the analysis on the *Santuario de Guápulo*, are the occasion for a detailed and precise study of the city's structure, anticipating some of the *Plan's* contents:

> The city of Quito is developed over a more or less flat area, which, following a south to north direction, the Ichimbía hill is to the east, and to the west, the Panecillo and the Pichincha hills. The new city extends to the north, and after passing the Ichimbía, the plain rises a bit to run along the edge of a gully that follows the same south-north direction, until suddenly opening, and from up on high, offers the spectacle of the hill that goes down, forms a small valley almost enclosed by two mountains, and has a much more extensive valley towards the north, by way of which one arrives to the snowy peak of the Cayambe, a valley which, due to its heights, is directly related to the Cotopaxi, and over the ground of which, more than once, red-hot lava from this Andean colossus swept away all vegetation and works of man.[14]

In sum, the *Informe* clearly expresses the two issues holding Jones' interest in his *American journey*: colonial architecture and the exuberance of the landscape. Quito is described as "the main colonial architecture center held by all of South America."[15] Without leaving the evident aesthetic and plastic voluptuousness of Quito's colonial architecture by the wayside, part of this fascination comes from the integration of sculpture and painting as an inextricable part of the architectural project[16]. On the other hand, regarding the landscape, remember that in his journey from Uruguay to Ecuador, Jones moved from a mild to a tropical climate, passing through desert plains in the Argentinian north, arid mountains, the scorching Peruvian desert, arid valleys and, finally, to dense tropical vegetation. In his narration, Quito emerges as an exegesis of these landscapes and their architectures. In a very picturesque fashion, the text begins and ends with landscape observations, the journey from Guayaquil to Quito through tropical vegetation and an exuberant geography:

128

de un texto mecanografiado de 56 páginas y 82 páginas de dibujos, plantas, cartografías, croquis y fotografías que en conjunto proveen una comprensiva lectura del paisaje ecuatoriano, de su historia pre-colombina y la arquitectura colonial quiteña, y de la ciudad de Quito en particular, tanto de sus aspectos geo-morfológicos como culturales. Algunos pasajes descriptivos de la arquitectura colonial, como el análisis del *Santuario de Guápulo*, son ocasión para un estudio detallado y preciso de la estructura de la ciudad que anticipa algunos de los contenidos del *Plan*:

> La ciudad de Quito se desarrolla en una zona más o menos plana que siguiendo una dirección de sur a norte tiene al este el cerro Ichimbía y sobre el oeste el Panecillo y las laderas del Pichincha. Se extiende la ciudad nueva hacia el norte y luego de pasar el Ichimbía sube la planicie un poco para ir corriendo junto al borde de una quebrada que sigue la misma dirección sur-norte hasta que de pronto se abre y desde la altura ofrece el espectáculo de la ladera que baja, forma un pequeño valle casi cerrado por dos montañas y tiene aún más hacia el norte un valle mucho más extenso por el que se llega a dominar hasta la nevada cumbre del Cayambe, valle que por sus niveles se halla directamente relacionado con el Cotopaxi y por cuyo suelo corrió más de una vez, arrasando con toda la vegetación y la obra del hombre, la lava candente de este coloso andino.[14]

En suma, el *Informe* expresa claramente las dos cuestiones que atrapan el interés de Jones en su *viaje americano*: la arquitectura colonial y la exhuberancia del paisaje. Quito es descrito como "el principal centro de arquitectura colonial que posee toda América del Sur"[15]. Y parte de esta fascinación procede, sin dejar de lado la evidente voluptuosidad estética y plástica de la arquitectura colonial quiteña, de la integración de la escultura y la pintura como parte inextricable del proyecto arquitectónico[16]. Por otra parte, y en relación al paisaje, recuérdese que en su travesía desde Uruguay hasta Ecuador Jones se desplaza desde un clima templado a uno tropical, que atraviesa las planicies desérticas del norte argentino, la montaña árida, el desierto hirviente del Perú, los valles áridos y finalmente la vegetación densa del trópico. Quito, en su narración, emerge como exégesis de estos paisajes y sus arquitecturas. De hecho, muy en el modo pintoresquista, el

The iron road by way of which we have ascended from the coast, first through tropical vegetation, then in the middle of bushes covering the mountain hillsides, and later amongst high desert plains of enormous height, leaves us in a place that compensates the bothers and incommodities of the trajectory[17]. This

texto comienza y finaliza con observaciones paisajísticas, el viaje desde Guayaquil hacia Quito a través de la vegetación tropical y la exuberante geografía:

El camino de hierro por el que hemos venido subiendo desde la costa, a través de vegetacio-

005572

country is innately picturesque, extending along the Equatorial Line, and is inside nature itself, perhaps the most admirable that we can find in all of South America, in the Indian inhabitant with his diversity of dress and colors … The coast, the mountain range, the tropical jungle or mountain all reserve their special characteristics, but each one of them always conjoin within the same spirit of colossal, imposing and beautiful work.[18]

As such, this material is the main forerunner to his stay and work in Quito. His *reading* of Quito began in this journey: Quito, before being an object of study and planning is the *object of a journey*; as such here, the reflection on Quito precedes his stay in the form of an *impression*. In fact, parts of the text would be extracted and included in the *Anteproyecto del Plan* (Draft Plan Project). [19]

# (Quito):
# Living tissue

DOCUMENT II: ANTE PROYECTO DEL PLAN REGU-LADOR DE LA CIUDAD DE QUITO, PLAN REGULADOR DE QUITO, QUITO Y SU PLAN REGULADOR (PROJECT DRAFT FOR THE MASTER PLAN FOR THE CITY OF QUITO, MASTER PLAN FOR QUITO, QUITO AND ITS MASTER PLAN)

> We leave the Pacific Coast: we went up the enormous mountain range, and Mother Nature showed us the thousand wonders of its shapes and colors. We are now in full tropical lushness, with a view or trees, plants and birds of different tones and trills, and the falling water reminds us of a river crossing cliffs and falling from great heights, and then the desolate high plain comes into our view without offering any place to rest, when once again the same high mountain range begins to cover itself in green, against the magnificent white of its snows, we see incredible wheat plantations stand out, "huasipungos", decorating the plains with their most varied nuances, and further beyond the trees surmounting the mountain, rising into confusion with the clouds. And like such, from admiration to admiration, we reach the foot of a mountain, the Pichincha, and at this foot, amongst the undulations of the ground, a settled city, that one would almost say was sleeping. [20]

nes tropicales primero, luego en medio de arbustos que cubren las laderas de las montañas, después por entre los páramos desiertos de las enormes alturas, nos deja en un sitio que compensa las molestias e incomodidades de la trayectoria.[17] … Lo pintoresco es innato en este país desarrollado sobre la Línea Ecuatorial, y se encuentra ya en la misma naturaleza, la más admirable quizás que podemos hallar en toda Sud América, ya en el habitante indio con su diversidad de vestidos y colores… La costa, la sierra, la montaña o selva tropical reservan cada una sus características especiales, pero todas ellas se unen siempre dentro de un mismo espíritu de obra colosal, imponente y bella.[18]

Así, este material constituye el principal antecedente de su estancia y obra en Quito. Su *lectura* de Quito comienza en este viaje: Quito, antes que objeto de estudio y planificación es *objeto de viaje*; aquí, la reflexión sobre Quito precede, en la forma de una *impresión*, por tanto, a su estancia. De hecho, partes del texto serán extractadas e incluidas en el *Anteproyecto del Plan*. [19]

# (Quito):
# Tejido vivo

DOCUMENTO II: ANTE PROYECTO DEL PLAN REGU-LADOR DE LA CIUDAD DE QUITO, PLAN REGULADOR DE QUITO, QUITO Y SU PLAN REGULADOR

> Abandonamos la Costa del Pacífico: venimos remontando la enorme sierra, y la naturaleza madre nos va mostrando las mil maravillas de sus formas y colores. Ya estamos en plena floresta tropical, con la visión de árboles, plantas y pájaros de diferentes tonalidades y trinos, ya la caída del agua nos recuerda un río que viene salvando precipicios y cayendo desde alturas enormes, ya el páramo desolado se presenta a nuestra visión sin ofrecernos ningún lugar de reposo, cuando nuevamente la misma sierra alta comienza a cubrirse de verde y contra el blanco magnífico de sus nieves vemos destacarse increíbles plantaciones de trigo, "huasipungos" que decoran la llanada con sus más variados matices y aún más allá los árboles que remontan el monte y suben hasta confundirse con la nube. Y así de admiración en admiración llegamos al pie

The *Anteproyecto del Plan Regulador de la Ciudad de Quito* (Project Draft for the Master Plan for the City of Quito) begins where the *Informe II* ends. Jones reached Quito by train, crossing the tropical jungle, to discover "a treasure of colonial architecture, a prodigy of nature in shapes and colors" at 2,850 meters above sea level.[21] For Jones, the landscape, the colonial architecture and the local culture (particularly, the indigenous) form a triad that, in a certain way, would dominate his understanding of the city and its culture, and later on, the particularities of the *Plan*, which Jones reached in the *Anteproyecto* after an extensive historical passage regarding the origin and evolution of cities. This is replicated in the study on Quito in its "various epochs" through different cartographies, beginning with the plans by Dionisio Alcedo Herrera from 1734, and from the Geodesic Mission by Charles Marie de La Condamine from 1751. The document is organized into 18 sections, corresponding to the graphic approach analyzed, and essentially includes all issues to be later developed in more detail in the final documents. Out of these sections, 7 refer to Quito at that time (even considering Quito within a worldwide context), another 7 to the future Quito proposed by the *Plan*, and finally, 4 perspectives.

Jones was hired by the Municipality of Quito to develop the *Plan Regulador* a young architect hardly 29 years old, with little more formal experience in city planning than the course on *Trazado de Ciudades y Arquitectura Paisajística* from the Faculty of Architecture in Montevideo, and a brief professional experience.[22] After being hired and before the final development of the *Plan*, in 1943, Jones traveled to Cartagena de Indias and the United States invited by Francis Henry Taylor, Director of the Metropolitan Museum of New York, with a scholarship from the Carnegie, Guggenheim and Rockefeller foundations. There he met Frank Lloyd Wright at the *Taliesin* of Spring Green, Walter Gropius at Harvard, Eliel Saarinen at Cranbrook Academy, Antonin Raymond, William Lescaze, and Josep Lluís Sert in New York, Lewis Mumford, Marcel Breuer, William Wurster, Catherine Bauer, and Philip Goodwin. He also visited the schools of architecture at MIT, Columbia, Yale, and Princeton. And, finally, he lectured on Oswaldo Guayasamín: *Oswaldo Guayasamín, the Painter and His Context*, in New York's Mortimer Brandt Gallery.[23]

Initially, Jones worked with a group of col-

*de una montaña, el Pichincha, y en ese pie, entre las ondulaciones del suelo, una ciudad asentada, que se diría dormida casi.*[20]

El *Anteproyecto del Plan Regulador de la Ciudad de Quito* comienza allí donde termina el *Informe II*. Jones llega a Quito en tren, atravesando la selva tropical, para descubrir "un tesoro de arquitectura colonial, un prodigio de naturaleza en formas y colores" a 2.850 metros de altura sobre el nivel del mar.[21] El paisaje, la arquitectura colonial y la cultura local (particularmente la indígena) conforman para Jones una tríada que en cierto modo dominará su entendimiento de la ciudad y su cultura y, más adelante, las particularidades del *Plan*, a las que Jones llega en el documento del *Anteproyecto* luego de un extenso pasaje histórico sobre el origen y evolución de las ciudades. Este, se replica en el estudio de Quito en sus "varias épocas" a través de distintas cartografías, comenzando con los planos de Dionisio Alcedo Herrera de 1734, y el de la Misión Geodésica de Charles Marie de La Condamine de 1751. El documento se organiza en 18 secciones que se corresponden con el planteamiento gráfico analizado, y comprende esencialmente todas las cuestiones que serán luego desarrolladas más detalladamente en los documentos finales. De estas secciones, 7 refieren a Quito en el presente (considerando incluso a Quito en el contexto mundial), otras 7 al Quito futuro propuesto por el *Plan*, y finalmente se incluyen 4 perspectivas.

Jones fue contratado por la Municipalidad de Quito para desarrollar el *Plan Regulador* siendo un joven arquitecto de apenas 29 años, con poco más experiencia formal en urbanismo que el curso de *Trazado de Ciudades y Arquitectura Paisajística* de la Facultad de Arquitectura de Montevideo y una breve experiencia profesional.[22] Luego de su designación y antes del desarrollo final del *Plan*, en 1943, con una invitación del Director del *Metropolitan Museum* de Nueva York, Francis Henry Taylor (a quien había conocido en Quito), y una beca de las fundaciones Carnegie, Guggenheim y Rockefeller, Jones viaja a Cartagena de Indias y Estados Unidos. Entonces conoce a Frank Lloyd Wright en el *Taliesin* de Spring Green, a Walter Gropius en Harvard, Eliel Saarinen en *Cranbrook Academy*, Antonin Raymond, William Lescaze y Josep Lluís Sert en Nueva York, Lewis Mumford, Marcel Breuer, William Wurster, Catherine Bauer, y Philip Goodwin. También visita las escuelas de arquitectura del MIT, Columbia, Yale y Prince-

laborators appointed by the Municipality, and in subsequent stages, with three Uruguayan architects: Alfredo Altamirano, Jorge Bonino and Gilberto Gatto. Jones synthesizes the main guidelines regarding the *Plan* in the document *Quito y su Plan Regulador* (Quito and its Master Plan): "zoning, transit, planning of centers that the capital city needs and will need, open spaces and working-class neighborhoods... and the application of the economic system to achieve these premises."[24] In addition to the four CIAM functions (living, working, recreation and circulation), in the same way that Sert and Paul Lester Wiener tested as well in 1943 for the company-town

ton. Y, finalmente, dicta una conferencia sobre Oswaldo Guayasamín: *Oswaldo Guayasamín, el pintor y su medio,* en la *Mortimer Brandt Gallery* de Nueva York.[23]

Inicialmente Jones trabaja en el *Plan* con un grupo de ayudantes nombrados por la Municipalidad y, en las etapas subsiguientes, con tres arquitectos uruguayos: Alfredo Altamirano, Jorge Bonino y Gilberto Gatto. Jones sintetiza las directivas principales en relación al *Plan* en el documento *Quito y su Plan Regulador:* "zonificación, tránsito, previsión de los centros que la ciudad capital necesita y necesitará, espacios libres y barrios obreros ... y el sistema económico aplicado

132

Guillermo Jones Odriozola's residence. Huasipungo. *Punta del Este 1947.* b/w photo. Centro de Documentación del Instituto de Historia de la Arquitectura, Facultad de Arquitectura de la Universidad de la República, Montevideo

Residencia de Guillermo Jones Odriozola. Huasipungo. *Punta del Este 1947.* Foto en blanco y negro. Centro de Documentación del Instituto de Historia de la Arquitectura, Facultad de Arquitectura de la Universidad de la República, Montevideo

*Cidade dos Motores*, near Rio de Janeiro,[25] there are the centers, which are organized according to specific functions (Sports, Government and University), introducing the "heart of the city" problem, as suggested by Mumford and consolidated later in CIAM 8, *The Heart of the City: Towards the Humanization of Urban Life*. It is probably that Jones was familiarized with this discussion based on the conversation he had with Sert in New York in 1943. In short, the *Plan Regulador de Quito* was based on the creation of a "city for the people", and takes as one of its fundamental theoretical models (amongst several others), the statistical studies from the city planning offices in Great Britain to determine "ideal conditions for grouping people in a social life."[26] At that time, in addition to the memory lived from his stay at Oxford during his trip to Europe in 1938, Jones was familiar with the texts regarding planning by Patrick Abercrombie.[27] Here, the "living tissue" to which Jones alluded in his descriptions of life in Quito takes shape and is *expanded*, the unit of which is the family:

> *We feel that we should project the city's future by organizing it by subdivision of its functions, but especially taking into account the unit of the entire ensemble and fundamentally, specifying what it is and what the home should be, larger and larger, healthier and healthier, more moral and more happy, for the individuals forming a family.* [28]

In this way, Jones determined a model for minimal neighborhood units, neighborhood cells (neighborhoods), small districts and a main district or large district, each one of them with a services system according to its scale. The small district, planned for 40,000 inhabitants, represented a fifth of Quito's population at the time. This "living tissue" was conceived according to zoning in three types of residential fabrics (for working class, employees and landowners), and planning its phasing capacity according to financial management of the *Plan* studied in deep detail.[29] Finally, the density of new areas and the relation between public green areas and private land was substantial: on this point, Jones clarifies, Corbuserian reasoning is fully justified, his "urban planning vision," "that which Le Corbusier projects in his ideal plans, the infiltration of open spaces and green into the heart of the city,"[30] since distanced green spaces would not be used. For Jones, green spaces were a "cornerstone" of the *Plan*, and evidently, in addition to their hygienist function,

para la consecución de estas premisas".[24] A las cuatro funciones CIAM (residencia, ocio, trabajo y transporte), del mismo modo en que Sert y Paul Lester Wiener ensayaban también en 1943 para el *company-town Cidade dos Motores*, próximo a Río de Janeiro,[25] se suman los centros, que se organizan según funciones específicas (Deportivo, de Gobierno, y Universitario), introduciendo el problema del "corazón de la ciudad", como había sugerido Mumford y más adelante se consolidara en el CIAM 8, *El Corazón de la Ciudad: por una vida más humana de la comunidad*. Es probable que Jones, a partir de la conversación que mantuvo con Sert en Nueva York en 1943, estuviera familiarizado con esta discusión. En suma, el *Plan Regulador de Quito* se fundamenta en la creación de una "ciudad para el pueblo", y toma como uno de sus modelos teóricos fundamentales (entre otros tantos) los estudios estadísticos de las oficinas de urbanismo de Gran Bretaña para determinar las "condiciones ideales del agrupamiento de las gentes en una vida social".[26] Para entonces, además del recuerdo vívido de su estancia en Oxford durante el viaje a Europa de 1938, Jones estaba familiarizado con los trabajos sobre planificación de Patrick Abercrombie.[27] Aquí se forma y *amplía* el "tejido vivo" al que Jones alude en sus descripciones de la vida quiteña, cuya unidad es la familia:

133

> *Sentimos que debemos proyectar el futuro de la ciudad organizándola por la subdivisión de sus funciones, pero teniéndose especialmente en cuenta la unidad de todo el conjunto, y, fundamentalmente, precisándose el que ella es y debe ser el hogar, cada vez más amplio, más sano, más moral y más feliz, de los individuos que forman una familia.*[28]

Así Jones determina un modelo de unidades mínimas barriales, células barriales (barrios), pequeños distritos y distrito principal o gran distrito, cada uno de los cuales presenta un sistema de servicios en acuerdo a su escala. El pequeño distrito, previsto para 40.000 habitantes, representa una quinta parte de la población de Quito de entonces. Este "tejido vivo" es concebido según un zoneamiento en tres tipos de tejidos residenciales (para obreros, empleados y propietarios), y previendo su etapabilidad según una gestión financiera del plan estudiada en profundo detalle.[29] Finalmente, la densidad de las nuevas áreas y la relación entre espacios públicos verdes y suelo privado es sustancial: en este punto, aclara Jones, se justifica plenamente el razonamiento

represented the quintessence of democracy, of the "city for the people", encoded in leisure and recreation. Along with the residential fabric, the green areas were the other major *field* of the *Plan*. Jones introduced the topic in the *Anteproyecto*, citing a passage from *The Importance of Living* by Lin Yutang, which was published in English in 1937.[31] Yutang described the importance of leisure, and locates it at the precise point where the space ceases to be useful. "Unused space" is Yutang's leisure place, and it is also for Jones the democratic scenario in his picturesque encoding: "the most interesting thing would be to conceive a total system allowing us to cover the entire city through 'green spaces,' which would be linked one with the other, thereby providing ease and beauty of passage amongst plants and flowers."[32] Notably, Jones also warned as to the particularly scenographic quality that this green *continuum* could have, forming not only a park system, but also a veritable scenographic construction of the city; in a word, also its *image*:

> A *park ... meets its objective aspect with two different situations: one can view from it, and is also viewed. Our parks should be like this, in a city with topography as special as Quito's, managing to dominate certain heights and points from whence the spectacle of nature and the city may be grandiose, and at the same time, be contemplated from the lowest elevations, offering a truly valuable landscape interest.*[33]

These points, along with other more specific details from the *Plan* not addressed in this essay, were revised in detail by the North American architect and city planner Chloethiel Woodard Smith in the *Informe al I Concejo Municipal sobre el Plan Regulador de Quito* (Report to the I Municipal Council regarding the Master Plan for Quito),[34] at the time the definitive version of the *Plan* was being concluded in 1945. The document consists of a detailed critical revision of Jones' *Plan*, from two fundamental standpoints: the *Plan* as a "technical solution" and as a "base for action," presenting in parallel fashion the dilemma between a "master plan" and a "planned city." The *Plan*, which comes to rectify "a growth without planning, sad and misty, slowly covering one of the greenest and most lovely valleys in the world," [35] is described as "one of the most complete and progressive examples in contemporary planning ideas developed in South America," given rise to by consideration of "modern democ-

134

corbuseriano, su "visión urbanística", "lo que Le Corbusier proyecta en sus planos ideales, la infiltración de los espacios libres y el verde justo hasta el corazón de la ciudad"[30], ya que los espacios verdes alejados no serían utilizados. Para Jones los espacios verdes constituían una "piedra angular" del *Plan* y, evidentemente, además de su función higienista, representaban la quintaesencia de lo democrático, de la "ciudad para el pueblo" codificada en el ocio y el esparcimiento. Junto con el tejido residencial, los espacios verdes constituyen el otro gran *campo* del *Plan*. Jones introduce el tema en el documento del *Anteproyecto* citando un pasaje de *La importancia de vivir*, de Lin Yutang, que había sido publicado en inglés en 1937.[31] Yutang desribe la importancia del ocio y lo ubica en el preciso punto en que el espacio deja de ser útil. El "espacio sin usar" es el lugar del ocio en Yutang, que es en Jones también el escenario democrático en su codificación pintoresquista: "lo más interesante sería idear un sistema total que nos permitiera recorrer toda la ciudad por medio de 'verdes' que se irían enlazando unos con otros y proporcionando por lo tanto, la facilidad y belleza de paseo entre plantas y flores".[32] Notablemente, Jones también advierte el sentido particularmente escenográfico que podría tener este *continuum* verde, conformando no solamente un sistema de parques sino una verdadera construcción escenográfica de la ciudad; en síntesis, también, su *imagen*:

> Un *parque ... cumple en su aspecto objetivo con dos situaciones diferentes: desde él se ve, y él también es visto. Nuestros parques debían ser así, en una ciudad de la topografía especialísima como la de Quito, llegar a dominar ciertas alturas y puntos desde los cuales el espectáculo de la naturaleza y de la ciudad puede llegar a ser grandioso, y al mismo tiempo, al ser contemplados desde las cotas más bajas, ofrecer un interés paisajístico de verdadero valor.*[33]

Estos elementos, conjuntamente con otros detalles más específicos del *Plan* que no se tratarán en este ensayo, son objeto de una detallada revisión por la arquitecta y urbanista norteamericana Chloethiel Woodard Smith en el *Informe al I Concejo Municipal sobre el Plan Regulador de Quito*,[34] en el momento en que se concluía la versión definitiva del *Plan* en 1945. El documento consiste en una pormenorizada revisión crítica del *Plan* de Jones desde dos registros fundamentales: del *Plan* como "solución técnica" y como

racy," on a "solid ideological base."[36] Woodard Smith focused a large part of the discussion on the notion of modern democracy as a dynamic and evolving system that therefore requires dynamic and evolving city planning, where the *Plan* is merely a guide for continued progress, a "living tissue." And this is constructed precisely in the cellular system designed by Jones, where "the smallest dwelling unit in modern planning is not the individual dwelling on a small piece of land, nor the antiquated system of city blocks … but rather a group of dwellings converging in a special center."[37] He also considered the *Plan's* road development, which will "be useful for a long time," and the organization of green spaces, highlighting that "the use made of ravines not taken advantage of for construction due to topographical difficulties is admirable, turning them into green areas."[38] Notwithstanding, he critically observed the solutions for the central area and the Government Center, considered inconvenient due to the implication of functional and formal restrictions in the city's future development. Notably, it was recommended to modify the octagonal area of the Government Center for a more open solution, which would evidently be consistent with a dynamic model. Here, it is interesting to observe that the model for diagonal axes proposed by Jones is not exempt from a certain academicism, and it is on this point that his *Plan* is most heterodox. Some of these solutions could be traced even to the *Concurso Internacional de Proyectos para el Trazado General de Avenidas de la Ciudad de Montevideo* (International Project Competition for the General City Planning of Avenues in the City of Montevideo), carried out in 1911, one of the finalists of which was his father, Alfredo Jones Brown, with a proposal that took the model of large diagonal axes converging in squares, on a scenario clearly dominated by the French model and the Haussmannian boulevard as a paradigm of modernization and the modern city.[39] But, as previously suggested, Woodard Smith's most emphatic point is related to the *Plan* as a "living organism," as a "base for action:" "If obtaining a 'plan' is a relatively easy task, much less so is structuring organizations for a vigorous and continual planning process; and this difficulty explains the reason for which many citizens consider a plan as a wall decoration."[40] And he recommended: "For this [the Municipality] must immediately take three important steps: organize a technical city planning office, organize powerful and progressive action, and educate its

"base para la acción", exponiendo paralelamente la disyuntiva entre "un plan regulador" y "una ciudad planificada". El *Plan*, que viene a subsanar "un crecimiento sin planificación triste y brumoso que lentamente va cubriendo uno de los valles más verdes y hermosos del mundo"[35], es descrito como "uno de los ejemplos más completos y progresistas ejemplos de ideas de planificación contemporánea, que se han desarrollado en Sur América", surgido de la consideración de la "democracia moderna", y sobre una "sólida base ideológica".[36] Woodard Smith centra buena parte de la discusión en la noción de la democracia moderna como un sistema dinámico y evolutivo que requiere por tanto un urbanismo dinámico y evolutivo, en donde el *Plan* es solamente guía de un proceso en el tiempo, de un "tejido vivo". Y este se construye precisamente en el sistema celular diseñado por Jones, en donde "la unidad menor de vivienda en la planificación moderna no es la morada individual en un pequeño trozo de terreno, ni el sistema anticuado de manzanas … sino el grupo de viviendas que convergen a un centro especial".[37] Pondera igualmente el desarrollo vial del *Plan*, que "servirá por mucho tiempo", y la organización de los espacios verdes, destacando que "es admirable el uso que hace de las quebradas que no se han aprovechado para la construcción por dificultades topográficas, convirtiéndolas en espacios verdes".[38] No obstante, observa críticamente las soluciones para el área central y el Centro de Gobierno, consideradas inconvenientes por suponer restricciones funcionales y formales en el futuro desarrollo de la ciudad. Notablemente, el área octogonal del Centro de Gobierno se recomienda modificar en función de una solución más abierta, que evidentemente sería consistente con un modelo dinámico. Es interesante observar aquí que el modelo de ejes diagonales propuesto por Jones no está exento de cierto academicismo, y es en este punto que su *Plan* resulta más heterodoxo. Algunas de estas soluciones podrían rastrearse incluso en el *Concurso Internacional de Proyectos para el Trazado General de Avenidas de la Ciudad de Montevideo*, realizado en 1911, uno de cuyos finalistas fue su padre, Alfredo Jones Brown. Su propuesta tomaba el sistema de grandes ejes diagonales confluyendo en plazas, en un escenario claramente dominado por el modelo francés y el boulevard haussmanniano como paradigma de la modernización y de la ciudad moderna.[39] Pero, como se sugería anteriormente, el punto más enfático de Woodard Smith está en relación al *Plan* como un

inhabitants as to the objectives and methods of modern city planning."[41] Coincidentally, Jones noted the importance of "imaginative creation" being followed by "constructive creation," since the *Anteproyecto* of 1942. For this transition, it was just as important to "educate" on the *Plan*. And this education, with its double political and social role, was developed by Jones in the subsequent documents, and with particular emphasis on the occasion of presenting the *Plan* to the Large City Council. Here, the educational task is translated into the document in a more political-didactic tone, rather than merely technical. For Jones, as well as for Woodard Smith, this educational process is what allows for conception of the transition between the "plan" and "planning."

At the beginning of this text, a certain eclectic, heterodox quality was mentioned, present in the modernity practiced by Jones. Partly a product of his education, in the ups and downs of academicism and modernity, and partly due to travels and links with European, and fundamentally (and here, also unusually) North American modernity, this *intellectual family* infiltrated into the entire conception of the *Plan*, and even in its presentation before the *Large City Council*, where it is gradually made explicit in each one
136 of its conceptual considerations. In this presentation, Jones makes a biased genealogy of the urban shape (mainly informed by his travels), moving between the spontaneous arising of Oxford, and cities originated with defensive purposes, such as Timgad in Algeria or Machu Pichu in Peru. Then, through Athens, Paris and the Dutch model, he explains the progression between spontaneity, functional, symbolic, aesthetic, and a monumental character (which would be a central element in Jones line of thought), and finally, the city as a space for social and economic interaction, facilitating modern democratic and civilized life.[42] For Jones, this is where the true substance of the modern city lies.

As a last analytical level, the *Plan*'s model warned of the need to consider issues beyond the urban level. "The city is no longer a distanced phenomenon, isolated from the other urban centers. It is one of the centers where all of the infinite roads converge, and where production or manufacture for consumption or shipping to other centers join." The city, adds Jones, is "the geometric place for culture for the entire zone."[43] The problem implies the need for a "city master plan" to subscribe to a broader policy, governed by a "regional master plan." For Jones, this was

"organismo vivo", como "base para la acción": "si obtener un 'plan' es tarea relativamente fácil, es mucho menos estructurar organizaciones para un proceso vigoroso y continuado de planificación, y esta dificultad explica la razón de por qué muchos ciudadanos consideran a un plan como un adorno de pared".[40] Y recomienda: "Para esto [la Municipalidad] debe dar de inmediato tres pasos importantes: organizar una oficina técnica planificadora de la ciudad, organizar una acción poderosa y progresiva, y educar a sus habitantes en los objetivos y métodos de planificación de la ciudad moderna".[41] Coincidentemente, Jones anotaba la importancia de que a la "creación imaginativa" siguiera la "creación constructora" desde el *Anteproyecto* de 1942. Para esta transición igualmente importante es "educar" sobre el *Plan*. Y esta educación, en su doble función política y social, es desarrollada por Jones en los subsiguientes documentos y con particular énfasis en ocasión de la presentación del *Plan* ante el Cabildo Ampliado. Aquí la labor educativa se traduce en el documento en un tono más político-didáctico que meramente técnico. Para Jones, así como para Woodard Smith, es este proceso educativo el que permite concebir la transición entre el "plan" y la "planificación".

Al comienzo de este texto se mencionaba una cierta cualidad ecléctica, heterodoxa, presente en la modernidad ejercitada por Jones. Parte producto de su formación, en los vaivenes del academicismo y la modernidad, y parte por viajes y vínculos con la modernidad europea y fundamentalmente (y aquí también inusualmente) norteamericana, esta *familia intelectual* se infiltra en toda la concepción del *Plan* e, incluso, en su presentación ante el *Cabildo Ampliado*, se hace explícita, gradualmente, en cada una de sus consideraciones conceptuales. En esta presentación Jones realiza una intencionada genealogía de la forma urbana (informada fundamentalmente por sus viajes), que transita entre el surgimiento espontáneo de Oxford y aquellas ciudades que se originan con finalidades defensivas, como Timgad en Argelia o Machu Pichu en Perú. Luego, a través de Atenas, París, y el modelo holandés, explica la progresión desde espontaneidad, carácter funcional, simbólico, estético, monumental (que se verá un elemento central en el pensamiento de Jones) para, finalmente, desarrollar la ciudad como espacio de interacción social y económica, como facilitadora de la vida civilizada democrática moderna.[42] Aquí radica para Jones la verdadera sustancia de la ciudad moderna.

the instrument allowing for more articulated integration of social and economic matters, irreducible to the urban settling as they are an expression of a territorial and productive order. Here, once again, the model hearkens to travel. The immediate precedent for Jones was his visit to the Tennessee Valley, where he systematically studied the social and economic model applied by the Tennessee Valley Authority, created not long after F. D. Roosevelt's presidency began in 1933. He visited the valley, the towns, and the Norris Dam garden city, he scrutinized the territory, and especially its productive matrixes. Even with its slightly romanticized status, and in spite of having described it as a "beautiful utopia," Jones recognizes there a plausible social model.[44]

It could be said that the value of the *Plan Regulador de Quito* lies in its capacity to be a powerful element of modern synthesis for the city structure and its possible lines of development, and not so much a real and effective physical presence which, as Jones made note of in his visit to Quito in 1974, was not consolidated.[45] However, this *unreal* quality again brings the *Plan* closer to a dimension that is also fictional (and here, different than an utopia): the *Plan* constructs an image,

Como un último nivel analítico, el modelo del *Plan* advierte la necesidad de considerar cuestiones que exceden lo urbano. "Ya la ciudad no es un fenómeno alejado, aislado de los demás centros urbanos. Es uno de los centros donde convergen todos los infinitos caminos y donde se reúne la producción de la tierra o de la fabricación para su consumo o envío a otros centros". La ciudad, agrega Jones, es "el lugar geométrico de la cultura de toda la zona".[43] El problema implica la necesidad de que un "plan regulador urbano" se inscriba en una política más amplia regida por un "plan regulador regional". Para Jones este es el instrumento que permite la integración más articulada de las cuestiones sociales y económicas, irreductibles al asentamiento urbano en tanto son expresión de un orden territorial y productivo mayor. Aquí, nuevamente, el modelo remite a un viaje. El antecedente inmediato es la visita de Jones al Valle del Tennessee, en donde estudia sistemáticamente el modelo económico y social aplicado por el *Tennessee Valley Authority*, creada al poco tiempo de iniciada la presidencia de F. D. Roosevelt en 1933. Visita el valle, los pueblos, y la ciudad jardín de Norris Dam, escudriña el territorio y especialmente sus matrices productivas.

Arcobaleno Recreation Complex. *Punta del Este, 1960*. Guillermo Jones Odriozola with Francisco Villegas. Sales pamphlet in b/w. Servicio de Medios Audiovisuales, Facultad de Arquitectura, Universidad de la República, Montevideo

Complejo recreativo Arcobaleno. *Punta del Este, 1960*. Guillermo Jones Odriozola con Francisco Villegas. Perspectiva de venta en blanco y negro. Servicio de Medios Audiovisuales, Facultad de Arquitectura, Universidad de la República, Montevideo

a *fictional projection* of the city. Even in the most intricate vicissitudes of the *Plan*'s economic and financial particularities, regarding the use of land and orographic and legal technicalities, this is above all else a cartographic document; a possible map of Quito, seen from the heights, from a distance. The city's geography always allows for crossing views, indiscrete gazes, to peruse the plot, the green infiltrations, and the points where the city shreds into the landscape. Quito is almost satellite in nature. Quito is the image of itself, and the *Plan* is also a *visual instrument* to see and be seen. And therein lies its fascination and emotion. "Quito entered my soul through my eyes, and remained in my heart."[46]

# (After) Quito:
## *Huasipungo*

DOCUMENT III: PROGRAMA PARA LA CÁTEDRA CONCURSADA, MEMORÁNDUM SOBRE LAS VENTAJAS DE ESE PROGRAMA, Y EXPOSICIÓN DEL MÉTODO DE ENSEÑANZA Y TESIS CONCEPTUAL SOBRE LA ARQUITECTURA (PROGRAM FOR THE CHAIR POSITION SEARCH, MEMORANDUM REGARDING THE ADVANTAGES OF THAT PROGRAM, AND EXPOSITION OF THE TEACHING METHOD AND CONCEPTUAL THESIS ON ARCHITECTURE)

In the interview carried out by Uruguayan architect Walter Domingo (author of a publication on Alfredo Jones Brown's work) on the 25th of July in 1991 in his summer house, Jones remembered Julio Vilamajó's words on architecture as a "signifying practice,"[47] where the symbol is the true substance of the architectural act, incomplete in its functional or formal dimension, once again showing the complex heterodoxy of *en route* modernity. With Jones and Vilamajó, as would be seen later on, the symbolic dimension of architecture is intrinsically linked to the question of monumentality. Jones managed to experiment on the architectural scale a bit late: it is unusual in architecture to make incursions into the large-scale before practicing on a domestic scale, as if it was a necessary preparatory rehearsal for the other. In 1947, Jones had returned to Punta del Este, a seaside resort on Uruguay's ocean coast, a bit more than an hour away from Montevideo. He would work until 1964 in this bucolic scenario, then dominated by a landscape with mountain ranges and the sea before being urbanized. First, in his own residence, *Huasipungo*, "the house of

Aun en su estatus ligeramente romantizante, y no obstante habiéndolo descrito como una "bella utopía", Jones reconoce en el *Valle* un modelo social verosímil.[44]

Es posible decir que el valor del *Plan Regulador de Quito* reside en su capacidad de constituirse en un poderoso elemento de síntesis moderna de la estructura de la ciudad y sus posibles líneas de desarrollo, antes que en una real y efectiva presencia física que, como anota Jones en su visita a Quito de 1974, no llegó a consolidarse.[45] No obstante, esta cualidad *irreal* aproxima al *Plan* a una dimensión que es también ficcional, y distinta a la utopía: el *Plan* construye una *imagen*, una *proyección de ficación* de la ciudad. Aun en los más intrincados avatares de las particularidades económicas y financieras del *Plan*, del uso de la tierra y de los tecnicismos orográficos y jurídicos, este es ante todo un documento cartográfico; un mapa posible de Quito, visto desde la altura, a distancia. Porque la geografía de la ciudad permite siempre vistas cruzadas, miradas indiscretas, curiosear en la trama, en las infiltraciones verdes, en los puntos en que el tejido se deshebra en el paisaje. Quito es casi satelital. Quito es imagen de si mismo, y el *Plan* es también un *instrumento visual* para ver y ser visto. Y ahí radica su fascinación y emoción. "Quito entró en mi alma por mis ojos, y se quedó en mi corazón".[46]

# (Después de) Quito:
## *Huasipungo*

DOCUMENTO III: PROGRAMA PARA LA CÁTEDRA CONCURSADA, MEMORÁNDUM SOBRE LAS VENTAJAS DE ESE PROGRAMA, Y EXPOSICIÓN DEL MÉTODO DE ENSEÑANZA Y TESIS CONCEPTUAL SOBRE LA ARQUITECTURA

En la entrevista realizada el 25 de julio de 1991 en su casa de verano por el arquitecto uruguayo Walter Domingo (autor de una publicación sobre la obra de Alfredo Jones Brown), Jones recuerda las palabras de Julio Vilamajó sobre la arquitectura como una "práctica significante",[47] en donde el símbolo deviene la verdadera sustancia del hecho arquitectónico, incompleto en su dimensión funcional o formal, mostrando una vez más la compleja heterodoxia de la modernidad *en route*. En Jones y Vilamajó, se verá más adelante, la dimensión simbólica de la arquitectura está intrínsecamente ligada a la cuestión de la

the indian," designed in 1949 and named after the homonymous indigenist novel by Jorge Icaza. It is precisely to this work, his most *intimate* journey, that Jones would dedicate considerable pages of his *Programa, memorandum y tesis conceptual* (Program, memorandum and conceptual Thesis) in his application for the Chair of Design position at the Faculty of Architecture of Montevideo in 1951.[48] *Huasipungo* is the portfolio and argument of his application.

Surrounded by a forest of pine trees, *Huasipungo*, a residence and studio, takes advantage of the plot's topography and raises in an articulated volumetry, with rustic stone and broad eves, opening large windows looking over terraces, as per the best orientations. A service area, another with the bedrooms, and the social area, including a large space for the studio, are all defined with great spatial continuity. It appears that there are hardly any walls, but rather a stony mass dominating the space, pivoting around a large fireplace, in an undeniably Wrightian gesture. Jones declared: "My greatest desire would be for the stroller, upon contemplating the house, to say: 'they covered a few old mossy stone walls with a sheet of reinforced concrete and added some sheets of glass, and the house was finished.'"[49] The residence's organic aspiration is made explicit, and within, the intent to achieve absolute sensory continuity between the interior and the exterior, expressed by the desire to listen to "the natural breath, the language of the plants inside the house."[50] This effect is achieved by articulating the transparency and "brutal stone," which becomes the project's central motive. Jones synthesized the organic quality in the following way:

> The module for our styles is based on the human scale and the rhythms advised by our constructive systems. As such, architecture responds to a series of living principles, from whence springs its organic nature … But, has a house ever been truly finished that was projected with an organic meaning? Its stages are finished, but they continue while the warmth of life gives breath.[51]

It is possible to trace this organic nature to Jones' visit to *Taliesin*, in Spring Green, in 1943, which would later be reflected in the lecture *Un arquitecto norteamericano* (A North American Architect), given by Jones at the Artigas-Washington Library in Montevideo upon his return to the country.[52] For Jones, Wright was his spiritual master, the most beloved amongst all of

monumentalidad. Jones llega a experimentar en la escala arquitectónica algo tardíamente: es inusual en arquitectura incursionar en la gran escala antes de ejercitar la escala doméstica, como si esta fuese un ensayo necesario, preparatorio, de la otra. En 1947 Jones había retornado a Punta del Este, un balneario en la costa oceánica del Uruguay, a poco más de una hora de Montevideo. En este escenario bucólico, entonces dominado por un paisaje de sierras y mar antes que por la urbanización, trabajará hasta 1964. Primero, en su propia residencia, *Huasipungo*, "la casa del indio", proyectada en 1949 y cuyo nombre recuerda la novela indigenista homónima de Jorge Icaza. Es precisamente a esta obra, su viaje más *íntimo*, que Jones dedicará considerables páginas en su *Programa, memorandum y tesis conceptual* presentados para el concurso de Profesor Titular de Proyecto en la Facultad de Arquitectura de Montevideo en 1951.[48] *Huasipungo* es el portfolio y argumento de su aplicación.

Rodeada por un bosque de pinos, *Huasipungo*, residencia-estudio, aprovecha la topografía del predio y se alza en una articulada volumetría en piedra rústica y amplios aleros, abriendo grandes ventanales a terrazas dispuestas según las mejores orientaciones. Un volumen de servicios, otro de dormitorios y el área social, que incluye un gran espacio para el estudio, se definen con gran continuidad espacial. Parece casi no haber muros, sino la masa pétrea dominando el espacio y pivotando en torno a un gran hogar, en un gesto innegablemente wrightiano. Jones declara: "Mi mayor deseo sería que el paseante, al contemplar la casa dijera: 'a unos viejos muros de musgosa piedra cubrieron con una plancha de hormigón armado y agregaron unas láminas de cristal, y la casa quedó hecha' ".[49] La aspiración orgánica de la residencia se hace explícita y, sobre ella, la intención de lograr una absoluta continuidad sensorial entre el interior y el exterior, expresada en el deseo de escuchar "la respiración natural, el lenguaje de las plantas en el interior de la casa".[50] Este efecto se logra con la articulación de la transparencia y la "brutal piedra", que deviene el motivo central del proyecto orgánico. Jones sintetiza la cualidad orgánica del siguiente modo:

> El módulo de nuestros estilos está basado en la escala humana y en los ritmos aconsejados por nuestros sistemas constructivos. Así la arquitectura responde a una serie de principios vivos y de ahí su carácter orgánico … Pero,

those whom he visited and whose work he got to know. Wright had also been, in his own way, an architect *en route*, "bringing [from Japan] notes and sketches on extremely old constructions in his folders, which had a great feeling of union with everything he had seen and studied in old Guatemala;"[53] his idea for that which is organic was founded on these travels. And this is the same thing found in Jones' "living tissue" of Quito. This "living tissue," transformable, always unfinished, always provisional, was also an expression of a matrix that could not be reduced to the orthodox functionalist postulates: there was something else there that was not explained by functions, where that which is qualitative seemed to impose itself over that which is quantitative.

Other residences followed *Huasipungo*, some of them noteworthy, such as the one planned for Margarita Xigú, the main actress at the National Comedy of Uruguay (described by Jones as the "perfect client"),[54] found on a plain adjoining the *Cuatrecasas* house, by architect Antoni Bonet, at Punta Ballena, a few kilometers from *Huaspiungo*.[55] Additionally, there is an apartment building in Montevideo, the first prize in the National Competition for the Artigas Municipal City Hall (the northernmost province in Uruguay), and in 1955, the *Península* building, at Punta del Este, one of the first high-rise buildings of the summer resort, made along with Francisco Villegas.[56] Later on, in 1960, and continuing the association with Villegas, he returned to large scale projects in what would probably be his masterpiece: the *Arcobaleno* housing development.[57]

*Ciudad Hotel Arcobaleno* is the result of a private competition organized by Ángel Ferreti to make a 6-hectare hotel-residential complex at Punta del Este, a few blocks from the beach and the sea.[58] The novel idea for a city-hotel is defined according to a model of minimum residential units and large garden areas and public programs (including an art salon, casino, cinema, restaurants, commercial gallery, sports area, children's area, sickbay and even a service station). Indeed, in flyers from the epoch, *Arcobaleno* was promoted as a unique experience and a "perfect vacation spot forever,"[59] very much in the fashion of Punta del Este in the sixties. The city-hotel was structured around five residential ring-shaped buildings over *pilotis*, of which only one was constructed that, resting on the topography at some places, allows the forest to infiltrate the interior at others. The articulation

*¿es que en realidad alguna vez se termina una casa que ha sido proyectada con un sentido orgánico? Se terminan sus etapas, pero éstas prosiguen mientras el calor de vida alienta.*[51]

Esta organicidad puede rastrearse en la visita que Jones realizó a Wright en el *Taliesin* de Spring Green en 1943, luego reflejada en la conferencia *Un arquitecto norteamericano*, pronunciada en la Biblioteca Artigas-Washington de Montevideo a su regreso al país.[52] Para Jones, Wright era su maestro espiritual, el más dilecto de todos quienes visitó y cuya obra conoció. Wright había sido, también, y a su modo, un arquitecto *en route*, "trayendo [de Japón] en sus carpetas apuntes y notas de construcciones antiquísimas que tenían un gran sentido de unión con todo lo que él había visto y estudiado en la Guatemala vieja";[53] sobre estos viajes se fundaba su sentido de lo orgánico. Y es este mismo el que se encuentra en el "tejido vivo" quiteño de Jones. Ese "tejido vivo", transformable, siempre inacabado, siempre provisional, es también expresión de una matriz que no puede reducirse a los postulados funcionalistas ortodoxos: algo más había ahí que no se explicaba por funciones, y en donde lo cualitativo parecía imponerse a lo cuantitativo.

A *Huasipungo* siguieron otras residencias, algunas notables como la proyectada para Margarita Xirgú, actriz principal de la Comedia Nacional del Uruguay (descrita por Jones como el "cliente perfecto"),[54] que se encuentra en un predio adyacente a la casa *Cuatrecasas*, del arquitecto Antoni Bonet, en Punta Ballena, a pocos kilómetros de *Huasipungo*.[55] También un edificio de viviendas en Montevideo, el primer premio en el Concurso Nacional para la Intendencia Municipal de Artigas (el departamento más al norte del Uruguay), y en 1955 el edificio *Península* de Punta del Este, uno de los primeros edificios en altura del balneario, realizados en conjunto con Francisco Villegas.[56] Más adelante, en 1960, y continuando su asociación con Villegas, Jones retorna a la gran escala en la que sería probablemente su obra maestra: la urbanización *Arcobaleno*.[57]

*Ciudad Hotel Arcobaleno* es resultado de un concurso privado convocado por Ángel Ferreti para la realización de un complejo hotelero-residencial de 6 ha. en Punta del Este, a pocas cuadras de la playa y el mar.[58] La novedosa idea de ciudad-hotel se define según un modelo de unidades residenciales mínimas y grandes áreas de jardín y programas públicos (incluyendo

between the complex, unfortunately never finished, and the resort's fabric, is noteworthy: what a priori seems to be an extraordinarily autarkic shape is resolved without solution of continuity with the adjacent plotline. The 160 units in the constructed ring, located on three levels, are served by a street-corridor that opens towards the interior of the ring and a vertical circulation. The units, the typology of which is of clear Corbuserian affiliation (including some duplexes and double-highs), open towards the exterior and the forest, following the ring's radii. This was precisely the main objective of *Ciudad Hotel Arcobaleno*: to live in the forest that is Punta del Este.

The formal empathy between *Arcobaleno* and the association diagrams from the *Plan Regulador de Quito* is eloquent: the series of

salón de arte, casino, cine, restaurantes, galería comercial, zona deportiva, zona infantil, enfermería e, incluso, estación de servicio). En efecto, en los folletos de la época, *Arcobaleno* se promociona como una experiencia única y un lugar de "vacaciones perfectas para siempre",[59] muy en el modo del Punta del Este de los sesenta. La ciudad-hotel se estructura a partir de cinco edificios residenciales con forma de anillo sobre pilotis, de los cuales se construyó solo uno, que, recostándose a la topografía en algunos puntos, deja en otros que el bosque se infiltre en su interior. Es destacable la articulación entre el conjunto, lamentablemente nunca concluido, y el tejido del balneario: aquello que a priori parece una forma extraordinariamente autárquica, es resuelto sin solución de continuidad con la trama adyacente. Las 160 unidades del anillo construido,

Government Center for Kabul. *Kabul, 1964.* Guillermo Jones Odriozola et al. Perspective in b/w. Centro de Documentación del Instituto de Historia de la Arquitectura, Facultad de Arquitectura, Universidad de la República, Montevideo

Centro de gobierno para Kabul. *Kabul, 1964.* Guillermo Jones Odriozola et al. Perspectiva en blanco y negro. Centro de Documentación del Instituto de Historia de la Arquitectura, Facultad de Arquitectura, Universidad de la República, Montevideo

five rings, interrelated by a macro system, and integrated in a systematic way into a green fabric, which in the case of *Arcobaleno* infiltrates into the interior of the rings themselves, is consistent with the neighborhood structure diagrams proposed in the *Plan*. The goal, even with its scalar particularities, is substantially the same: a territorial model that allows nature to permeate the infrastructural devices in the *Plan*, and the architectural, residential or service ones in *Arcobaleno*, on a neighborhood or residential scale, allowing the forest (or simply the green area) to effectively co-exist with the residence. If the ring-neighborhoods diagram of the *Plan* appeared to respond more to Abercrombie's English tradition than the CIAM's, here, the modern model is made all the more evident, even with its clear regional reinterpretation, evident, for example, in the use of eaves and porches. At the time, European vicissitudes were closer to Jones' interests, particularly those in relation to human scale problems, qualitative reflection more than merely functional or quantitative one, and the importance of the notion of life in society and "humanization of urban life."[60]

Other travels: in 1964, Jones was hired by the United Nations as an advisor to carry forward urban planning and development projects in Chile, which included work for Arica, for the reconstruction of cities in the Valle Central after the earthquake in 1965, and for the *Plan Regulador de Punta Arenas* (Punta Arenas Master Plan). Chile was followed by Afghanistan and the Philippines.[61] In Afghanistan, in addition to assessing different remodeling and development plans,[62] Jones actively participated in the project for the Kabul's *Government Center*. This last *great journey*, which Jones took with his wife Barbara and their youngest daughter, Virginia, also took the family to Pakistan and India (to the new Islamabad of Konstantinos A. Doxiadis, the Lahore from Rudyard Kipling's stories, to Le Corbusier's Chandigarh, etc.), Portugal, Spain, Greece, Russia, Thailand and Japan. Jones returned to large-scale urban planning, now as part of large work teams made up of experts from the United Nations in sociology and social living, in rural and urban economy, and in water bodies and soils.[63] Jones' daughter remembers those months of hostile winters and summers, between bazaars and formal meals, eventful journeys in a blue Land Rover that the United Nations had placed at the family's disposal, and visits to places of extraordinary beauty and cultural

ubicadas en tres niveles, son servidas por una calle-corredor que se abre hacia el interior del anillo y un núcleo vertical de escaleras. Las unidades, cuya tipología es de clara filiación corbuseriana (incluyendo algunas dúplex y en doble altura), se abren hacia el exterior y el bosque siguiendo los radios del anillo. Este es precisamente el objetivo principal de *Ciudad Hotel Arcobaleno*: habitar en el bosque que es Punta del Este.

La empatía formal entre *Arcobaleno* y los diagramas de asociación del *Plan Regulador de Quito* es elocuente: la serie de cinco anillos interrelacionados por un sistema macro e integrados de manera sistemática a un tejido verde, que en el caso de *Arcobaleno* se infiltra hasta el interior de los propios anillos, es consistente con los diagramas de la estructura barrial propuesta en el *Plan*. El objetivo es, aun en sus particularidades escalares, sustancialmente el mismo: un modelo territorial que deja a la naturaleza permear los dispositivos, infraestructurales en el *Plan* y arquitectónicos en *Arcobaleno*, residenciales o de servicio, a escala barrial o residencial, haciendo que el bosque (o simplemente el verde) co-exista eficazmente con la residencia. Si el diagrama de anillos-barrios en el *Plan Regulador* parecía responder más a la tradición inglesa de Abercrombie que a la de los CIAM, aquí el modelo moderno se hace más evidente, aun en su clara reinterpretación regional, evidente, por ejemplo, en la utilización de aleros y porches. Para entonces, las vicisitudes europeas eran más próximas a los intereses de Jones, particularmente en relación a los problemas de la escala humana, la reflexión cualitativa más que meramente funcional o cuantitativa, y la importancia de la noción de vida en sociedad y "humanización de la vida urbana".[60]

Otros viajes: en 1964 Jones es contratado por Naciones Unidas como asesor para llevar adelante proyectos de desarrollo y planificación urbana en Chile, incluyendo trabajos para Arica, para la reconstrucción de ciudades del Valle Central luego del terremoto de 1965, y para el *Plan Regulador de Punta Arenas*. A Chile siguieron Afganistán y Filipinas.[61] En Afganistán, además de asesorar en diversos planes de remodelación y desarrollo,[62] Jones participó activamente en el Proyecto para el *Centro de Gobierno* de Kabul. Este último *gran viaje*, que Jones emprende con su esposa Barbara y su hija menor Virginia, lleva a su familia también a Pakistán e India (a

wealth, where Jones systematically challenged all protocol norms to infiltrate into the real world, or as it could be said, again, into the "living tissue."[64]

At almost 1,800 meters above sea level, Kabul, like Quito, lies in a narrow valley. Here, however, Quito's tropical vegetation gives way to the ochers of the semi-arid Afghan climate, which serves as a framework for the city's development. The *Government Center* is an autonomous core adjacent to the Kabul River, surrounded by wide avenues. It is formed by a large, raised square, flanked by buildings of medium height, maintaining a strictly orthogonal relationship. Two intercepted semi-spheres rest on the square in apparent unstable balance, containing the central government offices. Interestingly enough, the large square, monumental in any case, is articulated with four large patios infiltrated by vegetation that appear to return to the pedestrian scale and sensitivity. On the other hand, the *Public Affairs Complex*, is planned as a linear structure of great bearing, between two avenues, and with two systems with a formal counter-point between a continual strip with patios and another one formed by low buildings, each one with central patios, connected by a raised pedestrian system. Without being symmetrical, the complex acquires a certain monumentality at its main access point, where a mastaba-shaped building articulates both linear structures.[65] Today, in the same way that Jones projected Quito in 1945 beyond the city limits, Kabul is at the crossroads of two of the most strategic commercial routes in Asia, the Silk Road and the modern north-south commercial route. Jones' travels inexorably fall between Quito and Kabul. And Jones himself added at the end of a biographical note prepared for a recognition awarded by the Municipality of Quito in 1992: "during all of those journeys, from 1938 until 1972 ... those great Masters recounted their life and their work to the little South American architect who came from a nobody's land."[66]

# Epilogue:
## *All these journeys!*

There is yet one more journey. At the age of 51, Jones left the mountain ranges, the forest and ocean of Punta del Este to retire to the country-side, to the *El Retiro* ranch, in Santa Catalina, with his wife Barbara. He lived there until 1994, when he passed away in Montevideo. Jones spent

la nueva Islamabad de Konstantinos A. Doxiadis, la Lahore de las historias de Rudyard Kipling, al Chandigarh de Le Corbusier, etc.), Portugal, España, Grecia, Rusia, Tailandia y Japón. Jones volvía a la gran escala de la planificación urbana, ahora como parte de grandes equipos de trabajo integrados por expertos de Naciones Unidas en sociología y vivienda social, en economía rural y urbana, en aguas y suelos.[63] Su hija recuerda esos meses de inviernos y veranos hostiles entre bazares y comidas protocolares, accidentados viajes en un Land Rover azul que Naciones Unidas había puesto a disposición de la familia, y visitas a lugares de extraordinaria belleza y riqueza cultural, en los que Jones desafiaba sistemáticamente todas las normas protocolares para infiltrarse en el mundo real, otra vez, podría decirse, en el "tejido vivo".[64]

A casi 1.800 metros sobre el nivel del mar, Kabul, al igual que Quito, se desarrolla en un estrecho valle. La vegetación tropical de Quito, no obstante, da paso aquí a los ocres del clima semiárido afgano, que sirven de marco para el desarrollo de la ciudad. El *Centro de Gobierno* constituye un núcleo autónomo adyacente al río Kabul y rodeado de anchas avenidas. Se estructura en una gran plaza sobreelevada flanqueada por edificios de mediana altura que guardan una relación estrictamente ortogonal. Sobre la plaza descansan en aparente equilibrio inestable dos semiesferas interceptadas conteniendo las dependencias centrales del gobierno. Interesantemente, la gran plaza, en cualquier caso monumental, se articula con cuatro grandes patios en los cuales se infiltra la vegetación y se retoma la escala y sensibilidad peatonal. Por su parte, el *Complejo de Asuntos Públicos*, se proyecta como una estructura lineal de gran porte contenida entre dos avenidas, y con dos sistemas que desarrollan un contrapunto formal entre una tira continua con patios y otra formada por edificios de baja altura, cada uno con patios centrales, y conectadas por un sistema peatonal sobreelevado. El conjunto, sin ser simétrico, adquiere cierta monumentalidad sobre su acceso principal, en donde un edifico a modo de mastaba articula ambas estructuras lineales.[65] Hoy, del mismo modo en que Jones en 1944 proyectaba un Quito que iba más allá de los límites de la ciudad, Kabul se encuentra en el cruce de los dos corredores comerciales más estratégicos de Asia, el de la Seda y el moderno corredor comercial norte-sur. Los viajes de Jones están inexorablemente comprendidos entre Quito

the last years of his life almost completely blind. The sickness had begun in Quito, while he was developing the *Plan*. A retinal detachment in his right eye led him to go to Washington to be treated. But the situation worsened when the same thing happened to his left eye. The doctors in Washington recommended moving him to Johns Hopkins in Baltimore, where he spent three months in absolute rest in the company of his wife and eldest daughter, Cristina. Virginia, his second daughter, was born there, a few days before Jones began to recuperate his sight a bit.[67] From Baltimore, he maintained extensive correspondence with Julio Vilamajó, his professor and friend, which had begun in 1943, shortly after his arrival to Quito, precisely with an extensive discussion on how the Government Palace Jones proposed in the *Plan* should be planned, more as per the reconstruction model of London than like "a cake in the middle of a table."[68]

But the majority of their correspondence discusses topics that were central to the modern debate: that which is organic and that which is rational, the monumentality issue, character and travel. One of Jones' observations regarding the "*pompier*" style of some drawings that Vilamajó had sent him some time before, gave way to an interesting consideration on Wright in relation to simplistic functionalism. "Might the much-touted simplicity be but a mask to cover the absence of wisdom?" Vilamajó suggests.[69] In Wright's work, both recognized the "character" lost in orthodox functionalism, and in his geometries, reminding some of the formal and compositional wealth of some pre-Hispanic civilizations, "something more transcendental that a game more or less well carried out."[70] The implicit allusion to Le Corbusier's "game" makes evident the dominant scenario in Jones' modernity, also shared by Vilamajó, where multiple modernities co-exist without solution of continuity, where pre-Colombian and Hispanic cultures, to a greater or lesser extent, infiltrate as an aesthetic and visual register (not so much cultural), as an intrusion into heterodox *en route* modernity already at work in his *Informe* from 1941. Vilamajó's letters serene and frank tone appears to act as a friendly confession, his "off-the-cuff" writing style,[71] gives the text an informal air that eludes any intellectual rhetoric, even in his more *academic* passages. The question of monumentality is discussed in this tone, a topic that, thinly veiled, recurrently appears in Jones' writing and work, allowing an exploration into some aspects of this *en route* modernity.

y Kabul. Y el propio Jones agrega al final de una nota biográfica elaborada para su condecoración por el Municipio de Quito en 1992: "durante todos esos viajes, desde 1938 hasta 1972 … esos grandes Maestros contaron de su vida y de sus obras al pequeño arquitecto sudamericano que venía de una tierra de nadie".[66]

# Epílogo:
## *Todos esos viajes!*

Hay, aún, un último viaje. A la edad de 51 años, Jones abandonó las sierras, el bosque y el mar de Punta del Este para retirarse al campo, a la estancia *El Retiro*, en Santa Catalina, con su esposa Barbara. Allí vivió hasta 1994, año en que falleció en Montevideo. Jones pasó los últimos años de su vida casi completamente ciego. La enfermedad había comenzado en Quito, mientras desarrollaba el *Plan*. Un desprendimiento de retina en su ojo derecho lo llevó a trasladarse a Washington para ser tratado. Pero la situación se agravó cuando lo mismo ocurrió en su ojo izquierdo. Los médicos de Washington recomendaron su traslado al Johns Hopkins en Baltimore, donde pasó tres meses en quietud absoluta en compañía de su esposa e hija mayor, Cristina. Allí nacería Virginia, su segunda hija, pocos días antes de que Jones comenzara a recuperar algo de visión.[67] Desde Baltimore mantuvo una extensa correspondencia con Julio Vilamajó, su profesor y maestro, que se había iniciado en 1943, poco después de su llegada a Quito, precisamente con una extensa discusión sobre cómo debía ser proyectado Palacio de Gobierno que Jones proponía en el *Plan*, más en el modelo de reconstrucción de Londres que como "una torta en el medio de una mesa".[68]

Pero la mayor parte de la correspondencia discute cuestiones centrales del debate moderno: lo orgánico y lo racional, la cuestión del monumento, el carácter y el viaje. Una observación de Jones al estilo algo "*pompier*" de unos dibujos que Vilamajó le había enviado tiempo atrás dispara una interesante consideración sobre Wright en relación al funcionalismo simplista. "¿No será la tan mentada simplicidad una máscara para tapar la ausencia de sabiduría", sugiere Vilamajó.[69] En la obra de Wright ambos reconocen el "carácter" perdido en el funcionalismo ortodoxo y, en sus geometrías, que recuerdan las riquezas formales y compositivas de algunas civilizaciones prehispánicas, "algo más trascendental que un juego más o menos bien realizado".[70] La implícita

In his journey to the United States in 1943, Jones had met Sert and Mumford, and from that time on maintained sustained correspondence with the latter.[72] The discussion between Jones and Vilamajó revolved around *The Death of the Monument*, a chapter from *The Culture of Cities*, that Mumford had published in 1938. With a critical gaze towards the scientific and mechanical world of orthodox rationalism, present before in the discussion regarding the "character" and that which is transcendent, Vilamajó sparked his lecture on the monument and monumentality, proclaiming that it is absolutely necessary. For Vilamajó (and here, by extension, for Jones), as well as for Mumford, the skyscraper is the architectural expression of the anti-monument, of the pure rational mechanization discretely announced in Chaplin's *Modern Times*. For Vilamajó, in his characteristic "off-the-cuff" writing, the skyscraper is a "can of peas with a little door down below: at five in the evening, they open the little door and all of the peas scatter out, but, since the peas are automatic, the can is once again full the next day."[73] And for Mumford: "the fashion for those extravagant high-rise structures, that have conformed so admirably to the bureaucratic and technocratic –above all, financial– requirement of the dominant pecuniary-power economy."[74] In fact, the skyscraper remains outside the consideration of monumentality. Hence, the question is which is the new monument that Vilamajó demands to Mumford, "the true monument," leaving the particularities of the latter's more nuanced discourse by the wayside. In his essay, Mumford rejects the monument as a fixed element impeding the dynamic evolution of the urban setting. But rejection of the monument is not a rejection of "monumentality;" rather, it should emerge as a new modern condition. Mumford's monumentality, subscribing to Patrick Geddes' vitalism, reminds once again of Jones' "living tissue," and jointly, as to the symbolic value of urban form. Here, symbolic order and social order belong to one same register. In this sense, Vilamajó seems to understand Mumford's thesis only on a superficial level, the line of argument of which is continued in *Nine points on monumentality* by Sert, Fernand Léger, and Sigfried Giedion, in 1943, offering a synthesis of the issue that is consistent with Jones and Vilamajó's reading, and emphatically taking on the resurrection of monumentality as a matter of social order and expression of the collective force's thought: "The people want buildings that represent their social

alusión al "juego" de Le Corbusier evidencia un escenario entonces dominante en la modernidad de Jones, también compartido por Vilamajó, en donde coexisten múltiples modernidades sin solución de continuidad, y en donde las culturas pre-colombinas e hispánicas, en mayor o menor medida, se infiltran como registro estético y visual (antes que cultural), como ejercicio de intrusión en una heterodoxa modernidad *en route* ya manifiesta en el *Informe* de Jones de 1941. El tono franco y sereno de las cartas de Vilamajó parece actuar como en régimen de confesión amistosa y, su condición "a vuela pluma",[71] otorga al texto, aun en sus pasajes más *académicos*, un aire informal que elude cualquier retórica intelectual. En este tono se discute el problema de la monumentalidad, un tópico que veladamente aparece de forma recurrente en los escritos y obras de Jones y que permite ensayar algunas consideraciones sobre esta modernidad *en route*.

En su viaje a Estados Unidos de 1943 Jones había conocido a Sert y Mumford, y desde entonces mantuvo con este último una sostenida correspondencia.[72] En torno al capítulo *La muerte del monumento* de *La cultura de las ciudades*, que Mumford había publicado en 1938, gira la discusión entre Jones y Vilamajó. Y es a partir de una mirada crítica al mundo científico y mecánico del racionalismo ortodoxo, antes presente en la discusión sobre el "carácter" y lo trascendente, que Vilamajó dispara su lectura del monumento y la monumentalidad, proclamando su absoluta necesidad. Para Vilamajó (y aquí por extensión para Jones), y también para Mumford, el rascacielos es la expresión arquitectónica del anti-monumento, de la pura mecanización racional discretamente anunciada en los *Tiempos Modernos* de Chaplin. Para Vilamajó, el rascacielos, en su característico "a vuela pluma", es "una lata de arvejas con una puertita abajo: a las cinco de la tarde, abren la puertita y todas las arvejas se desparraman, pero, como las arvejas son automáticas, al día siguiente la lata está otra vez llena".[73] Y en Mumford: "la moda por esas extravagantes estructuras en altura que sirven tan admirablemente a los requerimientos burocráticos y tecnocráticos (y, sobre todo, financieros) de la economía del poder pecuniario dominante."[74] El rascacielos queda, de facto, fuera de la consideración de monumentalidad. La pregunta es entonces cuál es el nuevo monumento que Vilamajó reclama a Mumford, el "verdadero monumento", probablemente dejando de lado las particularidades del discurso más articulado de este. Mumford en su ensayo rechaza

and community life to give more than functional fulfillment. They want their aspiration for monumentality, joy, pride, and excitement to be satisfied."[75] While with Vilamajó, monumental order appears to be linked, for example, to speculations on the opening of an international competition for the UN building in New York, which was to be the "last palace,"[76] with Jones the monumental order hearkens more to a landscape, narrative construction, rather than being purely architectural in nature. In any case, urban planning instruments would act to channel, activate and update the latent monumentality of the landscape and nature that, particularly in Quito's case, can be transformed into a scenographic spectacle, as well as a support to social order. This is made evident in the description made by Jones of the Sports Center proposed in the *Plan* for Quito, for the Bellavista hill, as a sort of Acropolis, "similar to Greek theaters,"[77] reinforcing the idea of the *Plan* as a *visual instrument.*

Jones reached Quito in 1941, and it is not hyperbolic to state that urban modernity arrived along with him, as with von Humboldt in 1802 and the arrival of scientific modernity regarding geography and geology. Quito and the Pichincha had been described in the raw matter of the Earth, in its volcanic innards and altimetric overflows. With von Humboldt, Quito was *mapped* in modern fashion; with Jones, those maps were consolidated into a *modern image* of the city, and into a sort of sensitivity capable of describing it and scrutinizing it according to parameters that were previously non-existent. If that *modern image* persists in Quito, in an analogous way, Quito persists with Jones as a sort of *afterimage*, or *ghost image*. Quito continues to appear in Jones' vision under different shapes and diverse registers: as a test for its own modernity, as the construction of an existential image, or simply as the pleasure had by the traveler upon reaching their destination; sometimes, even, as a faint (although persistent) silhouette drawn in its downward vision. What, then, is the nature, the *genetics* of that *modern image*, the result of the so-called *en route* modernity?

Notwithstanding, the *expanded instant* that Quito represents for Jones is none other than a possible image of a construction that is substantially transitive and provisional, and that is updated by the traveler's displacements, *image-after-image*, in a sort of cinematic fiction. The *topos* of this *image-movement* is the landscape: for Jones, the young architect, the nostalgic amal-

el monumento como un elemento de fijación que impide la evolución dinámica del entorno urbano. Pero el rechazo al monumento no es un rechazo a la "monumentalidad", sino que esta debe emerger como una nueva condición moderna. La monumentalidad de Mumford, inscrita en el vitalismo de Patrick Geddes, permite recordar nuevamente el "tejido vivo" de Jones y, conjuntamente, el valor simbólico de la forma urbana. Aquí, orden simbólico y orden social pertenecen a un mismo registro. En este sentido Vilamajó parece comprender solo superficialmente la tesis de Mumford, cuya línea argumental se continua en los *Nueve puntos sobre la monumentalidad* de Sert, Fernand Léger, y Sigfried Giedion de 1943, ofreciendo una síntesis de la cuestión consistente con la lectura de Jones y Vilamajó, y abordando enfáticamente la resurrección de la monumentalidad como una cuestión de orden social y expresión del pensamiento de la fuerza colectiva: "La gente quiere que los edificios que representan su vida social y colectiva les ofrezcan algo más que una satisfacción funcional. Desean satisfacer sus aspiraciones de monumentalidad, alegría, orgullo y esperanza".[75] Si en Vilamajó el orden monumental aparece ligado, por ejemplo, a las especulaciones sobre la apertura de un concurso internacional para el edificio de la ONU en Nueva York, que debía ser "el último palacio",[76] en Jones este remite más a una construcción paisajística, narrativa, que puramente arquitectónica. En todo caso, los instrumentos del planeamiento urbano servirán para canalizar, activar, y actualizar la monumentalidad latente del paisaje y la naturaleza que, particularmente en el caso de Quito, puede ser transformada en un espectáculo escenográfico, también soporte del orden social. Esto se hace evidente en la descripción que realiza Jones del Centro Deportivo propuesto en el *Plan Regulador de Quito* para la colina de Bellavista como una suerte de Acrópolis, "a semejanza de los teatros griegos",[77] reafirmando la idea del *Plan* como un *instrumento visual.*

Jones llegó a Quito en 1941 y no es una hipérbole decir que consigo llegó la modernidad urbana, así como con von Humboldt en 1802 había llegado la modernidad científica de la geografía y la geología. Quito y el Pichincha habían sido descritos en la materia de la Tierra, en sus entrañas volcánicas y desbordes altimétricos. Con von Humboldt Quito fue *cartografiado* modernamente; con Jones esas cartografías se consolidaron en una *imagen moderna* de la ciudad, y en una sensibilidad capaz de describirla y escudriñarla

146

gam for journeys and discoveries that, as read in Vilamajó's letters, are a sign of Latin America itself, in the burning Peruvian desert or Quito's tropical exuberance. In fact, each one of the most significant pieces written by Jones originated *en route*, in a literal sense, or in the modern nostalgia for those travels. This is what occurred in the *Informe* from 1941 (the diary of travel memories and impressions), in the *Programa* from 1951 (which began with a call to his "learnings" *en route*), in the late biographical note from 1992 ("during all travels"), or in his unfinished *Canto a la Arquitectura* (Song to Architecture) ("about travels…").[78] But also, as seen in the *Plan*, the spirit of which, outside of its analytical content, it was constructed during his travel experiences, and explicitly as well, as an "emotional interpretation."[79] Over this subtext, *continuum*, modern fiction is projected, as photograms or emergences interspersed into the preexisting order, broadening the *modern time* and imposing the difficulty of that which is multiple: because, as in the Borgean garden, there is never one path (an *image*), but a manifold.

In this modernity, there is a certain detachment between the substance (that which is real) and the *image* and the *text*; as if they kept a prudent distance from it, which is the distance of the traveler, of the landscape gaze, as well as of fiction.[80] Where intellectual rhetoric or disciplinary orthodoxy fail, images of the traveler and their fictions (and freedoms) arise to redeem the avatars of the discourse and the essay. Just like Jones and Vilamajó exchanged texts written "off-the-cuff," out of nocturnal imprudence, with the indiscretion of orality, the modern traveler's distant gaze sustains a certain sort of sensitivity, a *will to travel*, which is also an *architectural will*. And it is precisely this *will* that infiltrates in a determining way into the project: *en route* modernity constructs a fiction where it stops, as does the traveler in the traversed landscape. It is, then, a *picturesque modernity*, impregnated with fantasies.[81] One merely need remember Vilamajó's words to Jones: "all are places on earth where we can play out our fantasy."[82] And these lands, as suggested by Akerman, remind us of a book.

Jones wanted to make *Huasipungo* a southern *Taliesin*. An informal school where architecture could be taught "naturally arising from its conditions and the place, like a plant rises from the ground, or a stone hill, amongst the foothills holding it down, the landscape appears."[83] Indeed, the southern *Taliesin* was one of his unrealized

según parámetros antes inexistentes. Si esa *imagen moderna* perdura en Quito, análogamente, Quito perdura en Jones y se transforma en una suerte de *afterimage* o *imagen fantasma*. Quito continúa apareciendo en la visión de Jones bajo diversas formas y en diversos registros: como ensayo de su propia modernidad, como construcción de una imagen existencial, o simplemente como el placer que encuentra el viajero en la llegada a su destino; a veces, incluso, como una tenue (aunque persistente) silueta dibujada en su declinante visión. ¿Cuál es entonces la naturaleza, la *genética* de esa *imagen moderna*, resultado de la denominada modernidad *en route*?

No obstante, el *instante expandido* que Quito representa para Jones no es sino una imagen posible de una construcción que es sustancialmente transitiva y provisional, y que se actualiza en el desplazamiento del viajero, *imagen-tras-imagen*, en una suerte de ficción cinemática. El *topos* de esta *imagen-desplazamiento* es el paisaje: para Jones, el joven arquitecto, la amalgama nostálgica de viajes y descubrimientos que, como dejan leer las cartas de Vilamajó, son un signo propio del territorio latinoamericano, en el desierto hirviente del Perú o la exuberancia tropical de Quito. De hecho, cada una de las piezas más significativas escritas por Jones se originaron *en route*, en sentido literal o en la nostalgia moderna de esas travesías. Así ocurre en el *Informe* de 1941 (el diario de memorias e impresiones de viaje), en el *Programa* de 1951 (que comienza con una llamada a sus "aprendizajes" *en route*), en la tardía nota biográfica de 1992 ("durante todos los viajes"), o en su inconcluso *Canto a la Arquitectura* ("sobre viajes…"). Pero también, como se ha visto, en el *Plan Regulador*, cuyo espíritu, al margen de su contenido analítico, se construye en sus experiencias de viaje y, explícitamente, también, como una "interpretación emocional". Sobre este subtexto, *continuum*, se proyecta la ficción moderna, como fotogramas o despuntes que se intercalan en el orden preexistente, ensanchando el *tiempo moderno* e imponiendo la dificultad de lo múltiple: porque como en el jardín borgeano, no hay nunca un camino (una *imagen*), sino múltiples.

Hay, en esta modernidad, un cierto desprendimiento entre la sustancia (lo real) y la *imagen* y el *texto*; como si estos guardaran con aquella una prudente distancia, que es la distancia del viajero, de la mirada paisajística y, también, de la ficción.[80] Allí donde la retórica intelectual o la ortodoxia disciplinar fracasan, se alzan las imágenes

travel fantasies, as was his unfinished *Canto a la arquitectura;*[84] because he always attempted to look and delve further beyond, to look into the distance and construct a fiction therein, either immense (like Quito), or minimal and intimate (like *Huasipungo*). It is almost as if his blindness was also, eventually, fictional. His daughter Virginia remembers how every morning her father would say to her: "Virginia, it seems as if today I can see a little bit more than yesterday."[85]

*Martín Cobas is a Montevideo based architect and writer. He is a principal in Fábrica de Paisaje, and Associate Professor of Design and Architectural Theory at the School of Architecture of the Universidad de la República.*

del viajero, sus ficciones (y libertades), para redimir los avatares del discurso y el ensayo. Como Jones y Vilamajó intercambiaban textos "a vuela pluma", escritos en la imprudencia nocturna, con la indiscreción de la oralidad, la mirada distante del viajero moderno sostiene una sensibilidad, un *ánimo de viajar*, que es también un *ánimo arquitectónico*. Y es precisamente este *ánimo* el que se infiltra de modo determinante en el proyecto: la modernidad *en route* construye, donde recala, una ficción, como lo hace el viajero en el paisaje recorrido. Es, entonces, una *modernidad pintoresca*, impregnada de fantasías.[81] Basta recordar nuevamente las palabras de Vilamajó hacia Jones: "todos son lugares sobre la tierra donde podemos emplear nuestra fantasía"[82]. Y estas tierras, como sugiere Akerman, nos recuerdan un libro.

Jones quiso hacer de *Huasipungo* un *Taliesin* del sur. Una escuela informal en donde se pudiera enseñar una arquitectura "que surja naturalmente de sus condiciones y del lugar, como una planta se levanta del suelo o como un cerro de piedra, entre sus estribaciones que lo atan, se asoma al paisaje"[83]. El *Taliesin* del sur fue, justamente, una de sus irrealizadas fantasías de viaje, como también lo fue su inconcluso *Canto a la arquitectura;*[84] porque se trató siempre de mirar y hurgar más allá, de mirar lo distante y sobre ello construir una ficción, inmensa (como Quito) o mínima, íntima (como *Huasipungo*). Es casi como si su ceguera hubiese sido, eventualmente, también ficcional. Su hija Virginia recuerda como cada mañana su padre le decía: "Virginia, me parece que hoy veo un poquito más que ayer".[85]

*Martín Cobas es un arquitecto y escritor con base en Montevideo. Es socio fundador de Fábrica de Paisaje, y profesor asociado de diseño y teoría en la Escuela de Arquitectura de la Universidad de la República.*

1.    El dirigible (The Dirigible) makes an allusion to the homonymous Uruguayan film, directed by Pablo Dotta in 1994, whose plotline, a great poetic fiction, focuses on the dirigible's visit to Montevideo and on the figure of Uruguayan writer Juan Carlos Onetti.

2.    Towards 1930, Uruguayan society reached their 100th anniversary supported by political-social reforms from José Battle y Ordoñez's two presidential terms, at a time of great economic prosperity. As such, the new public buildings allowed for rapidly putting "a new language derived from knowledge of the renovation becoming a reality during those years in European architecture" into practice. See Mariano Arana, Lorenzo Garabelli and José Luis Livni, "Uruguay. Búsqueda de una arquitectura apropiada," in Nueva arquitectura en América Latina: presente y futuro, ed. Antonio Toca (Mexico: Gustavo Gili, 1990), 29-41, 39.

3.    Le Corbusier, Prólogo Sudamericano, quoted in Sebastián Alonso et al., "Palacio Salvo," in 5 narrativas, 5 edificios (Montevideo: 2010), 14-59, 44.

4.    Octavio de los Campos, "Entrevista a Octavio de los Campos," Revista Arquitectura, Sociedad de Arquitectos del Uruguay 262 (1992), 63.

5.    For a study on Alfredo Jones Brown, see Walter Domingo, "El modernismo, Alfredo Jones Brown," in Arquitectos del 900, Alfredo Jones Brown y Leopoldo Tosi (Montevideo: Dos Puntos, 1993), 9-30.

6.    See, in this same essay, Guillermo Jones Odriozola, "Programa para la cátedra concursada, memorándum sobre las ventajas de ese programa, y exposición del método de enseñanza y tesis conceptual sobre la arquitectura" (Centro de Doc., IHA, Farq-UdelaR, unpublished document, 1951).

7.    See the Epilogue of this essay.

8.    Guillermo Jones Odriozola, "Un arquitecto norteamericano" (Centro de Doc., IHA, Farq-UdelaR, unpublished document, 1941), 5.

9.    Julio Vilamajó (1894-1948) is a noteworthy Uruguayan architect. He was the winner of the Grand Prize from the Faculty of Architecture in 1920, and professor from 1929 until 1943. His architecture was characterized by a marked eclecticism and heterodox handling of modern encoding. Amongst his most noteworthy work, his personal residence is included (1930), with an echo of the Loosian raumplan and reminiscent of Moorish gardening, and the Faculty of Engineering (1937), with a clear Bauhaus leaning. He is considered one of the key figures of Uruguayan architectural modernity from the 30s. Jones was his disciple and friend.

10.    Julio Vilamajó, "Correspondencia Vilamajó-Jones," in César Loustau, Vida y obra de Julio Vilamajó (Montevideo: Editorial Dos Puntos, 1994), 78-86, 83.11

11.    Guillermo Jones Odriozola in Walter Domingo, "Entrevista a Guillermo Jones Odriozola sobre el Plan Regulador de Quito de 1942-1944," Revista Arquitectura, Sociedad de Arquitectos del Uruguay 263 (1993), 45-50, 47.

12.    Guillermo Jones Odriozola, "Grand Prize 1939," Anales de la Facultad de Arquitectura 3 (March, 1941), 195-199, 195.

13.    It is interesting to note that Julien Gaudet's Elements and Theory of Architecture, introduced in 1895 as a reference text in eclectic theory applied at the École, was still a point of reference at the Faculty. Jones himself, in a project carried out in 1935 for the course on Theory of Architecture, Semester IV, regarding "Train stations," begins by making reference to Guadet's text. Faced with the novelty of the "train aérodynamique," or the German "Der Schienen-Zeppelin," he asks: "a station for this, would it be the same as for a common train?" Immediately, his work crossed the Atlantic and focused on the American train experience, with a profuse catalog of machines, followed by an extremely extensive typological study of the stations. See Guillermo Jones Odriozola, "Estaciones de ferrocarril" (Centro de Doc., IHA, Farq-UdelaR, unpublished document, 1935).

14.    Guillermo Jones Odriozola, "La evolución de la arquitectura en América, Informe II, Memorias de la etapa Lima-Quito" (Centro de Doc., IHA, Farq-UdelaR, unpublished document, 1942), 48-49.

15.    Ibid., 55.

16.    Ibid., 11. Here, Jones refers to Juan de Salinas y Loyola's texts, cites the influence of Juan de Herrera and El Escorial in San Francisco de Quito, and to Dr. José Gabriel Navarro, who Jones had met in 1937 during his trip to Brazil.

17.    Ibid., 2.

18.    Ibid., 55.

19.    For example, in reference to the "Primeras nociones acerca de las actuales condiciones de vida urbana en la ciudad de Quito," a few paragraphs from the Informe are transcribed. Guillermo Jones Odriozola, "Ante Proyecto de Plan Regulador de la Ciudad de Quito" (Centro de Doc., IHA, Farq-UdelaR, unpublished document, 1942), 7.

1.    El dirigible alude al título de la película uruguaya homónima, dirigida por Pablo Dotta en 1994, y cuyo argumento, una gran ficción poética, se centra en la visita del dirigible a Montevideo y en la figura del escritor uruguayo Juan Carlos Onetti.

2.    Hacia 1930 la sociedad uruguaya arribaba a su centenario apoyada en las reformas político-sociales de las dos presidencias de José Battle y Ordoñez, y en un momento de gran prosperidad económica. Así, los nuevos edificios públicos permiten poner rápidamente en práctica "un nuevo lenguaje derivado del conocimiento de la renovación que se estaba plasmando hacia esos años en la arquitectura europea". Véase Mariano Arana, Lorenzo Garabelli y José Luis Livni, "Uruguay. Búsqueda de una arquitectura apropiada", en Nueva arquitectura en América Latina: presente y futuro, ed. Antonio Toca (México: Gustavo Gili, 1990), 29-41, 39.

3.    Le Corbusier, Prólogo Sudamericano, citado en Sebastián Alonso et al., "Palacio Salvo", en 5 narrativas, 5 edificios (Montevideo: 2010), 14-59, 44.

4.    Octavio de los Campos, "Entrevista a Octavio de los Campos", Revista Arquitectura, Sociedad de Arquitectos del Uruguay 262 (1992), 63.

5.    Para un estudio sobre Alfredo Jones Brown véase Walter Domingo, "El modernismo, Alfredo Jones Brown", en Arquitectos del 900, Alfredo Jones Brown y Leopoldo Tosi (Montevideo: Dos Puntos, 1993), 9-30.

6.    Véase, en este mismo ensayo, Guillermo Jones Odriozola, "Programa para la cátedra concursada, memorándum sobre las ventajas de ese programa, y exposición del método de enseñanza y tesis conceptual sobre la arquitectura" (Centro de Doc., IHA, Farq-UdelaR, documento inédito, 1951).

7.    Véase el Epílogo de este ensayo.

8.    Guillermo Jones Odriozola, "Un arquitecto norteamericano" (Centro de Doc., IHA, Farq-UdelaR, documento inédito, 1941), 5.

9.    Julio Vilamajó (1894-1948) es un destacado arquitecto uruguayo. Fue ganador del Gran Premio de la Facultad de Arquitectura en 1920 y profesor desde 1929 hasta 1943. Su arquitectura se caracterizó por un marcado eclecticismo y el manejo heterodoxo de la codificación moderna. Entre sus obras más destacadas se cuentan su residencia particular (1930), con ecos del raumplan loosiano y reminiscencias de la jardinería morisca, y la Facultad de Ingeniería (1937), con un partido claramente a la Bauhaus. Es considerado una de las figuras claves de la modernidad arquitectónica uruguaya de los años 30. Jones fue su discípulo y amigo.

10.    Julio Vilamajó, "Correspondencia Vilamajó-Jones", en César Loustau, Vida y obra de Julio Vilamajó (Montevideo: Editorial Dos Puntos, 1994), 78-86, 83.

11.    Guillermo Jones Odriozola, en Walter Domingo, "Entrevista a Guillermo Jones Odriozola sobre el Plan Regulador de Quito de 1942-1944", Revista Arquitectura, Sociedad de Arquitectos del Uruguay 263 (1993), 45-50, 47.

12.    Guillermo Jones Odriozola, "Gran Premio 1939", Anales de la Facultad de Arquitectura 3 (Marzo, 1941), 195-199, 195.

13.    Interesa notar que todavía era referencia en la Facultad el texto de Julien Guadet, Elementos y Teoría de la Arquitectura, introducido en el plan de 1895 como texto de referencia de la teoría eclecticista aplicada en la École. El propio Jones, en un trabajo realizado en 1935 para la cátedra de Teoría de la Arquitectura, IV Semestre, sobre "Estaciones de ferrocarril", comienza remitiendo al texto de Guadet. Frente a la novedad del "train aérodynamique" o el alemán "Der Schienen-Zeppelin" se pregunta: "una estación para esto, ¿será lo mismo que para un ferrocarril común?". Inmediatamente su trabajo cruza el Atlántico y se centra en la experiencia ferroviaria americana, con un profuso catálogo de máquinas, seguido por un extensísimo estudio tipológico de las estaciones. Véase Guillermo Jones Odriozola, "Estaciones de ferrocarril" (Centro de Doc., IHA, Farq-UdelaR, documento inédito, 1935).

14.    Guillermo Jones Odriozola, "La evolución de la arquitectura en América, Informe II, Memorias de la etapa Lima-Quito" (Centro de Doc., IHA, Farq-UdelaR, documento inédito, 1942), 48-49.

15.    Ibid., 55.

16.    Ibid., 11. Aquí Jones refiere a los textos de Juan de Salinas y Loyola, cita la influencia de Juan de Herrera y El Escorial en San Francisco de Quito, y del Dr. José Gabriel Navarro, a quien había conocido en 1937 durante su viaje a Brasil.

17.    Ibid., 2.

18.    Ibid., 55.

19.    Por ejemplo, en referencia a las "Primeras nociones acerca de las actuales condiciones de vida urbana en la ciudad de Quito" se transcriben algunos párrafos del Informe. Guillermo Jones Odriozola, "Ante Proyecto de Plan Regulador de la Ciudad de Quito" (Centro de Doc., IHA, Farq-UdelaR, documento inédito, 1943), 7.

20.    Ibid., 1.

21.    Jones Odriozola, La evolución de la arquitectura en América, 46.

22.    Jones notes that in Quito, they were "generous enough as to listen to that 28 years old Uruguayan architect who brought them the word of his teachers Vilamajó and Cravotto, and the result of the experiences of his travels." Jones Odriozola, in Domingo, "Entrevista a Guillermo Jones Odriozola," 47.

23.    While he was in Quito, Jones befriended Oswaldo Guayasamín and other painters and artists, among them, Olga Fisch and Lloyd Wulf. Guayasamín painted portraits of his wife Barbara and him in 1943 and 1974, respectively. In the author's interview with Virginia Jones, Bitácora, Punta del Este, August 2nd, 2012.

24.    Guillermo Jones Odriozola, "Quito y su Plan Regulador" (Centro de Doc., IHA, Farq-UdelaR, unpublished document, ca. 1945), 6.

25.    See to this regard, Volker M. Welter, "From locus genii to the heart of the city," in Modernism and the Spirit of the City, ed. I. Boyd Whyte (London: Routledge, 2003), 35-56, 48.

26.    Guillermo Jones Odriozola, "Plan Regulador de Quito" (Centro de Doc., IHA, Farq-UdelaR, unpublished document, ca. 1945), 1.

27.    Patrick Abercrombie published, amongst other books, Town and Country Planning (1933) and, along with J. H. Forshaw, County of London Plan (1943). Both formed part of Jones' library, who had also read A Plan for Plymouth, published by J. Paton Watson in 1943 as well. Later on, he would also read the Greater London Plan, published by Abercrombie in 1944.

28.    Jones Odriozola, "Plan Regulador de Quito," 1.

29.    In the document Quito y su Plan Regulador, the financial management modality is specifically developed to obtain the stipulated premises. In general terms, express indications are given regarding the phasing capability of the process to develop a financing chain, and it is explicitly recommended, according to the "Architecture and City Planning Congresses in America," that the Municipality acquire the areas to be developed, thereby replacing the "private company with the collective company." See Jones Odriozola, "Quito y su Plan Regulador," 7.

30.    Ibid., 4.

31.    See Lin Yutang, The Importance of Living (London: Reynal & Hitchcock, 1937).

32.    Jones Odriozola, "Ante Proyecto," 45.

33.    Ibid.

34.    Chloethiel Woodard Smith, Informe al I Concejo Municipal sobre el Plan Regulador de Quito (Quito: Imprenta Municipal, 1945). Woodard Smith (1910-1992) was a North American architect whose professional activity was focused on Washington D.C. In 1960, her office was one of the most prominent in the area. She also designed the United States Embassy in Asunción, Paraguay. Her planning experience led her to be hired to prepare the Informe for the Municipality of Quito in relation with Jones' Plan. Shortly after her stay in Quito, as a Guggenheim Fellow in City Planning, and under the recommendation of Jones himself, Woodard Smith visited Montevideo in 1945, where she was received by Julio Vilamajó. While in Uruguay she visited a large number of modern works of architecture, and particularly those done by Vilamajó, who was working at the Villa Serrana development, to the northeast of Montevideo, in the Lavellaja province. After this visit, in 1948, she published an extensive and illustrated article on modern architecture and the infrastructure in Uruguay in The Architectural Forum, where she affirmed that "the Schools of Architecture, Engineering and City Planning [in Uruguay] are considered by many as the best and most influential on the continent." Presumably, Woodard Smith was responsible for Julio Vilamajó's recommendation to form part of the consulting team for the UN building in New York, a distinction shared with Wallace Harrison, Le Corbusier and Oscar Niemeyer, in addition to others. See Chloethiel Woodard Smith, "Uruguay," The Architectural Forum (June, 1948), 101-109, 101. Trans. by the author. 35

35.    Woodard Smith, Informe, 3.36

36.    Ibid., 4.37

37.    Ibid., 12.38

38.    Ibid., 19.39

39.    See Domingo, "El modernismo, Alfredo Jones Brown," 25.40

40.    Woodard Smith, Informe, 31.41

41.    Ibid., 32.42

42.    Guillermo Jones Odriozola, "Plan Regulador de Quito. Exposición ante el Cabildo Ampliado" (Centro de Doc., IHA,

20.    Ibid., 1.

21.    Jones Odriozola, La evolución de la arquitectura en América, 46.

22.    Jones nota que en Quito fueron "lo bastante generosos para escuchar a aquel arquitecto uruguayo de 28 años que les traía la palabra de sus maestros Vilamajó y Cravotto y el resultado de las experiencias de sus viajes." Jones Odriozola, en Domingo, "Entrevista a Guillermo Jones Odriozola", 47.

23.    Jones, durante su estancia en Quito, entabló amistad con Oswaldo Guayasamín y otros pintores y artistas, entre ellos, Olga Fisch y Lloyd Wulf. Guayasamín pintó retratos de su esposa Barbara y de él en 1943 y 1974, respectivamente. En entrevista del autor a Virginia Jones, Bitácora, Punta del Este, 2 de agosto, 2012.

24.    Guillermo Jones Odriozola, "Quito y su Plan Regulador" (Centro de Doc., IHA, Farq-UdelaR, documento inédito, ca. 1945), 6.

25.    Véase al respecto Volker M. Welter, "From locus genii to the heart of the city", en Modernism and the Spirit of the City, ed. I. Boyd Whyte (Londres: Routledge, 2003), 35-56, 48.

26.    Guillermo Jones Odriozola, "Plan Regulador de Quito" (Centro de Doc., IHA, Farq-UdelaR, documento inédito, ca. 1945), 1.

27.    Patrick Abercrombie publicó, entre otros libros, Town and Country Planning (1933) y, junto con J. H. Forshaw, County of London Plan (1943). Ambos formaban parte de la biblioteca de Jones, quien también había leído A Plan for Plymouth, publicado por J. Paton Watson también en 1943. Más adelante también leería el Greater London Plan, publicado por Abercrombie en 1944.

28.    Jones Odriozola, "Plan Regulador de Quito", 1.

29.    En el documento Quito y su Plan Regulador se desarrolla específicamente la modalidad de gestión financiera para la obtención de las premisas estipuladas. En términos generales, se dan indicaciones expresas en relación a la etapabilidad del proceso para desarrollar una cadena de financiaciones, y se recomienda explícitamente, según aconsejan los "Congresos de Arquitectura y Urbanismo en América", que el Municipio adquiera las zonas a ser desarrolladas, reemplazando de este modo "la empresa privada por la empresa colectiva". Véase Jones Odriozola, "Quito y su Plan Regulador", 7.

30.    Ibid., 4.

31.    Véase Lin Yutang, The Importance of Living (Londres: Reynal & Hitchcock, 1937).

32.    Jones Odriozola, "Ante Proyecto", 45.

33.    Ibid.

34.    Chloethiel Woodard Smith, Informe al I Concejo Municipal sobre el Plan Regulador de Quito (Quito: Imprenta Municipal, 1945). Woodard Smith (1910-1992) fue una arquitecta norteamericana cuya actividad profesional se centró en Washington D.C. Para 1960 su oficina era una de las más prominentes de la zona. Diseñó además la Embajada de Estados Unidos en Asunción, Paraguay. Su experiencia en planificación llevó a su contratación para la realización del Informe al Municipio de Quito en relación al Plan de Jones. Poco después de su estancia en Quito, como Guggenheim Fellow in City Planning, y por recomendación del propio Jones, Woodard Smith visitó Montevideo en 1945, donde fue recibida por Julio Vilamajó. Conoció gran parte de la obra moderna del Uruguay de entonces, y en particular la de Vilamajó, quien entonces desarrollaba la urbanización de Villa Serrana, al noreste de Montevideo, en el departamento de Lavalleja. A partir de esta visita, en 1948, publicará un extenso e ilustrado artículo sobre la arquitectura moderna y la infraestructura en Uruguay en The Architectural Forum, donde llega a afirmar que "las Escuelas de Arquitectura, Ingeniería y Urbanismo [de Uruguay] son consideradas por muchos como las mejores y más influyentes del continente". Es presumiblemente Woodard Smith responsable de la recomendación de Julio Vilamajó para integrar el equipo consultor para el edificio de la ONU en Nueva York, distinción que compartió con Harrison, Le Corbusier y Niemeyer, entre otros. Véase Chloethiel Woodard Smith, "Uruguay", The Architectural Forum (Junio, 1948), 101-109, 101. Trad. del autor. 35

35.    Woodard Smith, Informe, 3.36

36.    Ibid., 4.37

37.    Ibid., 12.38

38.    Ibid., 19.39

39.    Véase Domingo, "El modernismo, Alfredo Jones Brown", 25.40

40.    Woodard Smith, Informe, 31.41

41.    Ibid., 32.42

42.    Guillermo Jones Odriozola, "Plan Regulador de Quito.

Farq-UdelaR, unpublished document, ca. 1945). Here, reference is made to the presentation made by Jones to the Quito City Council. The latter contextualizes the Plan through a historical analysis of the evolution of cities.

43.   Jones Odriozola, "Quito y su Plan Regulador," 1.

44.   Jones Odriozola, "Plan Regulador de Quito," 1-3.

45.   Jones Odriozola, in Domingo, "Entrevista a Guillermo Jones Odriozola," 49.

46.   Ibid., 47.

47.   Ibid., 46.

48.   Jones Odriozola, "Programa para la cátedra concursada."

49.   Ibid., 50.

50.   Ibid., 47.

51.   Ibid., 37-39.

52.   Jones Odriozola, "Un arquitecto norteamericano." The text was written by Jones during his stay in Quito and after visiting the United States in 1943.

53.   Ibid., 4.

54.   In the author's interview with Virginia Jones, Bitácora, Punta del Este, August 2nd, 2012.

55.   The commission for Margarita Xirgu's house reached Jones through his friend Juan Ferreres, who had come to Uruguay hired by Antoni Bonet to work on the Punta Ballena development. Antoni Bonet (Barcelona, 1913-1989), from the generation of Josep Lluís Sert and member of the GATCPAC, worked at Le Corbusier's atelier in 1936 and later emigrated to Rio de la Plata, where he worked in Argentina and Uruguay. In addition to the Punta Ballena development, a coastal summer resort residence in front of the Sierra de la Ballena's final foothills, a few kilometers to the west of Punta del Este, Bonet planned several summer residences. Included amongst them, in 1947, was Cuatrecasas.

56.   Francisco Villegas Berro (1918-), also an architect trained in Uruguay, carried out a good part of his professional practice along with Jones. He was Adjunct Professor of Design at the Faculty of Architecture of Montevideo from 1965, and Chair of Design between the years 1974 and 1976. Today, he lives in Punta del Este and is the most important professional reference point in relation to Jones' work. Architect Carlos Hareau, who was appointed Chair of Design in 1960 at the Faculty of Architecture, also participated in the team for the competition for the Municipal Town Council of Artigas.

57.   At the time, Uruguayan economy experienced a sustained growth and extremely high levels of real estate investment. The construction boom had an enormous impact, especially on Punta del Este and Montevideo. Punta del Este became a laboratory of individual and collective modern housing, as well as Montevideo, with the so-called "second modernity," a reinterpretation of the International Style. Architects such as Ildefonso Aroztegui, Luis García Pardo, and Raúl A. Sichero are examples thereof. Sichero designed the Panamericano building in 1959, included in the MoMA catalog Latin American Architecture since 1945 by Henry Russell Hitchock. Meanwhile, and in counterpoint, Eladio Dieste began some of his most important works with reinforced ceramic, such as the Church of Christ the Worker in Atlántida. See, for example, Henry Russell Hitchock, Latin American Architecture since 1945 (New York: Museum of Modern Art, 1955).

58.   The 7th of December, 2010, Ciudad Hotel Arcobaleno was declared Historical Patrimony by the National Patrimony Commission of Uruguay.

59.   Sales pamphlet, Ciudad Hotel Arcobaleno (Centro de Doc., IHA, Farq-UdelaR, ca. 1960).

60.   See J. Tyrwhitt, J. L. Sert, and E. N. Rogers, CIAM VIII, The Heart of the City: Towards the Humanization of Urban Life (London: Lund Humphries, 1952). The document formed part of Jones' library.

61.   In the Philippines, Jones participated in the projects for the Metropolitan plan for physical development of the city of Cebu, the Plan for the physical remodeling of Manila's old city's inner city walls, a vacation center in Balara, Quezon City (Manila's new city), the Studies Center and the Housing Center on the University of Philippines campus in Quezon City.

62.   Jones participated in the plans for the cities of Kandahar, Jalalabad, Ghazni, Kunduz, Mazar-i-Sharif, Balkh, Tashkargan, Pul-i-Khumri, and Pul-i-Alam.

63.   Jones describes the work carried out as advisor in Chile, Afghanistan and the Philippines in considerable detail in a curriculum vitae and biographical note made in 1992. See Guillermo Jones Odriozola, "Curriculum vitae" (Centro de Doc., IHA, Farq-UdelaR, unpublished document, 1992), 2-3.

64.   In the author's interview with Virginia Jones, Bitá-

cora, Punta del Este, August 2nd, 2012.

65.    The description included in this essay on the project for Kabul is made based on the partial information contained in a note on Jones published by César Loustau. See César Loustau, "Nuestros valores: Guillermo Jones Odriozola," El Día, May 20th, 1973, 8-11.

66.    Jones Odriozola, "Curriculum vitae," 3. The award referred to is the "Eugenio Espejo," a recognition granted by the Municipality of San Francisco de Quito to persons who had provided relevant services to the city. The presentation of the award appears as an attachment to Jones' document, signed by Arch. Alfonso Ortiz Crespo, Sub director of Cultural Centers for the Municipality of San Francisco de Quito.

67.    In 1957, Dr. Alan C. Woods, from Johns Hopkins Hospital, visited the Jones family at Punta del Este, and declared that the maritime climate had surely had an enormously positive effect on Jones' rehabilitation. "It was on the terrace [of his Baltimore residence] that Jones began to see rays of sunshine over the cradle of his newborn daughter, after several weeks of complete blindness." Virginia Jones, in the author's interview, Bitácora, Punta del Este, August 2nd, 2012.

68.    Julio Vilamajó, "Correspondencia Vilamajó-Jones," 73.

69.    Ibid., 80.

70.    Ibid., 81.

71.    Vilamajó used the expression "off-the-cuff" to refer to an informal writing style, preferably nocturnal, that allows thought to flow in a superficial manner, without needing to intellectually elaborate impressions that are more inherent to oral language. Coffee amongst friends is the setting replicating this writing style.

72.    At the time of writing this essay, correspondence from Mumford received by Jones was not accessed.

73.    Vilamajó, "Correspondencia Vilamajó-Jones," 84.

74.    Lewis Mumford, preface to the 1970 edition of The Culture of Cities (New York: Harcourt Brace, 1970), ix-xii, x.

75.    Josep Lluís Sert, Fernand Léger, and Sigfried Giedion, "Nine points on monumentality," Harvard Architecture Review 4 (Spring 1984), 62-63, 63.

76.    Vilamajó, "Correspondencia Vilamajó-Jones," 85. See last section of note 34.

77.    Jones Odriozola in Domingo, "Entrevista a Guillermo Jones Odriozola," 48.

78.    At the time of his death, Jones was writing the manuscript Canto a la Arquitectura, which he had begun several years before, in his ranch El Retiro, and which recounts of, as Jones himself mentions in his biographical note, "travels, his architectural landscape, great architects, culminating with the great figure of Don Julio Vilamajó." Barbara, his wife, transcribed hundreds of these pages, written with a heavy hand, and due to his blindness, hardly legible. In the author's interview with Virginia Jones, Bitácora, Punta del Este, August 2nd, 2012.79

79.    See Guillermo Jones Odriozola, "Memoria descriptiva del Plan," in "Plan Regulador de Quito" (Centro de Doc., IHA, Farq-UdelaR, documento inédito), 1.

80.    See Graciela Silvestri and Fernando Aliata, El paisaje como cifra de armonía. Relaciones entre cultura y naturaleza a través de la mirada paisajística (Buenos Aires: Nueva Visión, 2001). Silvestri and Aliata developed the hypothesis of the "landscape gaze," representing the singular gaze emerging from the traveler and recorded in their notes, as a scenario for constructing the idea of landscape. This hypothesis can be traced, for example, in von Humboldt and Darwin.

81.    Today, students at the Faculty of Architecture of Montevideo, through a complex and developed structure, continue carrying out the academic journey in a more contemporary and inclusive format. Travel abandoned its conditions as an elite journey and became democratized, at a time when travelling to get to know architecture is almost an anachronism. Notwithstanding, the pleasure and tradition of traveling remain intact.

82.    Vilamajó, "Correspondencia Vilamajó-Jones," 83.

83.    Jones Odriozola, "Programa para la cátedra concursada," 9-10.

84.    See note 78.

85.    In the author's interview with Virginia Jones, Bitácora, Punta del Este, August 2nd, 2012.

65.    La descripción que se incluye en este ensayo del proyecto para Kabul se realiza a partir de información parcial contenida en una nota sobre Jones publicada por César Loustau. Véase César Loustau, "Nuestros valores: Guillermo Jones Odriozola", El Día, 20 de mayo, 1973, 8-11.

66.    Jones Odriozola, "Curriculum vitae", 3. La condecoración a la que se refiere es la "Eugenio Espejo", otorgada por la Municipalidad de San Francisco de Quito a personalidades que hayan prestado servicios relevantes a la ciudad. La presentación de la condecoración aparece adjunta al documento de Jones, y firmada por el Arq. Alfonso Ortiz Crespo, Subdirector de Centros Culturales del Municipio de San Francisco de Quito.

67.    En 1957, el Dr. Alan C. Woods, del Johns Hopkins Hospital, visitó a la familia Jones en Punta del Este, y declaró que el clima marítimo había tenido un efecto enormemente positivo en la recuperación de Jones. "Fue en la terraza [de su residencia de Baltimore] que Jones comenzó a ver los rayos de sol sobre la cuna de su hija recién nacida, luego de varias semanas de absoluta ceguera". Virginia Jones, en entrevista del autor, Bitácora, Punta del Este, 2 de agosto, 2012.

68.    Vilamajó, "Correspondencia Vilamajó-Jones", 73.

69.    Ibid., 80.

70.    Ibid., 81.

71.    Vilamajó utiliza la expresión "a vuela pluma" para referir a un modo de escritura informal, preferentemente nocturna, que deja fluir el pensamiento de modo superficial, sin necesidad de elaborar intelectualmente aquellas impresiones que son, más bien, propias del lenguaje oral. El café entre amigos es el ámbito que replica este modo de escritura.

72.    Al momento de escribir este ensayo no se ha accedido a la correspondencia de Mumford recibida por Jones.

73.    Vilamajó, "Correspondencia Vilamajó-Jones", 84.

74.    Lewis Mumford, prefacio a la edición de 1970 de The Culture of Cities, trad. del autor (Nueva York: Harcourt Brace, 1970), ix-xii, x.

75.    Josep Lluís Sert, Fernand Léger, y Sigfried Giedion, "Nine points on monumentality", Harvard Architecture Review 4 (Primavera 1984), 62-63, 63.

76.    Vilamajó, "Correspondencia Vilamajó-Jones", 85. Véase última sección de nota 34.

77.    Jones Odriozola en Domingo, "Entrevista a Guillermo Jones Odriozola", 48.

78.    Al tiempo de su muerte, Jones escribía el manuscrito Canto a la Arquitectura, que había comenzado varios años antes, en su estancia El Retiro, y que trata, según relata el propio Jones en su nota biográfica, "sobre viajes, su paisaje arquitectónico, grandes arquitectos, culminando con la gran figura de Don Julio Vilamajó". Barbara, su esposa, transcribió centenas de estas páginas escritas en un trazo gruesísimo y, debido a su ceguera, apenas legible. En entrevista del autor a Virginia Jones, Bitácora, Punta del Este, 2 de agosto, 2012.79

79.    Véase Guillermo Jones Odriozola, "Memoria descriptiva del Plan", en "Plan Regulador de Quito" (Centro de Doc., IHA, Farq-UdelaR, documento inédito), 1.

80.    Véase Graciela Silvestri y Fernando Aliata, El paisaje como cifra de armonía. Relaciones entre cultura y naturaleza a través de la mirada paisajística (Buenos Aires: Nueva Visión, 2001). Silvestri y Aliata desarrollaron la hipótesis de la "mirada paisajística", que representa la singular mirada que emerge del viajero y se registra en sus apuntes, como escenario de la construcción de la idea de paisaje. Esta hipótesis puede rastrearse, por ejemplo, en von Humboldt y Darwin.

81.    Hoy, los estudiantes de la Facultad de Arquitectura de Montevideo, a través de una compleja y desarrollada estructura, siguen realizando el viaje académico en un formato más contemporáneo e inclusivo. El viaje abandonó su condición de viaje de elite y se democratizó, en un momento en que viajar para conocer arquitectura es casi un anacronismo. No obstante, el placer y la tradición del viaje siguen intactos.

82.    Vilamajó, "Correspondencia Vilamajó-Jones", 83.

83.    Jones Odriozola, "Programa para la cátedra concursada", 9-10.

84.    Véase nota 78.

85.    En entrevista del autor a Virginia Jones, Bitácora, Punta del Este, 2 de agosto, 2012.

154

# THE COMPACT CITY;

*Urban expansion
along a perched valley*

# LA CIUDAD COMPACTA;

*Expansión urbana
a lo largo de un
valle encaramado*

**3**

# QUITO IN THE 20TH CENTURY
## QUITO EN EL SIGLO 20

158

The 20th century marked the fastest urban expansion for Quito. During the previous centuries, the bulk of Quito's growth had been confined to what today is defined as the historic core. The birth of the republic in 1830 paired with the presidency of Garcia Moreno, catapulted Quito into a process of institutional modernization advancing its role as a major urbanization pole in the nation. As a result, an important flow of immigration comes into the capital, generating an unprecedented process of urban expansion in the city. Throughout the course of the twentieth century the city expanded threefold in its east worth direction and multiplied twenty times along its north-south access. Quito transformed from being a gridded colonial core into a linear valley city along the Pichincha hillside. Today, as the city continues to expand beyond the original linear valley, it must redefine its metropolitan logic for the 21st century.

El siglo XX marcó la mayor expansión urbana de Quito. En los siglos anteriores, la evolución de la configuración urbana de Quito había estado caracterizada por procesos de distorsión e intensificación de la lógica reticular dentro de los límites de lo que hoy llamamos centro histórico. A partir de la constitución de la República en 1830 y la presidencia de García Moreno, Ecuador entra en un proceso de modernización institucional y de identificación nacional que impulsa a Quito como centro de referencia en la nación, movilizando un importante flujo de inmigración que entra en la capital y que genera por tanto un proceso de expansión urbana sin precedentes. Como resultado, podemos decir que a lo largo del siglo XX la ciudad multiplicó por tres su dimensión este-oeste y por veinte su dimensión norte-sur, pasando de ser un núcleo consistente a adquirir una naturaleza urbana compleja y diversa que se extiende longitudinalmente a lo largo de las faldas del Pichincha, y que constituye el germen idóneo de una nueva condición metropolitana que la ciudad debe formular a lo largo del siglo XXI.

1_Aerial view of Quito from the southeast      1_Vista aérea de Quito desde el sureste

# QUITO AS CITADELS
# EL QUITO DE LAS CIUDADELAS

The first decade of the 20th century witnessed how many landowners of 'haciendas' (estates) subdivided and urbanized agricultural land surrounding the historic core. The garden-city model, very prevalent during the first years of the new century, inspired this first expansion of the city, and the urban developments that emerged from it were called 'citadels'.

La primera década del siglo XX vió cómo algunas de las haciendas que los grandes terratenientes habían explotado hasta entonces en las inmediaciones del centro histórico fueron subdivididas en nuevos desarrollos urbanos. Esta primera expansión de la ciudad fue inspirada en gran medida por el modelo de la ciudad-jardín, muy relevante en los primeros años del siglo, y los desarrollos urbanos que de él emergieron recibieron el nombre de 'ciudadelas'.

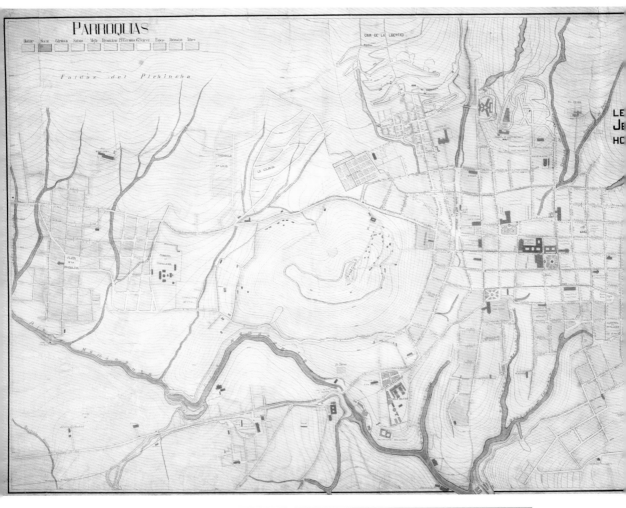

1_Plan of the city of Quito, by Ribadeneira y Herrera. 1922

1_Plano de la ciudad de Quito, por Ribadeneira y Herrera. 1922

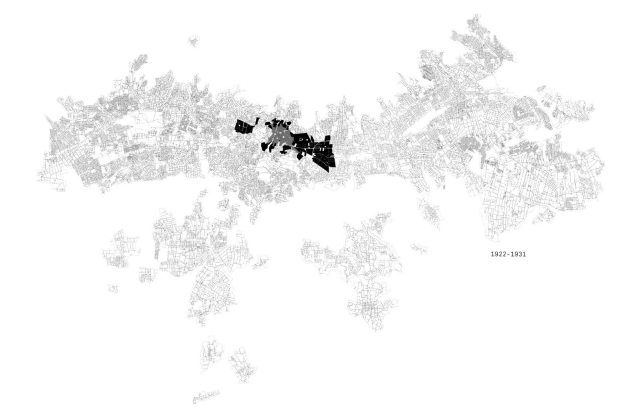

1922-1931

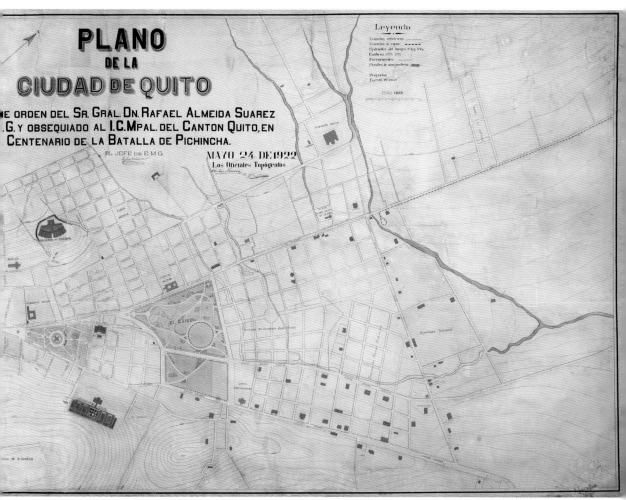

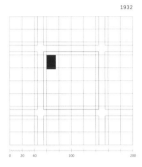

1922

1932

1975

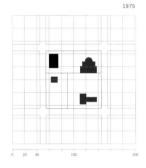

1981

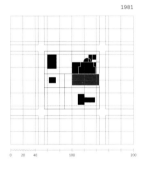

2012

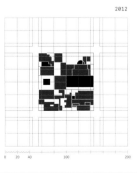

Diagrams of La Mariscal citadel, which show that the grid model of the historic core as well as the original dimensions of the colonial block, close to 100 x 100 meters, were also implemented in the newer city expansions.

Diagramas de la ciudadela de La Mariscal, que muestran cómo el modelo reticular del centro histórico así como las dimensiones originales de la manzana colonial, cercanas a 100 x 100 metros, fueron implementados también en el desarrollo de algunas de estas ciudadelas.

1_Aerial photograph of the surroundings of the Río Amazonas Avenue in La Mariscal. 2007

1_Fotografía aérea del entorno de la Avenida Río Amazonas en La Mariscal. 2007

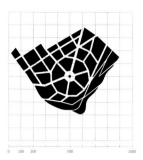

1932

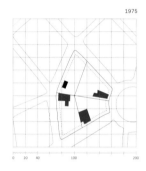

1975

164

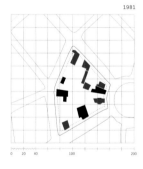

1981

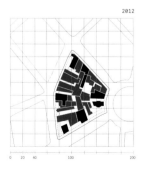

2012

Unlike La Mariscal, La Floresta citadel presents a radical urban configuration for the time, introducing a new radial model in the city. Founded as a sub-division for Social Security officials, this urban development marked a new organizational paradigm for northern Quito.

A diferencia de La Mariscal, la ciudadela de La Floresta presenta una estructura urbana radial como contrapropuesta a la estructura reticular que dominaba en la ciudad. Construida como una subdivisión para ejecutivos del Seguro Social, La Floresta marco un cambio paradigmático en la organización urbana para el norte de la ciudad.

1_Aerial photograph of the "Redondel de La Floresta". 2007    1_Fotografía aérea del "Redondel de La Floresta". 2007

# QUITO AS AVENUES
## EL QUITO DE LAS AVENIDAS

In 1942, Guillermo Jones Odriozola proposed the first pilot plan for Quito. Having traveled from Montevideo to Quito by land, Odriozola was mesmerized by the power of the Andean Landscape. His plan, partially built, proposes long axial boulevards with neighborhood units that resemblance a garden city model. The expansive ravines in the city are incorporated into the plan as open spaces.

En 1942, Guillermo Jones Odriozola propuso el primer plan piloto para la ciudad de Quito. Habiendo viajado de Montevideo a Quito por tierra, el paisaje Andino causo una fuerte impresión en Odriozola. Su plan, construido parcialmente, propone bulevares axiales con unidades barriales similares a las de la ciudad jardín. Las imponentes quebradas de la ciudad son incorporadas como espacios abiertos en el plan.

166

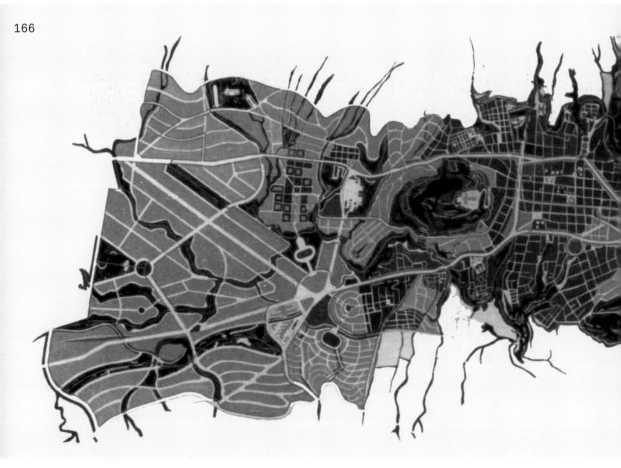

1_Plan for Quito, by Guillermo Jones Odriozola. 1942

1_Plano del Proyecto del Plan Regulador Urbano de Quito, por Guillermo Jones Odriozola. 1942

1970-1980

1

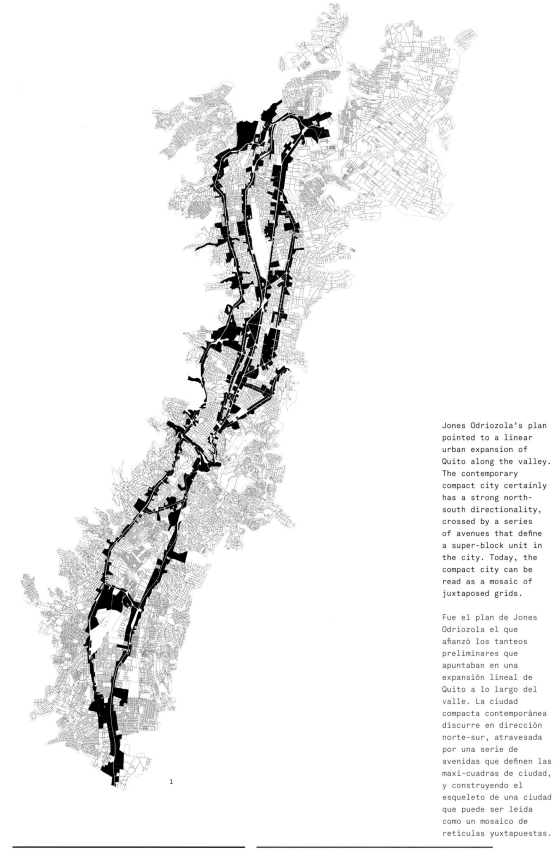

1

Jones Odriozola's plan
pointed to a linear
urban expansion of
Quito along the valley.
The contemporary
compact city certainly
has a strong north-
south directionality,
crossed by a series
of avenues that define
a super-block unit in
the city. Today, the
compact city can be
read as a mosaic of
juxtaposed grids.

Fue el plan de Jones
Odriozola el que
afianzó los tanteos
preliminares que
apuntaban en una
expansión lineal de
Quito a lo largo del
valle. La ciudad
compacta contemporánea
discurre en dirección
norte-sur, atravesada
por una serie de
avenidas que definen las
maxi-cuadras de ciudad,
y construyendo el
esqueleto de una ciudad
que puede ser leída
como un mosaico de
retículas yuxtapuestas.

1_Digram highlighting all the urban blocks that are
adjacent to a main avenue  2_Aerial image of Avenida
Atahualpa and Avenida Río Amazonas junction. 2007

1_Diagrama que destaca las manzanas urbanas que son
adyacentes a una avenida principal  2_Imagen aérea del
cruce de la Avenida Atahualpa y la Avenida Río Amazonas.
2007

# QUITO AND ITS HIGH DENSITY NEIGHBORHOODS
## EL QUITO DE LOS BARRIOS DE ALTA DENSIDAD

In the 1970s, the oil boom turns Quito into the main economic center of Ecuador, triggering a massive migration phenomenon that brings to the capital large population masses from many areas of the country. As a result, many social housing projects consolidate large tracts of land in the north and south of the city.

En los años '70 comienza un fenómeno migratorio que desplaza una gran masa de población desde otros puntos de Ecuador hacia Quito, convertida en centro económico del país a partir del boom del petróleo. La década de los años '80 es la década de los barrios de absorción, del desarrollo de los grandes proyectos de vivienda social.

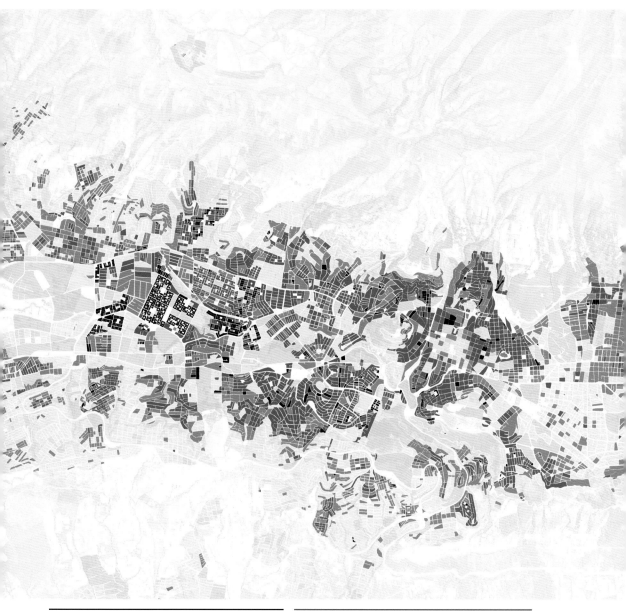

1_Plan of the compact capital of Quito, highlighting the urban areas that have a population density over 100 people per hectare, by Harvard Design School team. 2012

1_Plano de la capital compacta de Quito, que destaca las áreas urbanas que tienen una densidad de población mayor de 100 personas por hectárea, por equipo Harvard Design School. 2012

1980-1990

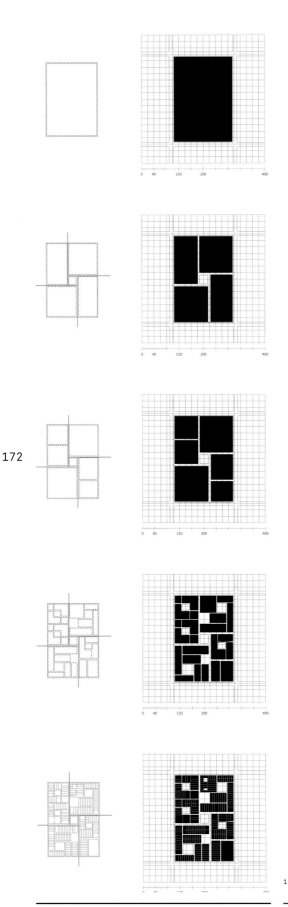

172

Similar to the citadels, some of the main social-housing projects also use a gridded logic. Solanda, one of the largest developments, is based on a superblock structure, which allowed a more compact urban fabric that raised drastically the density rates in Southern Quito.

Como ocurre con las ciudadelas, algunos de los proyectos de vivienda social más importantes están también construidos sobre la lógica geométrica de la retícula. Solanda, una de las promociones más grandes, se basó en una estructura de supermanzana, que generó un tejido urbano más compacto y aumentó drásticamente las tasas de densidad del Quito de la época.

1

1_Conceptual analysis of the morphological articulation of a superblock in Solanda 2_Aerial image of Solanda in 2007

1_Análisis conceptual de la articulación morfológica de una supermanzana en Solanda 2_Imagen aérea de Solanda en 2007

2

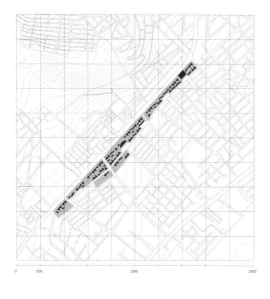

174

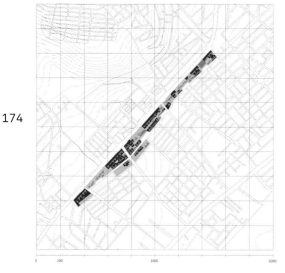

San Carlos, in the
north of the city,
responded to the
paradigm of the
isolated building
in an open block,
another model of high-
density residential
neighborhood.
Originally conceived
with large areas of
common recreational
spaces, it has been
progressively fenced
around the buildings,
resulting in a highly
interrupted public
space.

San Carlos, en el
norte de la ciudad,
respondió al paradigma
del bloque aislado
en manzana abierta,
otro modelo de barrio
residencial de alta
densidad. Se planteó
originalmente con
grandes áreas comunes
de esparcimiento
que se han visto
progresivamente
valladas en torno a los
edificios, produciendo
finalmente una gran
interrupción en el
espacio público.

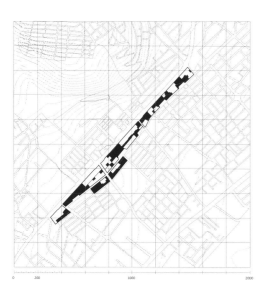

1_Aerial image of San Carlos. 2007

1_Imagen aérea de San Carlos. 2007

175

# QUITO AND ITS SELF BUILT NEIGHBORHOODS
# QUITO Y LOS BARRIOS DE AUTOCONSTRUCCION

As the flatter portions of the valley densified, new primarily extralegal, developments encroached along the edges, settlements in direct conflict with the ecologically sensitive edge of the Pichincha volcano.

Al densificar las zonas mas planas del valle, nuevos desarrollos de carácter ilegal aparecen en los bordes de la ciudad. Nuevos poblados que están en conflicto directo con la delicada ecología del volcán Pichincha.

176

1_Plan of Quito, highlighting the self-constructed settlements on the steep slopes along the periphery of the city, by Harvard Design School team. 2012

1_Plano de Quito, que destaca los asentamientos autoconstruidos sobre las laderas escarpadas de la periferia de la ciudad, por el equipo del Harvard Design School. 2012

1990-2000

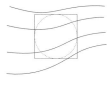

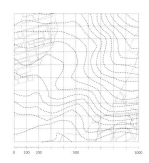

178

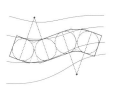

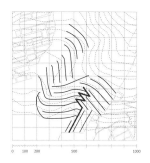

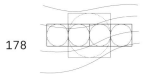

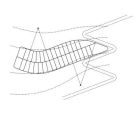

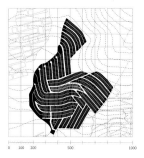

The extreme topographic conditions along the slopes of the compact capital perimeter have forced the appearance of new geometric rules that allow for settlements in steep conditions.

Las condiciones topográficas extremas que se dan en las laderas del perímetro de la ciudad compacta fuerzan la incorporación de nuevas lógicas geométricas que permitan crear un tejido urbano en pendientes.

1_Aerial image of an informal development close to San Francisco del Pintado. 2007

1_Imagen aérea de un asentamiento informal cercano a San Francisco del Pintado. 2007

# THE SYMBOLIC DIMENSIONS OF THE TRANSPORTATION INFRASTRUCTURE IN SOUTH AMERICA: FROM THE SUBLIME TO THE EVERYDAY

## LAS DIMENSIONES SIMBÓLICAS DE LA INFRAESTRUCTURA DE TRANSPORTE EN SUDAMÉRICA: DE LO SUBLIME A LO COTIDIANO

*Graciela Silvestri*

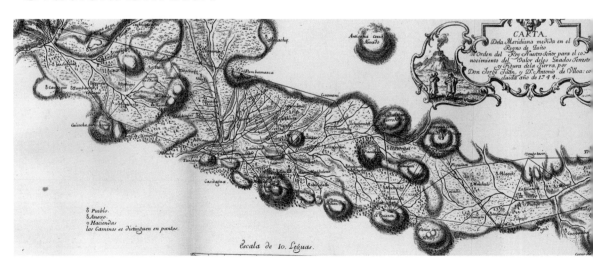

Human movement has always been a key characteristic in South America: since much before the Conquest, transcriptions and material vestiges revealed constant communication between indigenous communities, and their intensive knowledge of the territory, of which the Spanish and Portuguese took advantage. The mobility of the indigenous peoples was noteworthy, with the knowledge that, in their movement, they needed to overcome areas of unheard-of size and difficulty to the European eye. As such, tales of conquest gave a mythical air to the adventures of the men who oftentimes paid for their greed *devoured by the jungle*. I deliberately paraphrase the last sentence from *La Vorágine* (The Maelstrom), since well into the 20th century, "Nature" was still imagined as a magnificent and cruel adversary. As such, the Saint-Simonian sensitivity of the Creole patriots is not surprising, who discovered not only a substantial task in the construction of transportation routes, but also a metaphor more powerful than the jungle, placing the free circulation of goods and people in parallel with freedom of thought. But man's large constructions were also taken as a motive for social protest, as a trigger for modernist experiments, and even without epic dimensions, but still aware that methods of movement closely intersect with matters of the spirit, new urban transportation was representative material. In any case, from the modest streetcar to the colossal tunnel crossing mountains, these projects were recognized not as mere technical objects, but rather as being intimately related to each epoch's culture, when astonishment and poetry still reigned. When did the "transportation system" take leave of its past, to be presented in a perpetual present tense? When did it become trapped exclusively in efficiency, forgetting the cultural weight by which it had been accompa-

El desplazamiento humano fue siempre una característica clave de Sudamérica: desde mucho antes de la Conquista, transcripciones y vestigios materiales revelan una comunicación constante entre las comunidades indígenas, y su intensivo conocimiento del territorio, que españoles y portugueses aprovecharon. La movilidad de los pueblos originarios era notable, sabiendo que debían salvar en su traslado ámbitos de dimensiones y dificultades inéditas para la mirada europea. Los relatos de la conquista otorgaron así un aire mítico a las aventuras de aquellos hombres que muchas veces pagaron su codicia *devorados por la selva*. Parafraseo deliberadamente la última frase de *La Vorágine*, ya que "la Naturaleza" continuó, hasta avanzado el siglo XX, imaginada como contendiente portentoso y cruel. No extraña, pues, la sensibilidad saintsimoniana de los patriotas criollos, que hallaron en la construcción de vías de comunicación no sólo una tarea sustantiva, sino también una metáfora más poderosa que la selva, poniendo en paralelo la circulación libre de bienes y personas con la libertad de las ideas. Pero los grandes trabajos de los hombres también fueron tomados como motivo de denuncia social, como disparador de experimentos modernistas, e incluso sin dimensiones épicas, pero concientes de que las maneras del movimiento se entrecruzaban estrechamente con los asuntos del espíritu, los nuevos transportes urbanos fueron material de representación. En todo caso, desde el modesto tranvía hasta el colosal túnel que cruza montañas, estas obras fueron reconocidas no como meros objetos técnicos, sino en intima relación con la cultura de cada época, cuando aún cabía el asombro y la poesía. ¿Cuándo el "sistema de transportes" se desgajó de su pasado, para ser presentado en un presente perpetuo? ¿Cuándo quedó atrapado en las tramas exclusivas de la eficiencia

Carta del Reino de Quito. 1744. Surveyed by Jorge Juan and Antonio de Ulloa.

Carta del Reino de Quito. 1744. Surveyed by Jorge Juan and Antonio de Ulloa.

nied? My intent with this article is to indicate some of the problematic aspects that may shed light on other aspects of the issue that are not summarized solely as technical efficacy and immediately social utility, working with materials unusual for this type of technical story (texts from travelers, Creole essays, or social novels giving shape to our tradition).

# 1.

At what time throughout our history did we lose sight of the basic role of transportation networks in constructing our culture? Today, engineering work appears to be a subject for experts, obedient to political assignment; parliamentary decisions only make reference to social efficacy or economic calculations; consequently, public debates only break out when a project directly affects everyday life. We take for granted that technical projects can be easily carried out, offering unique solutions, and that as such, they are not a matter of opinion. A brief review of South American history, however, shows us that the methods for facing the transportation issue—temporary movement of human and non-human beings—affect the very conceptions of the world wherein we live; and that this dimension was clear both for pre-Columbian peoples and for pro-independence Creoles, as well as for 20th century avant-garde writers.

The fact is that the human condition was constructed as such during the journey, not in diffusion: this appears to be even more clear in South American history. We can narrate this history with greater plausibility through the diverse systems used to travel across land and water, something that traditional historiography consigned to oblivion, more concerned with battles and biographies, spread of peoples and places.

The "Inca Trail", today consigned to tourism on the actual leg joining Cuzco with Machu Pichu, is an eloquent example of what roadways can say about a society whose writing system we have hardly deciphered. It forms only one part of a vast system of principle and secondary road networks, spanning from southern Colombia to northern Argentina, crossing through trails that penetrated into the jungle, with pathways and ditches, roadside stalls to store harvests, bridges—hanging, floating, made of wood, fiber, and stone—to guard against orographic accidents. The force of Incan power makes us forget that they took advantage of

para olvidar el espesor cultural que lo había acompañado? Me propongo en este artículo indicar algunos nudos problemáticos que pueden iluminar otros aspectos de la cuestión que no se resumen solo en la eficacia técnica y la inmediata utilidad social, trabajando sobre materiales poco habituales en este tipo de historias técnicas (los textos de los viajeros, los ensayos de los criollos, o las novelas sociales que dieron forma a nuestra tradición).

# 1.

¿En qué momento de nuestra historia perdimos conciencia del papel básico de las redes de transporte en la construcción de nuestra cultura? Los trabajos de ingeniería parecen hoy asunto de expertos, obedientes al encargo político; las decisiones parlamentarias refieren solo a la eficacia social o a los cálculos económicos; los debates públicos estallan, en consecuencia, sólo cuando alguna obra afecta directamente la vida cotidiana. Damos por descontado que los trabajos técnicos pueden realizarse fácilmente, ofreciendo soluciones únicas; que no son así materia de opinión. Un breve repaso por la historia sudamericana nos demuestra, en cambio, que las maneras de encarar el tema del transporte –del movimiento temporal de seres humanos y no humanos- afectan las mismas concepciones del mundo en que vivimos; y que esta dimensión era clara tanto para los pueblos precolombinos, como para los criollos independentistas, como para los escritores de las vanguardias del siglo XX.

Es que la condición humana se construyó como tal en el viaje, no en la radicación: esto parece aún más claro en la historia sudamericana. Podríamos narrarla con mayor verosimilitud a través de los diversos sistemas utilizados para recorrer la tierra y el agua, algo que la historiografía tradicional relegó, más preocupada por batallas y biografías, por radicaciones y lugares.

El "camino del Inca", hoy relegado al turismo en el tramo real que une Cuzco con Machu Pichu, constituye un ejemplo elocuente de lo que los caminos pueden decir sobre una sociedad de la que apenas hemos descifrado su sistema de escritura. Constituye sólo una parte de un vasto sistema de redes viales, principales y secundarias, que va desde el sur de Colombia hasta el norte de Argentina, atravesado por sendas que se internaban en la selva, con calzadas y bordes, tambos para almacenar las cosechas, puentes –colgantes, flotantes, de madera, de fibras, de piedra- para

previous structures to establish their effective domination system—the entire network has been redefined by Quechua culture. A parallel could be easily established between the road network and the Quechua tongue, which the Spanish converted, along with Guarani, into the South American *general language*: in both cases, they acted as an instrument of contact and intercultural communication, and as an instrument of domination over, and liquidation of, the vanquished peoples, erasing the memory of previous cultures.

Analyzing how this complex, pre-Columbian, road engineering network was interpreted by conquistadors and European travelers proves interesting. Many fragments from initial chronicles bear witness to the admiration that the indigenous road network provoked ("in all of Christendom, there are none in any place as magnificent as those we here admire");[1] and this admiration presents the first of challenges to Western logic. Sarmiento de Gamboa could not help but wonder *how a people who did not know iron could open between crags and at such heights, such large and sovereign roads that, in two opposite directions, go from Cuzco to Quito and to the Chilean coast*[2]. His version of the Incan Empire as a hegemonic power, structured thanks to the efficacy of the road network, was

salvar los accidentes orográficos. La fuerza del poder incaico nos hace olvidar que ellos aprovecharon estructuras anteriores para establecer su eficaz sistema de dominación -toda la red ha quedado resignificada por la cultura quechua. Podría fácilmente establecerse un paralelo entre la red de caminos y la lengua quechua, que los españoles convirtieron, junto al guaraní, en *lengua general* sudamericana: en ambos casos sirvieron como instrumento de contacto y comunicación intercultural, y como instrumento de dominio y liquidación de los vencidos, borrando la memoria de las culturas anteriores.

Resulta interesante analizar de qué manera fue interpretada esta compleja red de ingeniería vial precolombina por conquistadores y viajeros europeos. Muchos fragmentos de las crónicas iniciales testimonian la admiración que la red de caminos indígena causaba ("en toda la cristiandad no los hay en parte alguna tan magníficos como los que admiramos aquí");[1] y esta admiración coloca los primeros desafíos a las lógicas occidentales. Sarmiento de Gamboa no puede menos que preguntarse *cómo un pueblo que no conoció el hierro pudo abrir entre peñas y a tales alturas caminos tan grandes y soberbios que en dos opuestas direcciones, van desde Cuzco a Quito y a la costa de Chile*[2]. Su versión del imperio incaico como potencia hegemónica, estructurada gracias

185

Ingapirca de Hatun Cañar, (Plate XVII). The complex was described by La Condamine and later by Humboldt. Probably built by the Huayna Capac Kingdom, the camp was designed to host the Inca as he traveled through the paths of the empire.

Ingapirca de Hatun Cañar, lámina XVII de la obra citada. El conjunto fue descripto por La Condamine y luego por Humboldt. El conjunto de edificios, probablemente construido bajo el reinado de Huayna Capac, estaba destinado a albergar al inca en su traslado por los caminos del imperio.

maintained for centuries to associate the Inca with military bureaucracy, with absolute control based on fear; while the Inca Garcilaso's version shows the Incan Conquest as being pacific and paternal, placing the dominated peoples on the same level as beasts[2]. Garcilaso does not stop at the construction of the roadways—he must try the urban sedentary lifestyle to raise his ancestors to the level of Europeans, and monuments, luxury and arts are proof of refinement—but he leaves us behind with the news of a supposed Incan invention: shoes. The Inca did not know the wheel; messengers went barefoot; the humble shoe is the first vehicle

Those who gave new meaning to the mythical Incan road network were learned travelers. Unlike the first chroniclers, the epoch prepared them to ponder on the adventures of the roads: movement is what defined the goals of 18th century scientific enterprises. One of the most recognized expeditions was promoted by the French Academy of Sciences, funded by the Bourbon monarchy, which included Charles Marie de La Condamine amongst its noteworthy participants. Carried out between 1735 and 1743, the enterprise's objective consisted of measuring the longitude of one meridian degree near the equator, so as to later compare the measurement with an equivalent one made in Lapland, thereby determining if the presumed leveling of the earth was at the Poles or at the Equator. The scientific purpose, fundamental for exact geoid measurement, implied fine-turning the decimal metric system, and consequent progress in cartographical

a la eficacia de la red caminera, se mantiene durante siglos para asociar a los Incas con una burocracia militarizada, de control absoluto basado en el miedo; mientras que la del *Inca* Garcilaso presenta la conquista inca como pacífica y paternal, arrojando a los pueblos dominados al nivel de las bestias[3]. Garcilaso no se detiene en la construcción de los caminos –debe probar el sedentarismo urbano para elevar a sus antepasados al nivel de los europeos, y son los monumentos, los lujos, las artes las pruebas del refinamiento- pero nos deja al pasar la noticia de un supuesto invento del Inca: los zapatos. Los incas no conocían la rueda; los mensajeros iban a pie; el humilde zapato es el primer vehículo.

Quienes otorgaron un nuevo sentido a la mítica red caminera incaica fueron los viajeros ilustrados. A diferencia de los primeros cronistas, la época los preparaba para ponderar las aventuras de los caminos: es el movimiento el que define los objetivos de las empresas científicas del siglo XVIII. Una de las expediciones más reconocidas fue la impulsada por Academia de Ciencias francesa, facilitada por la monarquía borbónica, que contó entre sus destacados participantes a Charles Marie de La Condamine. El objetivo de la empresa, desarrollada entre 1735 y 1743, consistía en medir la longitud de un grado de meridiano en las proximidades del ecuador, para luego comparar la medida con una equivalente realizada en Laponia, determinando así si el presunto aplanamiento de la tierra era en los Polos o en el Ecuador. El propósito científico, central para la medición exacta del geoide, implicó el

"El puente de cuerdas de Penipe", testimony of indigenous Andean bridges before the Incan Empire. Cf. *Vues des Cordillères et Monuments des Peuples Indigènes de l'Amérique* by Alexander von Humboldt (Plate XXXIII)

"El puente de cuerdas cerca del Penipe", testimonio de los puentes indígenas andinos anteriores a los incas. Cf. *Vues des Cordillères et Monuments des Peuples Indígènes de l'Amérique* de Alexander von Humboldt (lámina XXXIII)

and topographical technologies.

La Condamine's works began in Quito—the city whose indigenous name precisely means *middle of the world*--; from there, he went toward the interior of the country, using the pre-Incan roads that his Ecuadorian colleague, Pedro Vicente Maldonado, had surely indicated to him. The Ecuadorian's activities are a noteworthy example in order to understand the relationship between science, technical aspects, and politics in the century in question: mayor and judge in his native Riobamba, he carried out his work through projects on commercial routes and land transportation, and scientific research that earned him recognition from European academies. These Creole figures bear witness to the fact that the universal knowledge network was not merely a uni-directional transfer from Europe to America, thereby opening a complex panorama in understanding how these contacts laid the foundations for later pro-independence movements. The Hispano-French geodesic mission's contribution does not surpass its initial purpose in this aspect alone; the writings of La Condamine, who would later enter the Amazon, have proven to be a mandatory base for later naturalists[4]. To him, we owe the discovery of quinine to cure malaria, and the description of rubber, with such controversial consequences (while it revolutionized the industry, its exploitation led to the virtual enslavement of successive indigenous generations).

But it must be noted that the mission's most important objectives were not land surveying, but rather the impact that greater precision in distance calculation would have on avoiding the frequent accidents trans-Atlantic travels risked—to this end, the Spaniards sent were prestigious naval officers Jorge Juan and Antonio de Ulloa. Alexander Von Humboldt changed the axis of the expeditions, proposing discovery of "the interior", which the sailors rarely visited. A more profound desire led him to re-write Columbus and the first conquistadors' travels, already at that time recognized for their brutal rapacity, alternating the logic of enlightened travel—the classifying, conventional and abstract zeal of which impeded understanding the living and creative relationships between the different kingdoms in the world. The territory Humboldt mentioned as "the countries near the Equator" was key to understanding the natural physical aspect, surpassing the local description to change universal manners of considering nature[5]. Humboldt's holistic view, for which he is recognized as the father of

afinamiento del sistema métrico decimal, y los consecuentes avances de las tecnologías cartográficas y topográficas.

Los trabajos de La Condamine se inician en Quito –precisamente en la ciudad cuyo nombre indígena significa *mitad del mundo*-; desde allí se interna en el país utilizando los caminos preincaicos que seguramente su compañero ecuatoriano, Pedro Vicente Maldonado, había señalado. Las actividades del ecuatoriano constituyen un ejemplo notable para comprender la relación entre ciencia, técnica y política en el siglo ilustrado: alcalde y corregidor de su nativa Riobamba, articuló su labor con proyectos de rutas de comercio y transporte terrestres, y con investigaciones científicas que le valieron el reconocimiento de las academias europeas. Estas figuras criollas testimonian que la red de conocimientos universales no constituía sólo un trasvasamiento unidireccional, de Europa a América, abriendo un complejo panorama para comprender cómo estos contactos instalan las bases para los posteriores movimientos independentistas. La contribución de la misión geodésica hispano-francesa excede no sólo en este aspecto su propósito inicial; los escritos de La Condamine, que luego se internará por el Amazonas, resultarán una base ineludible para los naturalistas posteriores[4]. A él le debemos el reconocimiento de la quinina para remediar la malaria, y la descripción del caucho, de tan controvertidas consecuencias (al tiempo que revolucionó la industria, su explotación condujo a la virtual esclavización de sucesivas generaciones de indígenas).

Pero es necesario notar que los objetivos más importantes de la misión no se encontraban en el reconocimiento de la tierra, sino en el impacto que una mayor precisión en los cálculos de las distancias poseería para evitar los frecuentes accidentes a los que los viajes transatlánticos se arriesgaban –por ello los enviados españoles fueron los prestigiosos marinos Jorge Juan y Antonio de Ulloa. Alexander Von Humboldt será quien cambie el eje de las expediciones, proponiéndose conocer "el interior" que los marinos raramente visitan. Una voluntad más profunda lo llevará a reescribir los viajes de Colón y de los primeros conquistadores, ya por entonces reconocidos en su rapacidad brutal, alterando la lógica del viaje ilustrado -cuyo afán clasificatorio, convencional y abstracto, impedía comprender las relaciones vivas y creadoras entre los distintos reinos del mundo. El territorio que Humboldt menciona como "los países próximos al Ecuador" constituirá la

modern ecology, sprung from bourgeois sensitivity, struggling against static political geography at the service of court bureaucracies, attempting to base his willpower on the universal rules of natural movement, without customs or borders. It is not surprising that the wise man was lifted up as a national hero by those in South America rebelling against the Spanish monarchy.

If the paradigm is nature, the roads and canals are adapted to vascular animal or vegetable systems; geological morphology takes on an active role throughout the long history of mankind. Humboldt was again amazed by the indigenous roads, repeating along with the old chroniclers that "none of the many Roman roads I have seen in Italy, at midday in France and in Spain, was more imposing than these works by the ancient Peruvians"[6]. But these great engineering works were the base for Humboldt to place the dominated cultures on the same plane as the erudite Greek origins. On the famous engraving on the front of the *Geographical and physical atlas of the new continent*, the defeated American prince, leaning on the steps of a mountain road, is made to stand by Athena, goddess of wisdom, and Mercury, god of commerce. The promise of

llave para una comprensión de la física natural, excediendo la descripción local para cambiar los modos universales de considerar la naturaleza[5]. La mirada holística de Humboldt, por la que se lo reconoce como padre de la ecología moderna, emerge de la mano de la sensibilidad burguesa, en lucha contra la estática geografía política al servicio de las burocracias cortesanas, intentando basar su voluntad de poder en las reglas universales del movimiento natural, sin aduanas ni fronteras. No extraña que el sabio fuera erigido como prócer por quienes en Sudamérica se rebelaban contra la monarquía española.

Si el paradigma es la naturaleza, los caminos y canales son homologados a los sistemas vasculares animales o vegetales; la morfología geológica adquiere un papel activo en la larga historia del ambiente humano. Humboldt vuelve a maravillarse ante los caminos indígenas, repitiendo con los cronistas antiguos que "ninguna de cuantas vías romanas he visto en Italia, en el mediodía de Francia y en España, era mas imponente que estas obras de los antiguos peruanos"[6]. Pero estas grandes obras de ingeniería son la base para que Humboldt coloque en pie de igualdad las culturas dominadas con los ilustres orígenes griegos.

188

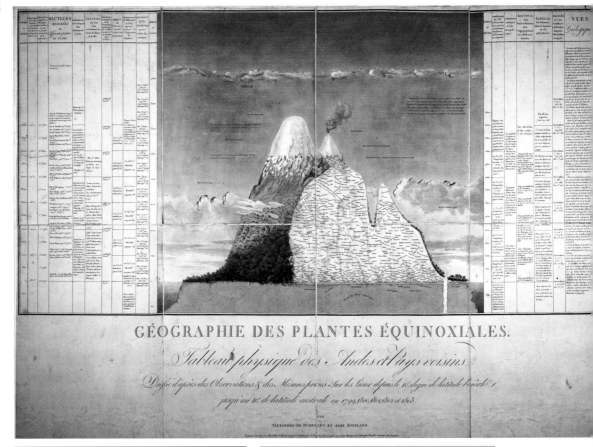

*Tableau physique des regions equinocciales.* Colored illustration for the French edition of the *Geography of Plants*, engraving by Louis Bouquet, original drawing by Lorenz A. Schönberg y Pierre J. F. Turpin, base don a sketch by Humboldt, Paris, 1805. Sectional Drawing of the Chimborazo Volcano

*Tableau physique des regions equinocciales.* Calcografía coloreada para la edición francesa de *Geografía de los plantas*, grabada por Louis Bouquet, dibujo original de Lorenz A. Schönberg y Pierre J. F. Turpin, en base a un boceto de Humboldt, Paris, 1805. El modelo del volcán es el Chimborazo.

new harmony is emphasized by the sublime image of Chimborazo, the peak of which Humboldt, Bompland and Ecuadorian Charles de Montúfar reached in 1802. At that time, the volcano was considered to be one of the highest peaks on earth; Humboldt wrote some of his most personal pages from the experience of contemplating the blue sky and the depths of the earth with them.

As such, a volcano is at the center of his discussions—which is not surprising, given that, at that time, the debate regarding the forces configuring the earth was resolved between Neptunists and Plutonists—those who, based on the sacred Scriptures, believed in the power of water to conform the world's physiognomy, and those who favored fire, whose power can still be observed in orographic conformations. But volcanoes are more than mute witnesses to natural history: when Humboldt reached Quito, the city had been devastated by an earthquake not many years before. Humboldt was surprised by the indigenous culture's response when crossing the sulfur Tikstan mountains, "that the Indians wanted to burn after the dramatic quake of 1797. It was doubtlessly the most desperate project ever known, because they hoped, in this fashion, to form a volcano to swallow up the entire province of Azuay"[7]. In 1755, an earthquake of catastrophic dimensions in the area coincided with another similar one in Lisbon, which heightened the radical skepticism of men such as Voltaire: "Deceived philosophers who shout: "All is well!/Come and contemplate these frightening ruins!" Even today, earthquakes menace all human predictability, all fantasy of full dominion over nature, all harmonious view of the world. During the 19th century, the construction of a road in these strikingly beautiful regions where natural forces made themselves regularly known, took on epic dimensions that centuries before were bequeathed to military conquests; but in the same fashion, when disasters occurred, the narration became a Greek tragedy.

# 2.

In the 19th century, the reunion of Athena and Mercury with American peoples was condensed into the transportation infrastructure, the construction of which was presented by pro-independence Creoles as a metaphor for the "pacific" conquest of Civilization. Additionally, the tempestuous political panorama impeded the sought-after transportation and communication systems from being solidified until well into the

En la famosa calcografía que constituye el frontispicio del *Atlas geográfico y físico del nuevo continente*, el vencido príncipe americano, apoyado en los escalones de un camino de montañas, es puesto de pie por Atenea, diosa de la sabiduría, y Mercurio, dios del comercio. La promesa de una nueva armonía es subrayada por la imagen sublime del Chimborazo, a cuya cima Humboldt, Bompland y el ecuatoriano Charles de Montúfar arribaron en 1802. Por entonces, el volcán se consideraba uno de los más altos picos de la tierra; de la experiencia   de contemplar juntos el azul del cielo y las profundidades de la tierra, Humboldt ha dejado sus páginas más personales.

Un volcán, pues, en el centro de sus disquisiciones –lo que no es extraño, ya que el debate sobre las fuerzas que han configurado la tierra se dirime entonces entre neptunistas y plutonistas -aquellos que, basados en las sagradas escrituras, creen en la fuerza del agua para la conformación de la fisonomía del mundo, y aquellos que privilegian el fuego, cuya potencia aun puede observarse en las conformaciones orográficas. Pero los volcanes representan algo más que mudos testigos de la historia natural: cuando Humboldt arriba a Quito, no hace muchos años la ciudad había sido asolada por un terremoto. Humboldt se sorprende ante las respuestas de la cultura indígena cuando cruza las montañas de azufre de Tikstán, "que los indios quisieron incendiar después del dramático temblor de 1797. Sin duda se trataba del proyecto más desesperado que pudiera conocerse nunca, porque esperaba formar de de esa manera un volcán que tragara toda la provincia de Azuay"[7]. En 1755, un terremoto de dimensiones catastróficas en el área coincidió con otro similar en Lisboa, que acentuó el escepticismo radical de hombres como Voltaire: "Filósofos engañados que gritan: "Todo está bien"/Vengan y contemplen estas ruinas espantosas!"Aún hoy, los terremotos ponen en jaque toda predictibilidad humana, toda fantasía de dominio pleno de la naturaleza, toda visión armónica del mundo. Construir un camino, en estas bellísimas regiones en que las fuerzas naturales se hacen presentes habitualmente, adquiere durante el siglo XIX las dimensiones épicas que siglos atrás se otorgaba a las conquistas militares; pero también, cuando los desastres ocurren, la narración se convierte en una tragedia griega.

# 2.

La reunión de Atenea y Mercurio con los pueblos americanos se condensa, en el siglo XIX, en la

century—the funds diverted to wars, the *sine die* suspended studies-; the old indigenous mountain paths are now used in gestures of freedom (San Martin used the thousand-year-old steps and paths to finally meet with Bolivar in Guayaquil). When the American peoples reached relative stability so as to face the engineering works proposed, communication systems were already being innovated with the advent of the railway and the telegraph–predecessor to virtual electronic communications–, to which water navigation progress may be added. Joining villages became a priority issue of national interest, and noteworthy, although controversial, statesmen such as Argentinian Domingo F. Sarmiento or Colombian Rafael Reyes—the later now at the beginning of the 20th century–, projected works of great magnitude, such as the South American canal that would join the three large rivers of the sub-continent. The transportation infrastructure became a future panacea of South American unity, without hardly considering the cost of the progress.

Sarmiento was also a man of words, perhaps the greatest essayist of his time: in his romantic prose, the sublime character that the great technical works acquired is synthesized, being measured with natural magnificence—a topic that would persist throughout the decades, and that reached the masses in adventure novels that authors such as Verne or Salgari derived from travel diaries. In many varied literary genres, a paradigm was established that was also aesthetic, and that slowly took the place of all illusions of harmony. This was shown in South American novels, which during the 20th century interwar period, found novel ways to articulate the old topic of Nature, a central character shown in its splendor and disgrace, with the contradictory faces of Civilization.

In the brief epilogue to the novel by Colombian Jose Esutasio Rivera, *La Vorágine* (The Maelstrom) (1924), one may read the epitaph that would be universally cited as corollary to failed exploits: *the jungle devoured them*. The personification is so powerful that it much later stoked those who would be seduced by South American legend—from Herzog de Aguirre or Fitzcarraldo to Georg Lucas' Indiana Jones, following in the footsteps of Orellana. Few notice that, in the novel, the sentence is transmitted by cable—a telegram that could be effective *because* the communication infrastructure by then allowed to transport words in an immediate fashion over considerable distances. Penetrating the heart of the Amazon continues to be complicated, but

infraestructura de transportes, cuya realización será presentada por los criollos independentistas como metáfora de la conquista "pacífica" de la Civilización. Por cierto, el tormentoso panorama político impidió que los deseados sistemas de transporte y comunicación se concretaran hasta bastante avanzado el siglo –los fondos desviados a las guerras, los estudios suspendidos *sine die*-; los viejos caminos indígenas cordilleranos son ahora utilizados en las gestas de liberación (San Martín utilizó los pasos y caminos milenarios para reunirse, finalmente, con Bolívar en Guayaquil). Cuando los pueblos americanos alcancen una estabilidad relativa para hacer frente a los trabajos ingenieriles que se proponen, los sistemas de comunicación ya están innovándose con la emergencia del ferrocarril y el telégrafo –antecesor de las comunicaciones electrónicas virtuales-, a los que se suman los adelantos de la navegación fluvial. Comunicar a los pueblos se vuelve un asunto de interés nacional prioritario, y destacados aunque controvertidos estadistas, como el argentino Domingo F. Sarmiento o el colombiano Rafael Reyes –éste ya en los inicios del siglo XX-, proyectan trabajos de tal magnitud como los del canal sudamericano que uniría los tres grandes ríos del subcontinente. La infraestructura de transportes se convertía en panacea futura de unidad sudamericana, sin que el costo del progreso fuera apenas considerado.

Sarmiento fue también un hombre de letras, tal vez el mayor ensayista de su época: en su romántica prosa, se sintetiza el carácter sublime que los grandes trabajos técnicos adquieren midiéndose con la magnificencia natural -un tema que atravesará las décadas y que alcanza difusión popular en las novelas de aventuras que autores como Verne o Salgari derivan de los diarios de los viajeros. En tan variados géneros literarios se establece un paradigma que es también estético, y que lentamente va desplazando toda ilusión de armonía. De esto da cuenta la novela sudamericana, que en las décadas de entreguerras del siglo XX encuentra formas novedosas para articular el viejo tema de la Naturaleza, personaje central presentado en su esplendor y desgracia, con los rostros contradictorios de la Civilización.

En el breve epílogo de la novela del colombiano Jose Eustasio Rivera, *La Vorágine* (1924) puede leerse el epitafio que será citado universalmente como corolario de las gestas fallidas: *los devoró la selva*. La personificación es tan poderosa que nutre a quienes mucho después caen en la seducción de la leyenda sudamericana -desde el

South American writers began to be more inter-
ested by the indigenous story—whose magnificent
engineering contributions were reinterpreted in
light of new excavations, eminently Machu Pichu
as of 1911–and by the conflicts that ever-accelerat-
ing modernization began to make visible.

This is made evident in exemplary fashion
in Jorge Icaza's novel, *Huasipungo* (1934). It
regards the construction of a road through the
swamplands of an old hacienda, encumbered by
taxes, and the resistance of inhabitants belonging
to the indigenous population. The conversation
between an uncle and nephew depicting the conflict takes place in a modern automobile, implic-
itly announcing the problems that loom ahead:
inside it, the landowner Alfonso Pereira recounts
the rescue proposal of Mr. Chapy, manager of
timber exploitation in Ecuador, to construct "a
highway for automobiles", running through the
hacienda. Mr. Chapy sees the riches of the forests,
but has also "smelled oil over there". Constructing the road implicates "cleaning the huasipungos from the riverbanks. Without a doubt,
to construct houses for them to live in". The
nephew doubts: "The Indians hang on with blind
and morbid love to that chunk of land that's been
lent to them for the work they do on the hacienda.
What's more, in their ignorance, they think it's
their property. You know this. They make their
huts, they make their little gardens, they raise
their animals". The construction of the route only
brings disgrace upon the indigenous inhabitants;
the "*gringo*" promises are never kept; and the
inevitable rebellion is quelled from Quito—the
novel's clear historical background hearkens back
to the bloody Leyto uprisings in 1923.

The subject is classic: a new foreign power
taking ownership of the natural riches, exploiting
the indigenous communities who do not want to
leave their land. Indeed, as indicated by another
one of the great Latin American narrators, the
Peruvian José María Arguedas, the Andean indigenous spin coincides with the opening of the first
roads, an index as to the type of modernization
that would communicate cultures up until then
relatively autonomous, creating a transculturation
interpreted in different ways. For authors such
as Icaza, the problem lay in imperialist pillaging,
not in modernization; for authors such as Arguedas, ethnographically trained, preservation of the
indigenous identity became central—and how to
do this when the physical or virtual communication networks inevitably transform cultures?

In all cases, the undertone of violent or stun-

Herzog de Aguirre o Fitzcarraldo hasta el Indiana
Jones de Georg Lucas, siguiendo los pasos de
Orellana. Pocos notan que, en la novela, la frase
se transmite por cable –un telegrama que puede
ser efectivo *porque* la infraestructura de comunicación permite ya el transporte de las palabras
de manera inmediata, a distancias considerables.
Internarse en el corazón amazónico sigue siendo
complicado, pero los escritores sudamericanos co-
mienzan a interesarse más por la historia indígena
-cuyas magníficas contribuciones ingenieriles son
reinterpretadas a la luz de nuevas excavaciones,
eminentemente la de Machu Pichu desde 1911- y
por los conflictos que una modernización cada
vez más acelerada comienza a hacer visibles.

Estos se hacen patentes, de manera modé-
lica, en la novela de Jorge Icaza, *Huasipungo*
(1934). Ella trata de la construcción de una
carretera en los terrenos pantanosos de una vieja
hacienda, acosada por los impuestos, y la resistencia de los moradores de los poblados indígenas.
La conversación entre tío y sobrino que pone en
escena el conflicto transcurre en un moderno
automóvil, anunciando implícitamente los problemas que sobrevendrán: en ella el viejo terrate-
niente a Alfonso Pereira la propuesta salvadora de
Mr Chapy, gerente de la explotación de maderas
del Ecuador, de construir "un carretero para
automóviles" atravesando la hacienda. Mr Chapy
percibe la riqueza de los bosques, pero también
"ha olido petróleo por ese lado". La construcción
del camino implcia "limpiar de huasipungos
las orillas del río. Sin duda para construir casas
de habitación para ellos". El sobrino duda: "los
indios se aferran con amor ciego y morboso a ese
pedazo de tierra que se les presta por el trabajo
que dan a la hacienda. Es más, en medio de su
ignorancia, lo creen de su propiedad. Usted sabe.
Allí levantan las chozas, hacen sus pequeños
cultivos, crían a sus animales". La construcción
de la ruta no trae sino desgracias a los habitantes
indígenas; las promesas "de los gringos" nunca se
cumplen; y la inevitable rebelión es extinguida
desde Quito -el claro trasfondo histórico de la
novela remite a los sangrientos levantamientos de
Leyto, en 1923.

El tema ya resulta clásico: un nuevo poder
extranjero adueñándose de las riquezas naturales,
explotando a las comunidades indígenas que no
quieren abandonar su tierra. Y en efecto, como
señaló otro de los grandes exponentes de la narrativa latinoamericana, el peruano José María Arguedas, el giro indigenista andino coincide con la
apertura de las primeras carreteras, índice del tipo

ning landscapes accompanies human enterprises, community identities, nostalgia for a mythical past or promises of a happy future. The power of a devouring or welcoming Nature now no longer abandoned our countries' literature, and its dimension reunited with the great technical works which are measured with it, fed everything from avant-garde poetry—Mário de Andrade placed contrasting images under the vegetable muse of Pau-brasil such as *a saudade dos pajes e o campo de aviaciao militar-*, to the fantastic inclinations of the most successful writers of the sixties—of course: Gabriel García Márquez. Gradually, what had begun as a social reclamation, along the lines suggested by original Mariátegui socialism, became the culturist version that, articulated with fin-de-siècle ecological sensitivity—joining social justice with environmental justice–, manages in its extremes to reject *in toto* any modernizing transformation, placing the pre-Colombian paradise myth in opposition. But we know that such versions derive from a paradoxical situation: they are consolidated in cities, inevitably surrendering to mixture, contact, movement and transformation.

192 **3.**

Cities play a central role in South American history, since, as commented by José Luis Romero, the "main life current", rural in the pre-Hispanic world, was liquidated by conquistadors to found "a new Europe over empty nature", imagined as a network of cities. It is therefore not surprising that our countries' history was written by cities: the struggles for independence were read as epic poems of the conquest of the city over the countryside, of civilization over backwardness. And even if the heroic cycle of engineering appeared to have concluded in the first half of the 20th century, the same cities offered another type of adventure, an everyday adventure: the experience of speed. The first railway legs joined urban points: the tramways–first by horse, then electric—cheapened the journey, making massive movement accessible and favoring transportation to suburban dwellings; in some cities, such as Buenos Aires—where the flat geography seems to have been invented to ease transportation—already in the second decade of the 20th century, inaugurated the underground train, the network of which reached considerable proportions toward the middle of the thirties. The opportunity of having a vast public was not put to waste: authorities

de modernización que comunicará culturas hasta entonces relativamente autónomas, operando una transculturación que se interpreta de diversas formas. Para autores como Icaza, el problema radica en la expoliación imperialista, no en la modernización; para autores como Arguedas, de formación etnográfica, preservar la identidad indígena se vuelve central –¿y cómo hacerlo cuando las redes de comunicación física o virtual transforman inevitablemente las culturas?

En todos los casos, el transfondo de los violentos o deslumbrantes paisajes acompaña las empresas humanas, las identidades comunitarias, las nostalgias de un pasado mítico o las promesas de un futuro venturoso. La potencia de la Naturaleza que devora o que acoge ya no abandonará la literatura de nuestros países, y reunida su dimensión con las grandes obras técnicas que con ella se miden, alimenta desde la poesia de vanguardia -Mário de Andrade colocó bajo la musa vegetal del Pau-brasil imágenes contrastantes como *a saudade dos pajes e o campo de aviacao militar-*, hasta la veta fantástica de los escritores más exitosos de los años sesenta –por supuesto: Gabriel García Márquez. Gradualmente, lo que había iniciado como reivindicación social, en la línea planteada por el original socialismo de Mariátegui, deriva en la versión culturalista que, articulada con la sensibilidad ecológica finisecular –que reúne justicia social con justicia ambiental-, llega en sus extremos a rechazar *in toto* cualquier transformación modernizadora, oponiéndole el mito del paraíso precolombino. Pero sabemos que tales versiones derivan de una situación paradojal: ellas se consolidan en las ciudades, inevitablemente entregadas a la mezcla, el contacto, el movimiento y la transformación.

**3.**

Las ciudades juegan un papel central en la historia sudamericana, desde que, como comenta José Luis Romero, la "corriente principal de la vida", rural en el mundo prehispánico, fue liquidada por los conquistadores para instaurar "sobre una naturaleza vacía una nueva Europa", imaginada como una red de ciudades. No extraña, pues, que la historia de nuestros países haya sido escrita por las ciudades: las luchas por la independencia fueron leídas como la epopeya de conquista del campo por la ciudad, del atraso por la civilización. Y si el ciclo heroico de la ingeniería parecía concluido en la primera mitad del siglo XX, las mismas ciudades ofrecían otro tipo de aventura,

commissioned large ceramic murals to adorn the main stations, wherein in the foundational past was frequently joined with a bright future.

For many writers from the interwar decades, a trip in tramcar could be an exciting adventure: such as the case of Argentinian poet Oliverio Girondo, who introduced himself as a member of the fraternal circle with an "eclectic stomach, capable of digesting and digesting well", in this way describing the mixed urban Latin America itself. His most widespread work, *Veinte poemas para ser leídos en el tranvía* (Twenty poems to be read in the tramcar) (1921), rejects from the very epigraph what he called the "prejudice toward the Sublime" that characterized the erudite sensitivity of this sub-continent of such unprecedented proportions. In *Apunte callejero* (Street notes), Olivari mentions, with a Baudelairean air, *cross-eyed breasts* passing by, the sound of automobiles "fading the leaves on the trees", an open window on a fifth story…; "upon reaching a corner, my shadow separates from me, and suddenly, throws itself between the wheels of a tramcar". From Borges to Cortázar, the movement of the city and its suburbs was the master theme of Buenos Aires literature. The thinly-veiled resistance of born-and-bred Creoles against the demographic mixture was founded in parallel with the unprecedented speed of transportation—the Hispanist Larreta announced that in the future, slowness would be an aristocratic privilege.

Meanwhile, the public discourse—in Buenos Aires as in Quito, in Río as in Santiago de Chile—overflowed with the merit of the Large urban and territorial Works. Photography came to help, and emulating Roosevelt's effective propaganda, the prominence of technical infrastructures reached its zenith in the developmental decades. But throughout these years wherein, paradoxically and in spite of the welfare state's renewed force that made public works its main achievement, the logic of a private automobile began to impose itself on some South American cities. Many cities are modernized based on automobile circulation, even before this vehicle is sufficiently distributed—as was the case with Karl Brunner's plan for Santiago de Chile-; the automobile's seduction was multiplied by period advertisements, associated with luxury, individual power and even freedom[8]. But it is most definitely Brasilia, founded at the heart of South America, the city that materially and symbolically summarizes the contradictions of the epoch: its design may be read as an

una aventura cotidiana: la experiencia de la velocidad. Los primeros tramos del ferrocarril unieron puntos urbanos; los *Tramway* –primero a caballo, luego eléctricos- abarataron el pasaje haciendo accesible el movimiento masivo y favoreciendo el desplazamiento de la vivienda hacia los suburbios; en algunas ciudades como Buenos Aires –donde la geografía chata parecía haber sido inventada para facilitar el transporte- ya en la segunda década del siglo XX se inaugura el tren subterráneo, cuya red alcanza proporciones considerables hacia mediados de la década del treinta. La ocasión de un público vasto no fue desaprovechada: las autoridades encargaron grandes murales cerámicos para adornar las estaciones principales, en los que frecuentemente el pasado fundacional se reunía con un futuro brillante.

Para muchos escritores de las décadas de entreguerras, un viaje en tranvía podía constituirse en una aventura emocionante: tal el caso del poeta argentino Oliverio Girondo, que se presentaba como miembro de un cenáculo fraternal de "estómago ecléctico, capaz de digerir y de digerir bien", retratando así la propia y mezclada Latinoamérica urbana. Su obra más difundida, los *Veinte poemas para ser leídos en el tranvía* (1921) rechaza desde el epígrafe lo que llama el "prejuicio de lo Sublime" que caracteriza la sensibilidad letrada de este subcontinente de tan inéditas proporciones. En "Apunte callejero", Olivari menciona con aire baudeleriano unos *senos bizcos* que pasan, el ruido de los automóviles "destiñendo las hojas del los árboles", una ventana abierta en un quinto piso…; "al llegar a una esquina, mi sombra se separa de mi, y de pronto, se arroja entre las ruedas de un tranvía". Desde Borges a Cortázar, el movimiento de la ciudad y sus suburbios fue el tema maestro de la literatura porteña. La resistencia apenas velada de los criollos *de cuna* en contra de la mezcla demográfica se constituyó en paralelo a la inédita velocidad de transporte –el hispanista Larreta anunciaba que la lentitud sería, en el futuro, privilegio aristocrático.

En tanto, el discurso público –en Buenos Aires como en Quito, en Río como en Santiago de Chile- abundó en el mérito de las Grandes Obras, urbanas y territoriales. La fotografía vino en su ayuda, y emulando la eficaz propaganda rooseveltiana, el protagonismo de las infraestructuras técnicas alcanzo su apogeo en las décadas desarrollistas. Pero es en estos años en que paradójicamente, y a pesar de la renovada fuerza del estado benefactor que hacía de la obra pública su logro principal, comienza a imponerse en algunas

airplane, as a cross, or as a Roman *castrum* all at the same time. The plan evades both public transportation and pedestrian movement, and even today it is only possible to move throughout the Brazilian capital by automobile. Cases such as Buenos Aires prove to be more complex, since even if it gradually liquidated the public guided railway, and the subterranean network stopped construction in the 30s (until the end of the 90s), the city resisted thanks to its block-based plan, easily moved through by foot. The collective transportation system that remained characterizes the Buenos Aires streets from the post-war decades: Reiner Baham appreciated, with pop sensitivity, the condensation of popular art exhibited by the "collectives", decorated with colored threads, lights, portraits of *"la vieja"* (mothers) and Gardel. It proves to be a bit more complicated to explain why, precisely when the oil crisis made clear the unfeasibility of individual transportation, mammoth projects were begun on freeways crisscrossing the city. The fact that this company was in the hands of a military government does not suffice as an explanation: in full democracy, Argentinians passively witnessed the liquidation of their railway network, at one point the first in South America.

194    At this point, we return to our initial hypothesis: at some point in our history, communication networks ceased to have the material and symbolic richness they had possessed, to be left to the judgment of experts. The political discourse is tiredly repeated at inaugurations; articles from newspapers do not offer instruments to evaluate proposals, as if the possibilities were the only ones. On a large territorial scale, exhaustive opposition between Civilization and Nature promises to lead to more forthright pillaging or total immobility; in urban transportation, passive reception is consistent with the absence of cultural reflection on this central dimension of modern life. We may perhaps establish a point of inflection when the idea of modernization, mainly expressed through scientific-technical progress, broke away from a standard idea of modernity: in other words, the second post-war.

But today we find ourselves at another threshold, which makes it possible to reinstate the debate in all of its depth: administrators, managers and politicians, facing the palpable consequences of one-dimensional progress—which led to environmental problems, and problems of social exclusion or inclusion, identity

ciudades de Sudamérica la lógica del automóvil privado. Muchas ciudades se modernizan en base a la circulación automotor, aún antes de que este vehículo se difundiera suficientemente –como fue el caso del plan de Karl Brunner para Santiago de Chile-; la seducción del automóvil es multiplicada en los avisos de la época, asociado con el lujo, el poder individual, e incluso la libertad[8]. Pero seguramente es Brasilia, fundada en el corazón sudamericano, la que resume material y simbólicamente las contradicciones de la época: su traza puede leerse a la vez como avión, como cruz, como *castrum* romano. El plan elude tanto el transporte público como el camino peatonal, y aún hoy sólo es posible moverse en la capital brasileña con automóvil. Casos como los de Buenos Aires resultan más complejos, ya que si bien liquidó gradualmente el automotor público guiado, y la red subterránea detuvo sus trabajos en los '30 (hasta fines de los '90), la ciudad resistió gracias a su trama amanzanada, plácidamente recorrible a pie. El sistema de transporte colectivo que permaneció caracteriza las calles porteñas de las décadas de posguerra: Reiner Baham apreció, con sensibilidad pop, la condensación del arte popular que exhibían los "colectivos", decorados con coloreados filetes, luces, flores, retratos de "la vieja" y de Gardel. Más complicado resulta explicar por qué, precisamente cuando la crisis del petróleo dejó en claro la inviabilidad del transporte particular, se iniciaron faraónicos proyectos de autopistas cruzando la ciudad. Que esta empresa estuviera en manos de un gobierno militar no alcanza como explicación: en plena democracia, los argentinos asistieron pasivamente a la liquidación de su red de ferrocarriles, en algún momento la primera de Sudamérica.

En este punto regresamos a nuestra hipótesis inicial: en algún momento de nuestra historia, las redes de comunicación dejaron de presentar la riqueza material y simbólica que habían poseído, para ser abandonadas al juicio de los expertos. El discurso político se repite exangüe en las inauguraciones; los artículos de los periódicos no ofrecen instrumentos para evaluar las propuestas, como si las posibilidades fueran únicas. En la gran escala territorial, una exhausta oposición entre Civilización y Naturaleza promete conducir a la expoliación más descarada o al inmovilismo total; en el transporte urbano, la recepción pasiva se condice con la ausencia de reflexión cultural acerca de esta dimensión central de la vida moderna. Tal vez podemos establecer el punto de inflexión en el momento en que la idea de

or patrimonial alteration—find themselves with the need to reinvent transportation logic. The companies of greatest interest do not come from large cities: the BTR (fast bus) system tends to be mentioned, which was established in Curitiba in 1972, as the beginning of a more complex and multi-mode weighting of democratic systems being used, viable in the ecological sense. Quito has followed the example since 1995, with the same spirit of creating low-cost systems with high massive performance and reduction of environmental impact—today articulated with the subterranean line. During the same years, Bogotá achieved what is known as full BRT, complementing with the construction of parks, bicycle and pedestrian paths, and other infrastructures that changed the character of the Colombian capital.

The integration of public transportation into its different modalities, including pedestrian transportation, constitutes a challenge for the time in a deeper sense. In principle, because one of the aspects we should not abdicate from that modernizing spirit embodied by men such as Humboldt, democratic equality, today is largely played out by the possibility of rapid and comfortable transit (social difference is frequently measured by the hours and travel means from home to work). But the issue goes beyond this, leading to reflections about the very nature of the city, space and time. The questions are posed philosophically: the transportation ideal without obstacles, which is prone to eliminate accidents and bodies in its discourse, is a dangerous utopia. Notwithstanding, on this point I am taking the liberty of criticizing the apocalyptic accents surrounding these hermeneutical focuses, to remember the everyday implications. Like Olivari, I distrust the vertigo of the sublime, the mythical, or the exceptional-- poetry also arises from everyday paths.

Perhaps due to the evident modesty of those who do not intend to make a creation equipped with natural power, our culture has still not taken the step of placing the nucleus that makes the very idea of a city viable—transportation—as a condition for the possibility of its subsistence. We should perhaps remember Michel de Certeau's sensible observation, when he differentiated the anchor implied by the European idea of a *place*, from the permanent activity implied by the notion of space. De Certeau reminds that in modern Athens, massive transportation vehicles are called *metaphorai*—metaphors, figures

modernización, expresada fundamentalmente en los avances científico-técnicos, se desgajó de una idea normativa de modernidad: es decir, en la segunda posguerra.

Pero hoy nos encontramos en otro umbral, que hace posible reinstalar el debate en toda su profundidad: administradores, gestores y políticos, enfrentados con las consecuencias palpables de un progreso comprendido de manera unidimensional – que condujo a problemas ambientales, de exclusión o inclusión social, de alteración identitaria o patrimonial- se ven en la necesidad de reinventar la lógica del transporte. Las empresas de mayor interés no provienen de las grandes ciudades: suele mencionarse el sistema de BTR (bus rápido) que se establece en Curitiba desde 1972, como el inicio de una ponderación más compleja y multimodal de sistemas democráticos en su uso y viables en el sentido ecológico. Quito siguió el ejemplo desde 1995, en el mismo espíritu de crear sistemas de bajo costo, alto desempeño masivo, y atenuación del impacto ambiental –hoy articulados con la línea subterránea. Bogotá, en los mismos años, alcanzo lo que se conoce como *full* BRT, complementado con la construcción de parques, sendas de bicicletas y de peatones, y otras infraestructuras que cambiaron el carácter de la capital colombiana.

La integración del transporte público en sus diversas modalidades, incluida la peatonal, constituye un desafío de la época en un sentido más profundo. En principio, porque uno de los aspectos que no deberíamos abdicar de aquel espíritu modernizador que encarnaron hombres como Humboldt, el de la igualdad democrática, se juega hoy en gran medida en la posibilidad de transitar rápida y confortablemente (la diferencia social se mide frecuentemente en las horas y modos de viaje de la casa al trabajo). Pero la cuestión va más allá, conduciendo a reflexiones acerca de la misma naturaleza de la ciudad, del espacio y del tiempo. Las preguntas están planteadas en sede filosófica: el ideal de transporte sin obstáculos, que tiende a eliminar en su discurso accidentes y cuerpos, es peligrosa utopia. En este punto me permito, sin embargo, someter a crítica los acentos apocalípticos que rodean estos enfoques hermenéuticos, para recordar las implicancias cotidianas. Como Olivari, desconfío del vértigo de lo sublime, lo mítico o lo excepcional –también surge poesía de los caminos habituales.

Tal vez por la patente modestia de quienes no pretenden una creación que se equipare con el poder natural, nuestra cultura no ha dado aún

of discourse. Not only all writing, but also all oral narration—including languages such as Nahuatl, Quechua and Guarani–are painted with metaphors. The literal translation of *metaphor* is, indeed, transportation: from the usual name of something to another "foreign" name, in order to make comprehensible some dimension of the issue that, in any other way, would go unnoticed. We are speaking of contact and communication— not always happy, but it is inevitable in the construction of the human being as such–every time we mention a bus, a railway, a telephone or Internet: they deserve something more than an expert report.

*Graciela Silvestri is a Buenos Aires based architecture and landscape historian. She is currently a researcher at CONICET (National Research Council, Argentina), and a Professor of Landscape Architecture at the Universidad Nacional de La Plata in Argentina.*

196

el paso que coloca el núcleo que hace viable la misma idea de ciudad -el transporte- como condición de posibilidad de su subsistencia. Tal vez debamos recordar la atinada observación de Michel de Certeau, cuando diferencia el anclaje que conlleva la idea europea de *lugar* y la permanente actividad que implica la noción de espacio. Recuerda de Certeau que en la Atenas moderna, los vehículos de transporte masivo se llaman *metaphorai* –metáforas, figuras del discurso. No sólo toda escritura, sino también toda narrativa oral –incluso en lenguas como el nahuátl, el quechua o el guaraní- está pintadas con metáforas. La traducción literal de *metáfora* es, en efecto, transporte: del nombre habitual de una cosa a otro nombre "extranjero", con el fin de hacer comprensible alguna dimensión del asunto que, de otra manera, pasaría inadvertida. Estamos hablando de contacto y comunicación -no siempre feliz pero si inevitable en la construc-ción del ser humano como tal- cada vez que mencionamos un bus, una vía férrea, un avión, un teléfono o Internet: merecen algo más que un informe de expertos.

*Graciela Silvestri es historiadora de arquitectura y paisaje con base en Buenos Aires. Es investi-gadora del CONICET (Consejo Nacional de Investigaciones Científicas y Técnicas) profesora de paisaje en la Universidad Nacional de La Plata in Argentina.*

1. Hernado Pizarro, Carta a la real audiencia de Santo Domingo (1533).

2. Pedro Sarmiento de Gamboa, Historia General llamada Indica… (1572).

3. Gómez Suarez de Figueroa (Inca Garcilaso de la Vega), Comentarios reales de los Incas, (1609) chap IX.

4. Cf. Relation abrégé d'un voyage fait dans l'intérieur de l'Amérique méridionale depuis la côte de la mer du Sud jusqu'aux côtes du Brésil et de la Guyane, en descendant la rivière des Amazones, lue à l'assemblée publique de l'Académie des sciences, le 28 avril 1745. y Journal du voyage fait à l'Equateur servant d'introduction historique à la Mesure des trois premiers degrés du Méridien (1751).

5. "This is the part of the surface of our planet where nature gives life to the greatest variety of impressions over the smallest extension", he writes, "In the colossal mountains of Cundinamarca, Quito and Peru, ploughed from deep valleys, it is possible for man to contemplate all plant families and all astros in the world at once" (A. von Humboldt, Cosmos, Ensayo de una descripción física del mundo. Eduardo Perie, Belgium, 1875, t I, p 11.)

6. A. Von Humboldt, Cuadros de la naturaleza, Caracas, Monte Avila, 1972, t II, p 256.

7. A. Von Humboldt, Cartas americanas, Ayacucho Library, Caracas, 1980. p 97

8. Cf Tomás Errazuriz, Trafico y motorización. Los inicios de una nueva cotidianeidad en la experiencia del viaje urbano. (Santiago de Chile, 1890-1931), doctoral thesis defended in 2010 at the Ponttifica Universidad católica, Santiago de Chile, mimeo.

1. Hernado Pizarro, Carta a la real audiencia de Santo Domingo (1533).

2. Pedro Sarmiento de Gamboa, Historia General llamada Indica… (1572).

3. Gómez Suarez de Figueroa (Inca Garcilaso de la Vega), Comentarios reales de los Incas, (1609) cap IX.

4. Cf. Relation abrégé d'un voyage fait dans l'intérieur de l'Amérique méridionale depuis la côte de la mer du Sud jusqu'aux côtes du Brésil et de la Guyane, en descendant la rivière des Amazones, lue à l'assemblée publique de l'Académie des sciences, le 28 avril 1745. y Journal du voyage fait à l'Equateur servant d'introduction historique à la Mesure des trois premiers degrés du Méridien (1751).

5. "Esta es la parte de la superficie de nuestro planeta en la que la naturaleza da vida a la mayor variedad de impresiones en la menor extensión", escribe, "En las colosales montañas de Cundinamarca, de Quito y el Perú, surcadas de valles profundos, es dable al hombre contemplar a la vez todas las familias de las plantas y todos los astros del mundo" (A. von Humboldt, Cosmos, Ensayo de una descripción física del mundo. Eduardo Perie, Bélgica, 1875, t I, p 11.)

6. A. Von Humboldt, Cuadros de la naturaleza, Caracas, Monte Avila, 1972, t II, p 256.

7. A. Von Humboldt, Cartas americanas, Biblioteca Ayacucho, Caracas, 1980. p 97

8. Cf Tomás Errazuriz, Trafico y motorización. Los inicios de una nueva cotidianeidad en la experiencia del viaje urbano. (Santiago de Chile, 1890-1931), tesis doctoral defendida en 2010 en la Pontíficia Unversidad catolica, Santiago de Chile, mimeo.

# THE DRAPED CITY;

A metropolitan region
in extreme topography

## LA CIUDAD EXTENDIDA;

*Una región
metropolitana en una
topografía extrema*

4

# THE DRAPED CITY
## LA CIUDAD EXTENDIDA

If the first half of the twentieth century marked an unprecedented growth along Quito's north-south axis, the second half was defined by the rapid urbanization of the lower valleys with development draped adjacent to the eastern edge of the compact capital. Primarily characterized by agricultural land transformed into mixed density residential developments, the overall metropolitan region has changed drastically in the last three decades. The following pages present a visual profile of the metropolitan district accompanied by relevant data about its urban footprint.

Si en la primera mitad del siglo veinte el crecimiento urbano de Quito se concentro en un axis norte-sur, la segunda mitad del siglo veinte ha sido testigo de un crecimiento urbano exponencial en los valles hacia el costado este de la ciudad compacta. Originalmente tierra agrícola, mucha de esta superficie ha sido transformada en zonas residenciales de variadas densidades, cambiando drásticamente la morfología de la región metropolitana en las ultimas tres décadas. Las siguientes paginas presentan una representación visual del distrito metropolitano acompañado por información relevante a su ocupación de suelo.

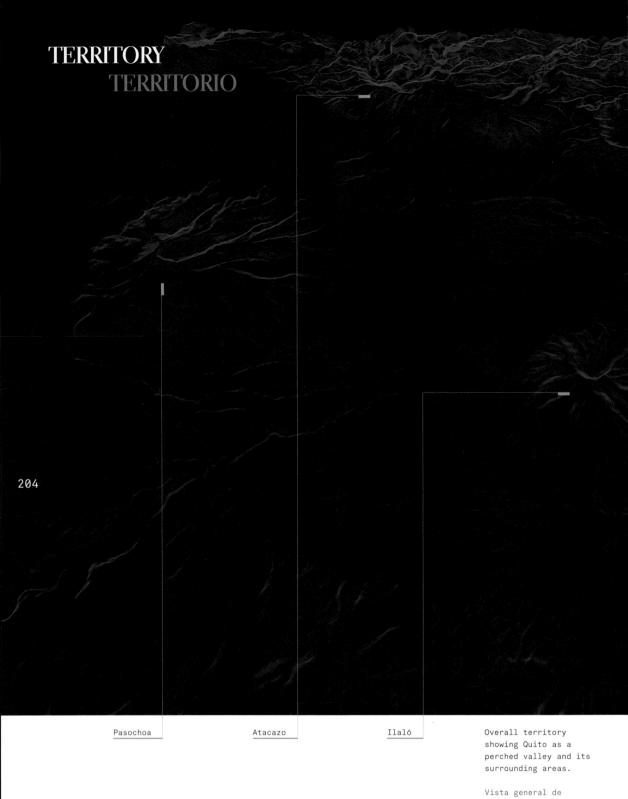

204

Pasochoa

Atacazo

Ilaló

Overall territory
showing Quito as a
perched valley and its
surrounding areas.

Vista general de
Quito como un valle
encaramado y su entorno
cercano.

Rucu Pichincha

Guagua Pichincha

Panecillo

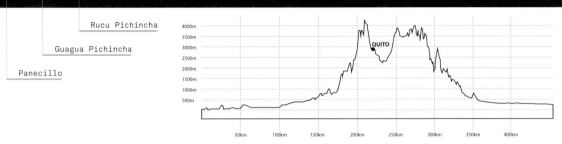

Quitumbe    Moran Valverde    Solanda    El Calzado    El Recreo    La Magdalena    San Francisco    La Alameda

The proposed metro
line in relation to
the broader Andean
geography.

La línea de metro
propuesta y su relación
con la topografía
andina.

Metro line
Línea de metro

El Ejido | Universidad Central | Pradera | La Carolina | Inaquito | Jipijapa | El Labrador

Three major urban parts
of Quito's metropolitan
district: the historic
core, the compact
city, and the larger
metropolitan area.

Las tres grandes áreas
urbanas del distrito
metropolitano de Quito:
el centro histórico, la
ciudad compacta y el
área metropolitana.

Quito and Ecuador
Quito y Ecuador

Quito and the metropolitan district
Quito y el distrito metropolitano

The metro line in
relation to the
metropolitan grid
and the old and new
airports.

La línea de metro
en relación con la
retícula de calles a
escala metropolitana,
con el antiguo y el
nuevo aeropuerto.

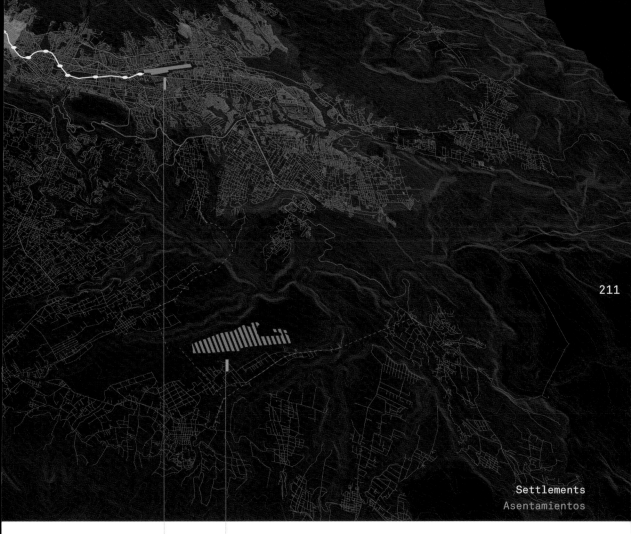

Settlements
Asentamientos

Nuevo Aeropuerto

Aeropuerto Mariscal Sucre

212

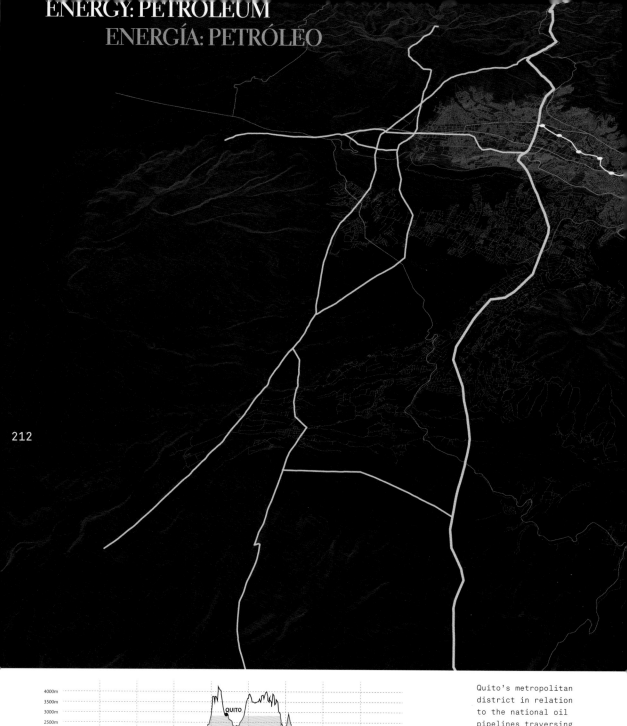

Quito's metropolitan
district in relation
to the national oil
pipelines traversing
the city along its
northern and southern
edges.

El distrito
metropolitano de Quito
en relación a los
oleoductos nacionales
que atraviesan la
ciudad en sus extremos
norte y sur.

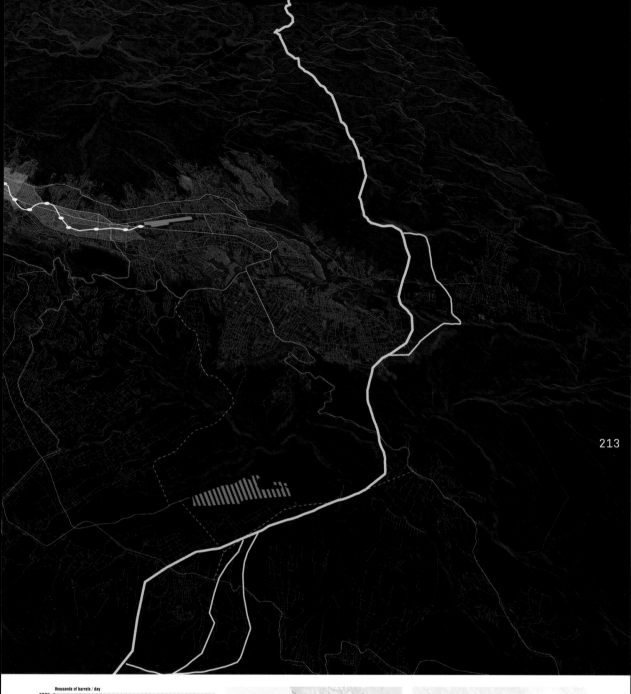

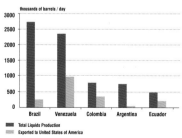

thousands of barrels / day

| | | | | | |
|---|---|---|---|---|---|
| 3000 | | | | | |
| 2500 | | | | | |
| 2000 | | | | | |
| 1500 | | | | | |
| 1000 | | | | | |
| 500 | | | | | |
| 0 | Brazil | Venezuela | Colombia | Argentina | Ecuador |

■ Total Liquids Production
▨ Exported to United States of America

Top South American oil producers, 2010
Mayores productores de petróleo en
Sudamérica, 2010

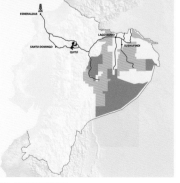

▨ Current leased oil blocks
▨ Available oil blocks
— Oil pipelines
● Major distribution cities

Major national oil pipelines
Red de oleoductos nacionales

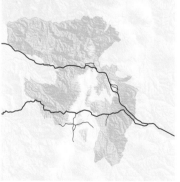

Major regional oil pipelines
Red de oleoductos regionales

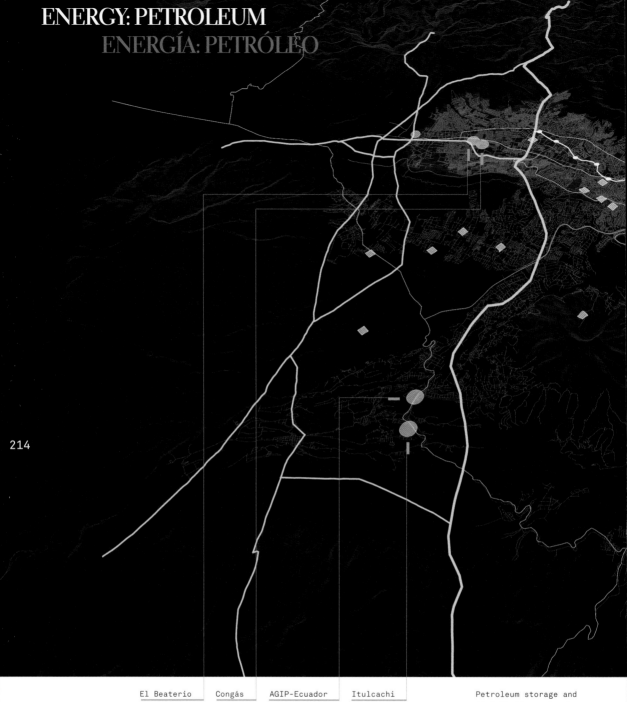

214

El Beaterio | Congás | AGIP-Ecuador | Itulcachi

Petroleum storage and
distribution network
along the upper and
lower valleys of Quito.

Almacenamiento y red
de distribución de
petróleo en los valles
de Quito.

Oil and gas distribution network
Red de distribución de petróleo y gas

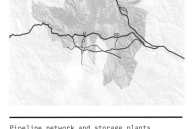

National oil production and consumption
Producción y consumo de petróleo nacional

thousands of barrels / day

600
500
400
300
200
100
0

2000 2001 2002 2003 2004 2005 2006 2007 2008 2009 2010

NET IMPORT

— Consumption
— Production

Pipeline network and storage plants
Red de oleoductos y plantas de
almacenamiento

Surface transportation and supply network
Red de transporte y acopio

216

Major gas station
density in the
metropolitan district.

Densidad de gasolineras
principales en el
distrito metropolitano.

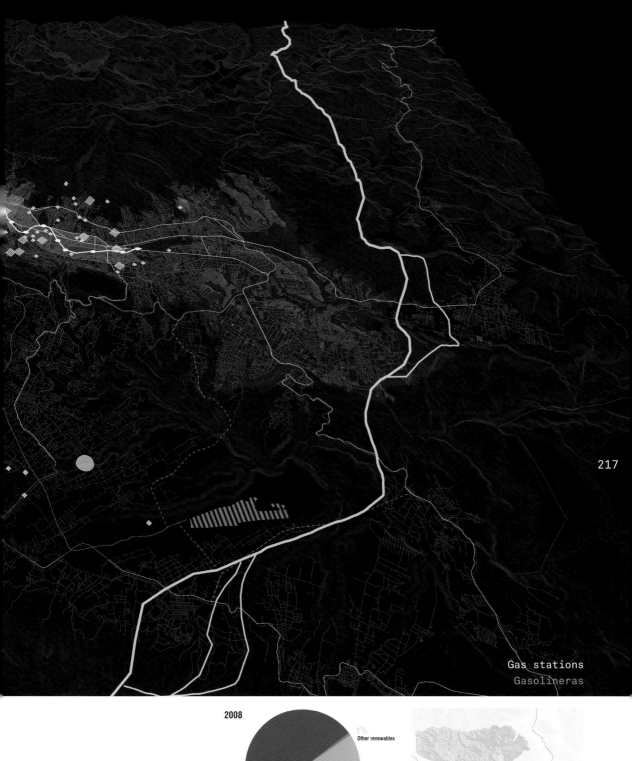

Gas stations
Gasolineras

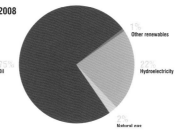

**2008**

1%
Other renewables

75%
Oil

22%
Hydroelectricity

2%
Natural gas

National total primary energy consumption
Consumo de energías nacionales principales

Gas stations
Gasolineras

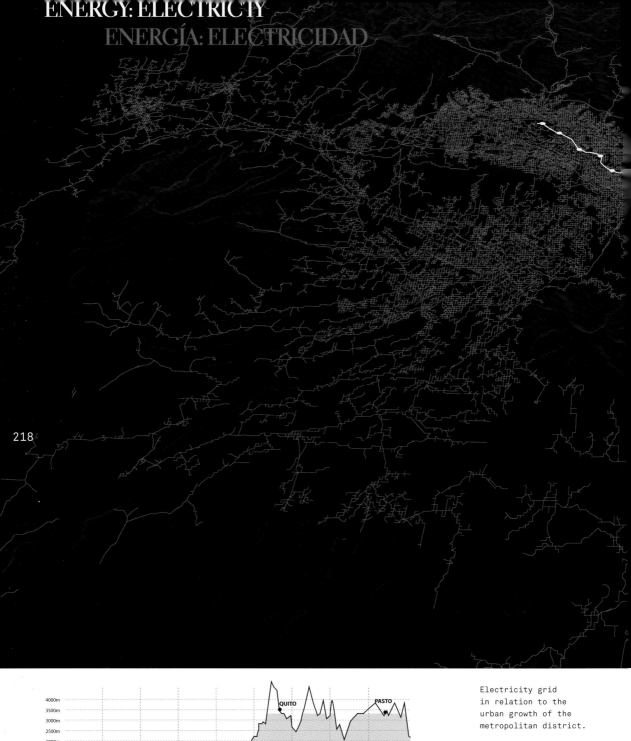

218

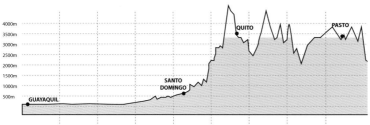

Electricity grid
in relation to the
urban growth of the
metropolitan district.

Retícula eléctrica
en relación con el
crecimiento urbano del
distrito metropolitano.

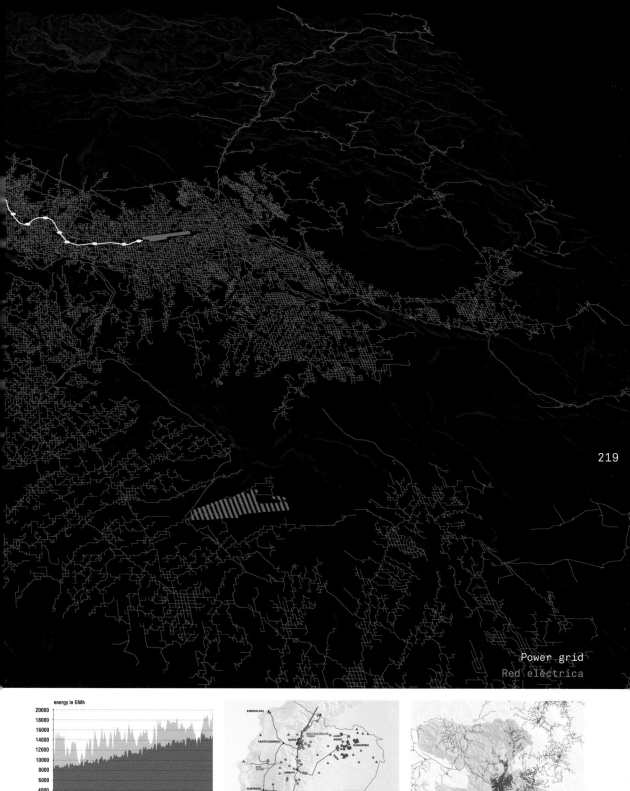

Power grid
Red eléctrica

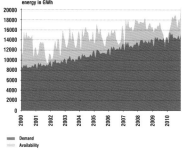

energy in GWh

20000
18000
16000
14000
12000
10000
8000
6000
4000
2000
0

2000 2001 2002 2003 2004 2005 2006 2007 2008 2009 2010

Demand
Availability

Energy availability vs demand, includes
connections to Colombia and Peru
Energía disponible vs demanda, incluye
interconexiones a Colombia y Peru

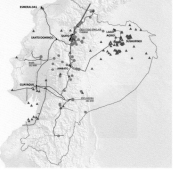

ESMERALDAS
SANTO DOMINGO
QUITO
COCA CODO SINCLAIR
LAGO AGRIO
SUSHUFINDI
AMBATO
GUAYAQUIL

Major Hydroelectric Power Plants
Major Electric Plants
High Voltage Power Lines
High Voltage Distribution
Major Distribution Cities

National power network
Red eléctrica nacional

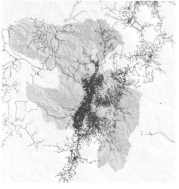

Regional power network
Red eléctrica regional

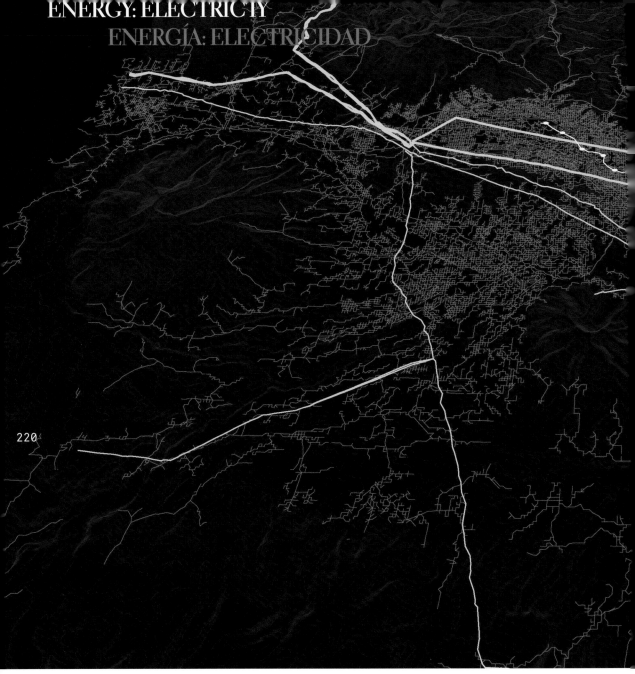

220

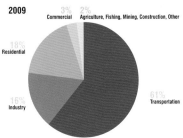

**2009**

3% Commercial  2% Agriculture, Fishing, Mining, Construction, Other

18% Residential

61% Transportation

16% Industry

National energy consumption per industrial sector
Comsumo energético nacional por sector industrial

National and regional electricity lines traversing through Quito's metropolitan district.

Líneas eléctricas nacionales y regionales que atraviesan el distrito metropolitano de Quito.

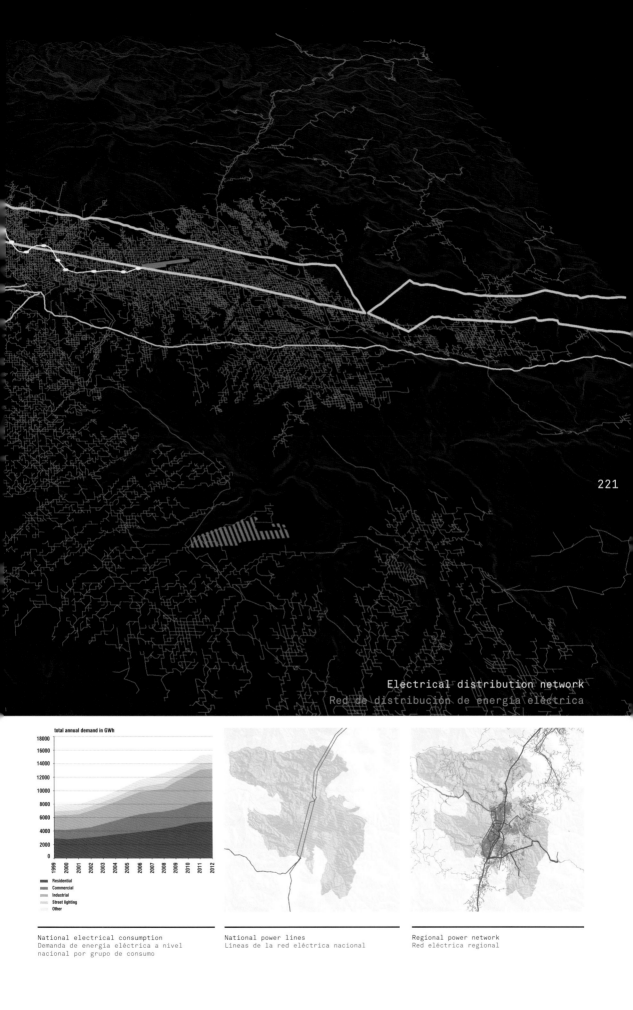

Electrical distribution network
Red de distribución de energía eléctrica

total annual demand in GWh

18000
16000
14000
12000
10000
8000
6000
4000
2000
0

1999 2000 2001 2002 2003 2004 2005 2006 2007 2008 2009 2010 2011 2012

■ Residential
■ Commercial
■ Industrial
■ Street lighting
■ Other

National electrical consumption
Demanda de energía eléctrica a nivel
nacional por grupo de consumo

National power lines
Líneas de la red eléctrica nacional

Regional power network
Red eléctrica regional

222

Los Chillos

Pasochoa

Guangopolo

Major and minor
hydroelectric plants
operating in the
metropolitan district.

Centrales
hidroeléctricas
principales y
secundarias que
operan en el distrito
metropolitano.

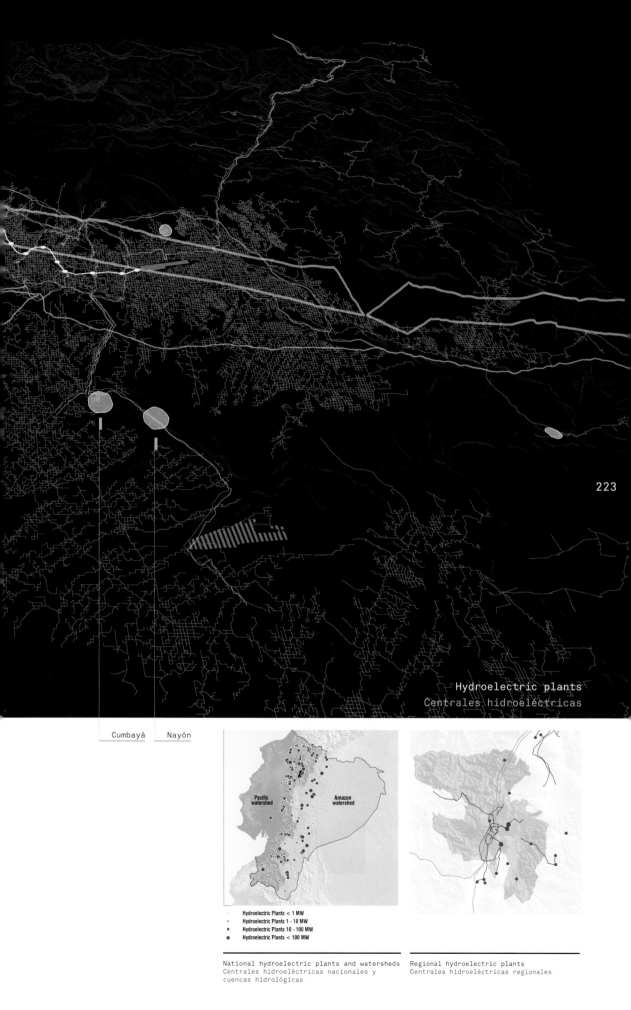

Cumbayá    Nayón

Hydroelectric plants
Centrales hidroeléctricas

- Hydroelectric Plants < 1 MW
- Hydroelectric Plants 1 - 10 MW
- Hydroelectric Plants 10 - 100 MW
- Hydroelectric Plants < 100 MW

National hydroelectric plants and watersheds
Centrales hidroeléctricas nacionales y
cuencas hidrológicas

Regional hydroelectric plants
Centrales hidroeléctricas regionales

Pacific
watershed

Amazon
watershed

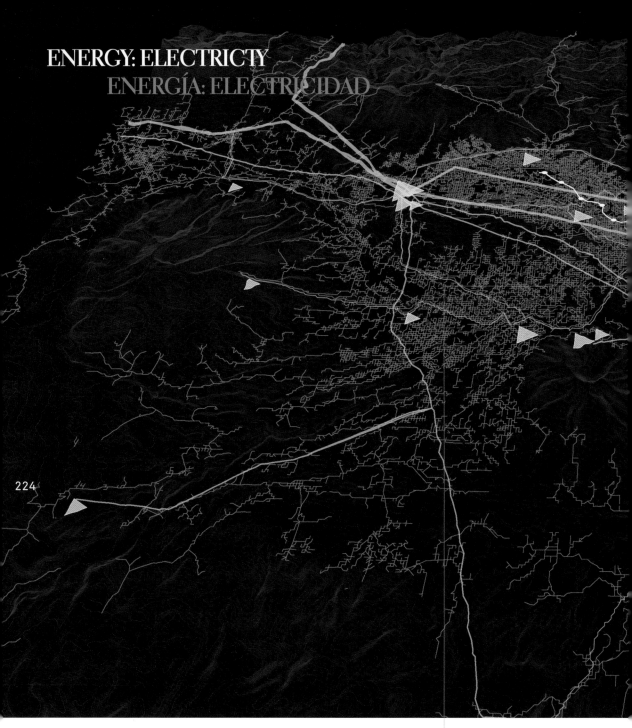

# ENERGY: ELECTRICTY
## ENERGÍA: ELECTRICIDAD

Subestación Eléctrica de San Pablo

Electricity grid
in relation to the
urban growth of the
metropolitan district.

Retícula eléctrica
en relación con el
crecimiento urbano del
distrito metropolitano
de Quito.

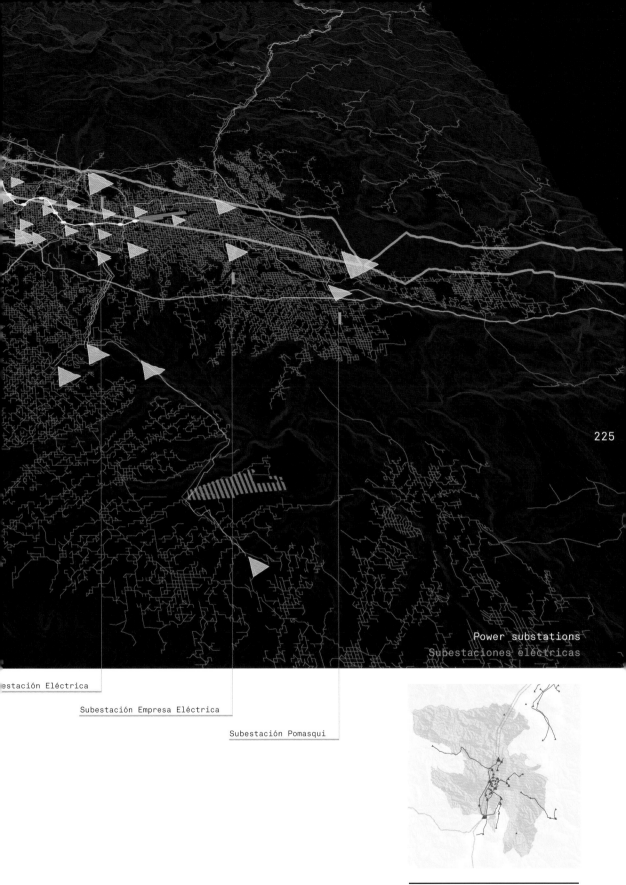

Power substations
Subestaciones eléctricas

estación Eléctrica

Subestación Empresa Eléctrica

Subestación Pomasqui

Regional power substations
Subestaciones eléctricas regionales

226

Mid-twentieth century
water supply for Quito
showing water capture
from the southwestern
mountains.

Abastecimiento de
agua para Quito a
mediados del siglo
XX, que muestra el
embalsamiento de agua
en las montañas del
suroeste.

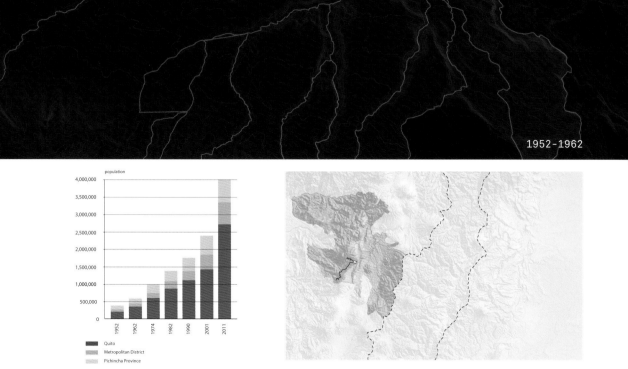

**Regional population growth**
Crecimiento demográfico regional

**Quito water distribution 1952-1962**
Distribución de agua en Quito en 1952-1962

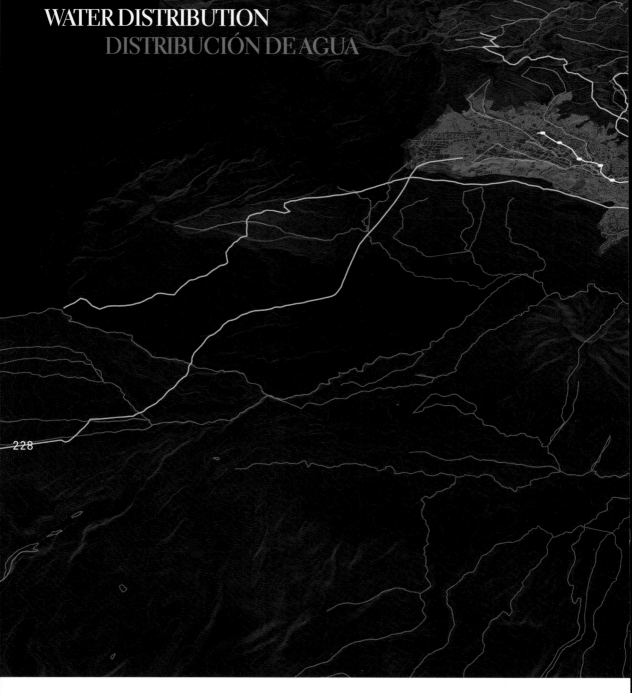

# WATER DISTRIBUTION
## DISTRIBUCIÓN DE AGUA

228

A more expansive water
capture system begins
to collect water from
the southeastern lower
valleys.

Un sistema de
embalsamiento de agua
más extenso comienza a
recoger  agua también
en los valles bajos del
sureste.

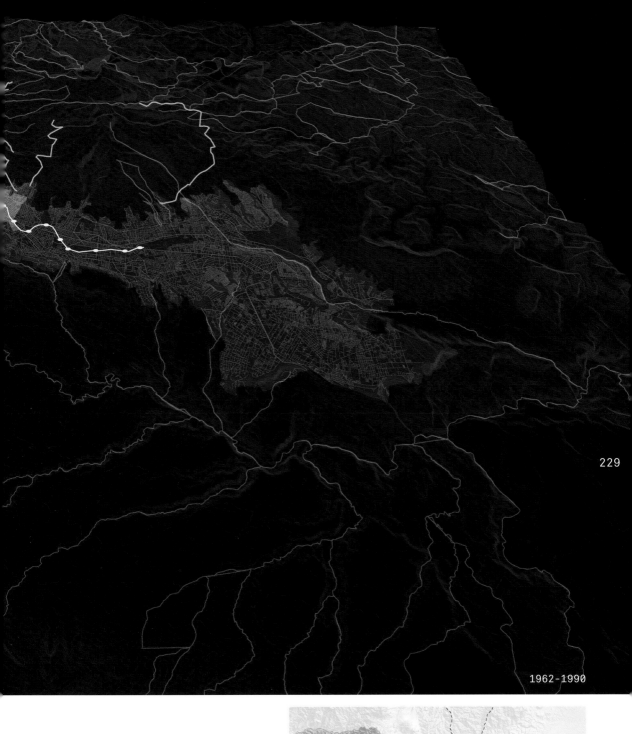

229

1962-1990

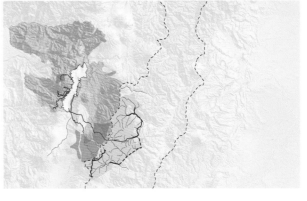

Quito water distribution 1962-1990
Distribución de agua en Quito en 1962-1990

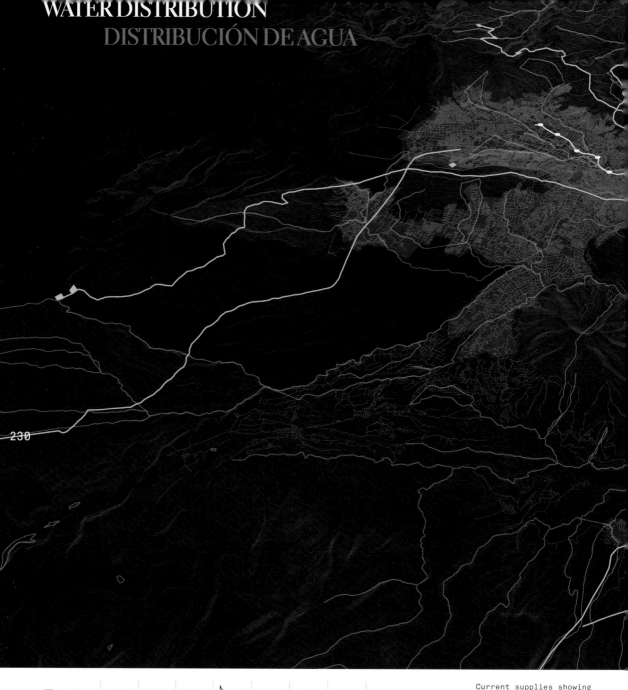

230

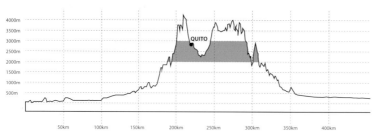

Current supplies showing an expansive water footprint. Water is pumpled vertically close to 1000 meters from the eastern hinterlands.

El abastecimiento actual muestra una huella creciente sobre el territorio. El agua es bombeada una diferencia de cota de casi 1000 metros desde las tierras en el interior del país.

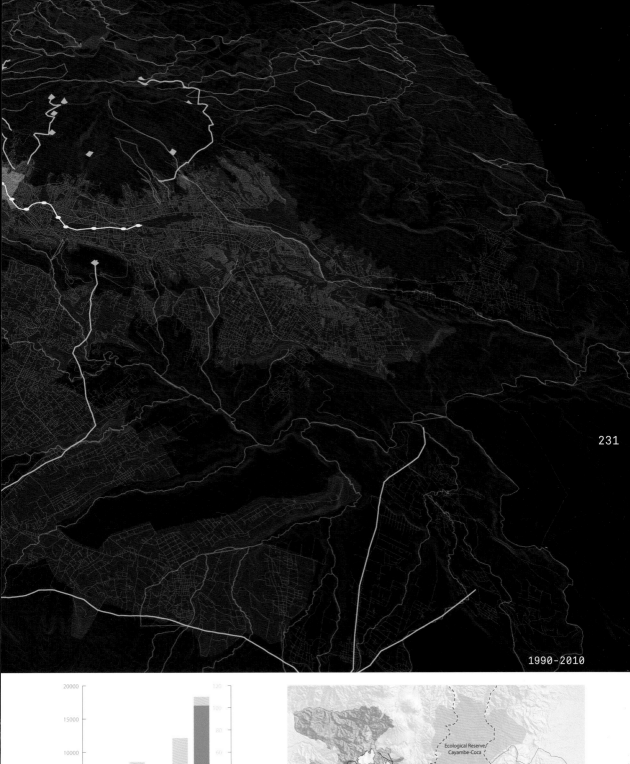

1990-2010

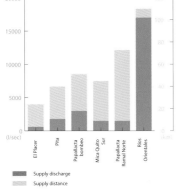

Supply discharge
Supply distance

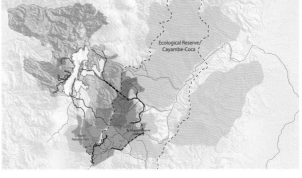

Ecological Reserve
Cayambe-Coca

Current water supply distance and discharge
Distancia y caudal de los canales de distribución

Quito water distribution 1990-2010
Distribución de agua en Quito desde 1990 hasta 2010

1. Guamaní
2. Turubamba
3. La Ecuatoriana
4. Chillogallo
5. Quitumbe
6. La Mena
7. Solanda
8. La Argelia
9. San Bartolo
10. La Ferroviaria
11. Chilibulo
12. Magdalena
13. Chimbacalle
14. Puengasí
15. La Libertad
16. Centro Histórico
17. San Juan
18. Itchimbía
19. Belisario Queved
20. Mariscal Sucre
21. Rumipamba
22. Iñaquito
23. Jipijapa
24. Cochapamba
25. Concepción
26. Keneddy
27. El Inca
28. El Condado
29. Cotocollao
30. Ponceano
31. Comité del Pueblo
32. Carcelén

The Historic Core
and compact city is
composed of 32 urban
parishes forming a
linear valley-city.

El centro histórico
y la ciudad compacta
están formados por un
total de 32 parroquias
urbanas, que componen
una ciudad-valle
lineal.

Solanda

Centro Histórico

Mariscal Sucre

m 200          1000          2000

1. Píntag
2. Amaguaña
3. Conocoto
4. Alangasí
5. La Merced
6. Pifo
7. Guangopolo
8. Cumbayá
9. Nayón
10. Zámbiza
11. Llano Chico
12. Tumbaco
13. Puembo
14. Tababela
15. Yaruquí
16. Checa

17. El Quinche
18. Calderón
19. Pomasqui
20. San Antonio de Pichincha
21. Guayllabamba
22. Lloa
23. Nono
24. Nanegalito
25. Nanegal
26. Calacalí

Not shown:
Gualea
Pacto
San José de Minas
Perucho
Chavezpamba
Atahualpa
Puéllaro

The suburban and rural extensions are made up of 33 additional parishes.

Las áreas suburbanas y rurales cuentan con otras 33 parroquias.

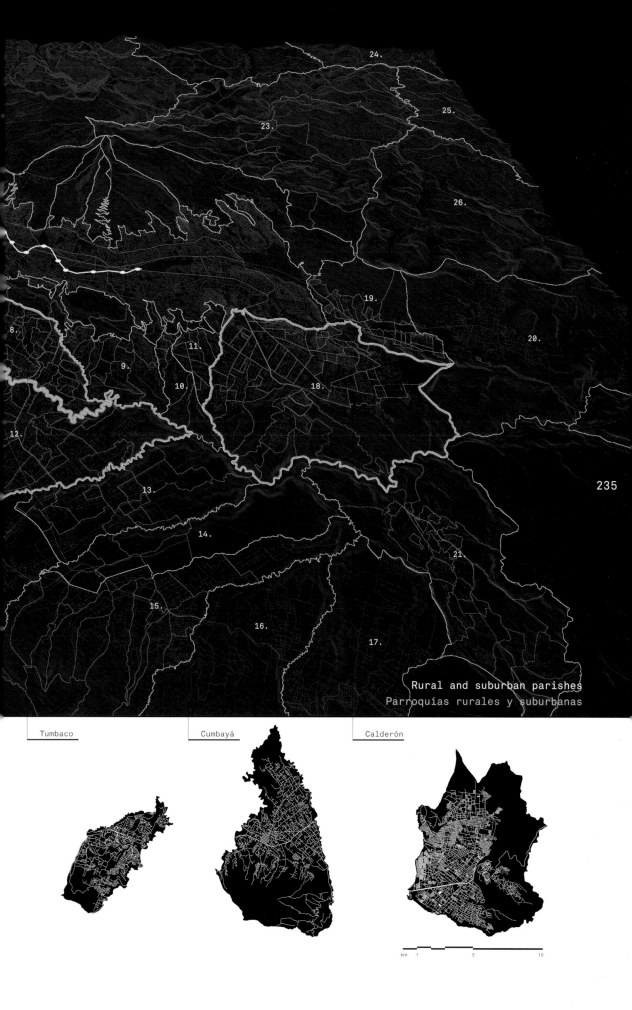

Rural and suburban parishes
Parroquías rurales y suburbanas

235

Tumbaco

Cumbayá

Calderón

km 1 5 10

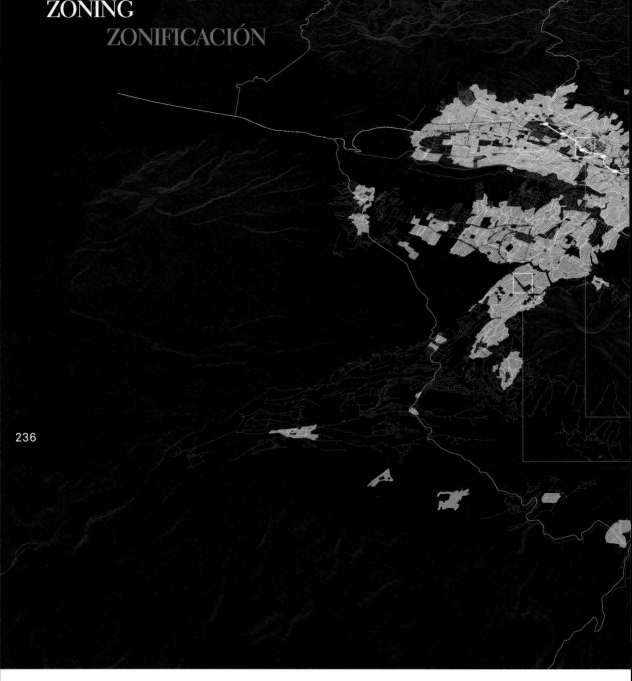

236

Residential zoning
visualizes the strong
presence of domestic
space in the city, and
how residential areas
are shifting towards
the lower valleys.

La zonificación
residencial muestra
una fuerte presencia
de espacio doméstico
en la ciudad, y cómo
las áreas residenciales
se desplazan hacia los
valles bajos.

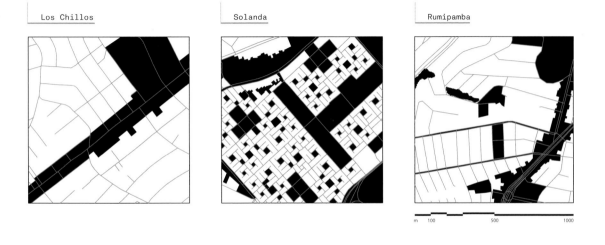

Los Chillos

Solanda

Rumipamba

m  100          500          1000

Mixed use zoning visualizes the relationshisp between the compact city and the towns in the lower valleys that have been incorporated into the metropolitan district.

La zonificación de uso mixto muestra la relación entre la ciudad compacta y las ciudades menores de los valles bajos, que han sido incorporadas por el distrito metropolitano.

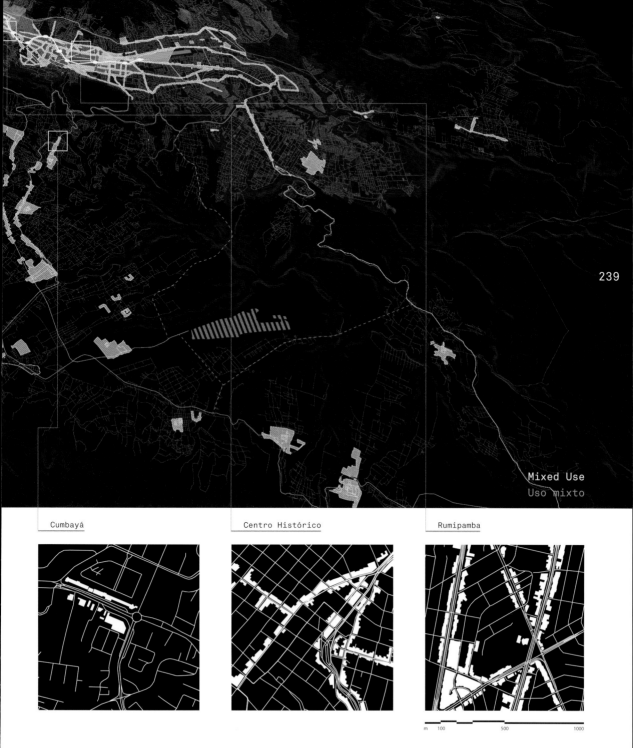

Mixed Use
Uso mixto

Cumbayá

Centro Histórico

Rumipamba

m    100                 500                    1000

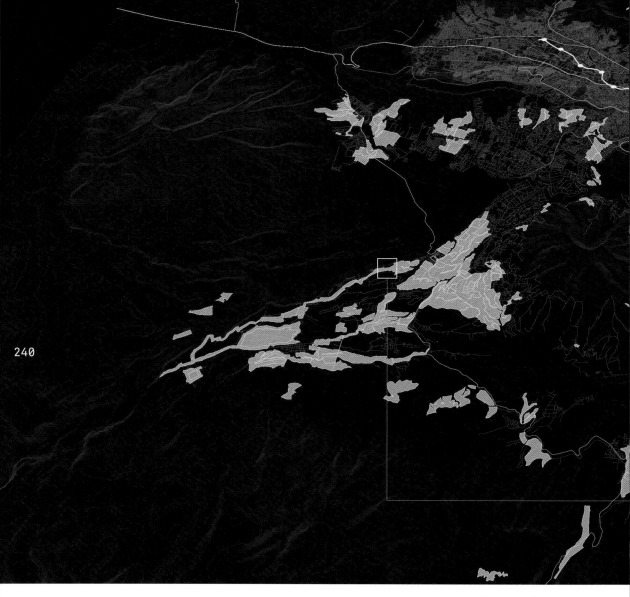

Agricultural zoning
visualizes that the
presence of a suburban-
agricultural hybrid is
still dominant in the
lower valleys.

La zonificación del
suelo agrícola muestra
que la presencia de
un híbrido entre lo
suburbano y lo agricola
es aun dominante en los
valles bajos.

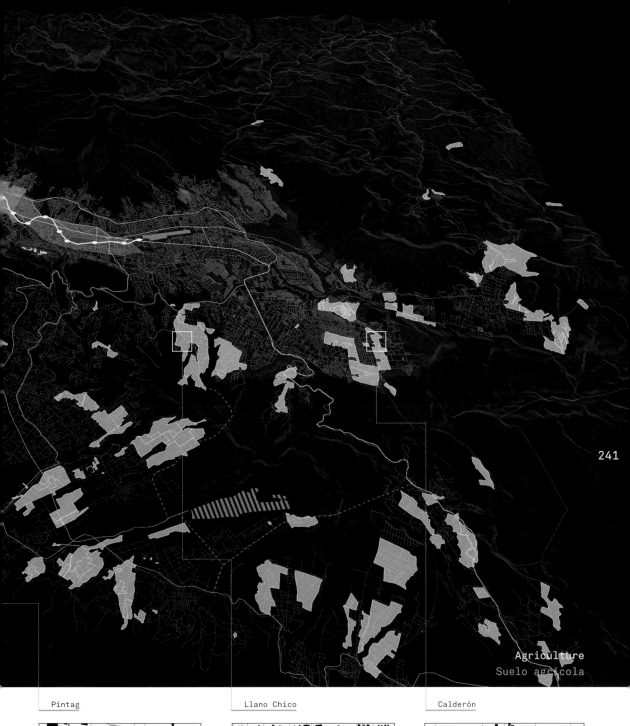

241

Agriculture
Suelo agrícola

Píntag

Llano Chico

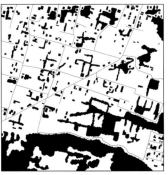

Calderón

m    100          500          1000

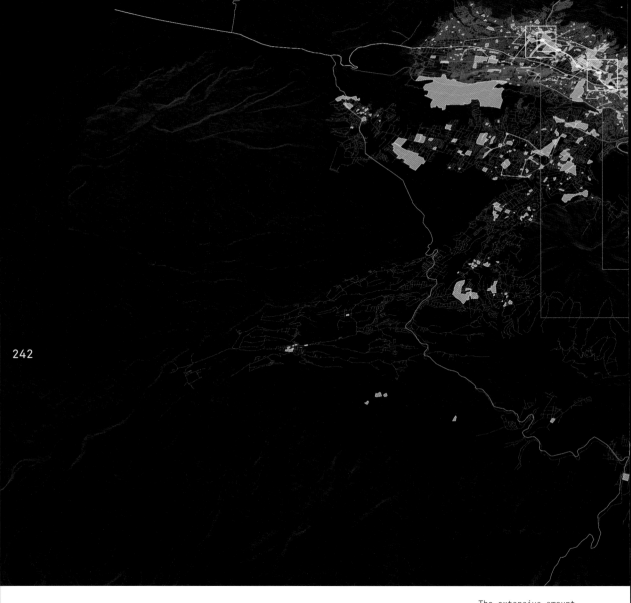

The extensive amount
of facilities and
fragmented park space
hints towards the need
of a metropolitan open
space strategy.

La gran cantidad de
equipamientos y parques
fragmentados muestra
la necesidad de crear
nuevas estrategias de
espacios abiertos a
escala metropolitana.

m    200                    1000                    2000

Major industrial areas construct a peripheral ring that ties the upper and lower valleys of the metropolitan district.

Las principales áreas industriales crean un anillo periférico que envuelve los valles bajos y el valle superior.

Industrial
Suelo industrial

Pifo

Guamaní

Ponceano

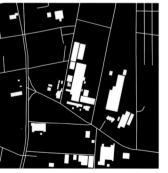

m  100          500          1000

The spread and density
of educational
facilities including
primary, secondary, and
higher education.

Esparcimiento y
densidad de los
equipamientos
educativos, incluyendo
escuelas primarias,
secundarias y educación
superior.

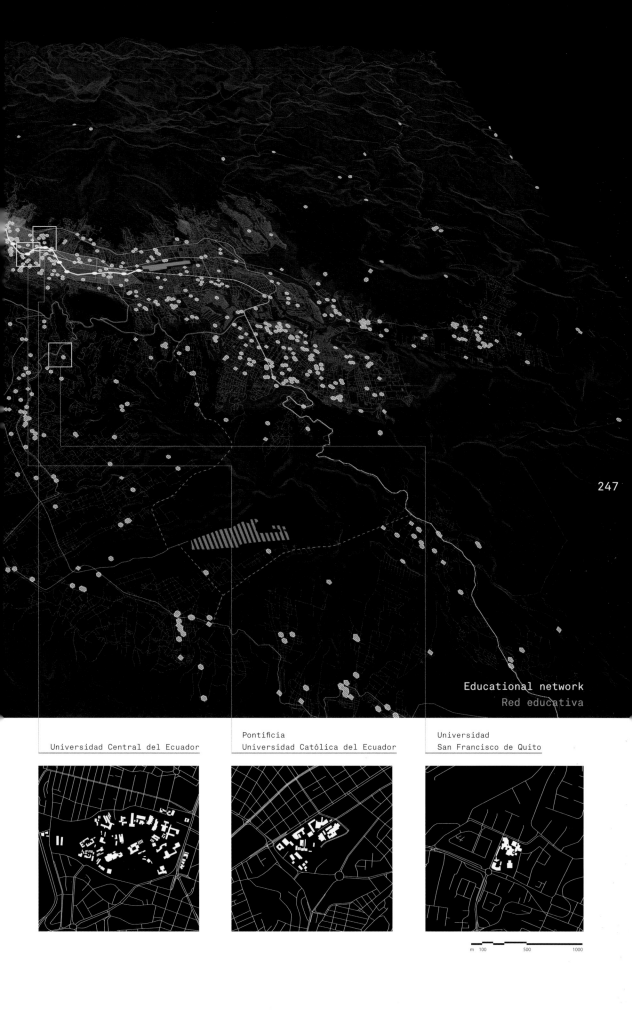

Educational network
Red educativa

Universidad Central del Ecuador

Pontificia
Universidad Católica del Ecuador

Universidad
San Francisco de Quito

m 100      500      1000

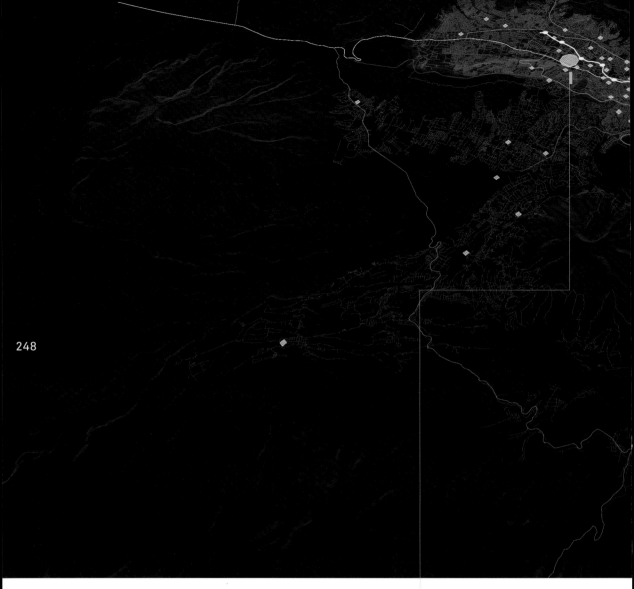

248

Mercado Mayorista

Major and minor market
distribution network
along the compact city.

Redes primarias
y secundarias
de distribución
alimentaria en la
ciudad compacta.

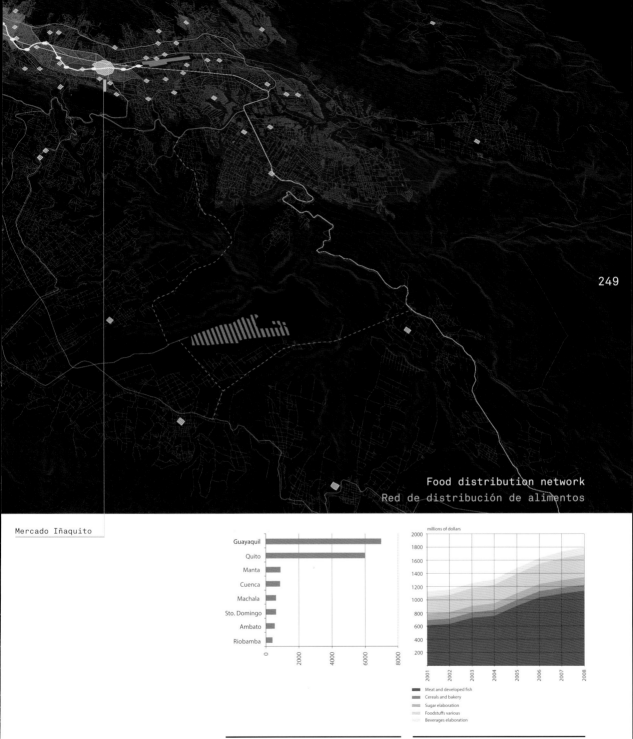

Food distribution network
Red de distribución de alimentos

Mercado Iñaquito

millions of dollars

Grocery stores in Ecuador's principal
cities, 2005
Número de tiendas en las principales
ciudades de Ecuador, 2005

Agro-Industrial Gross Domestic Product
Producto Interior Bruto Agro-Industrial

Meat and developed fish
Cereals and bakery
Sugar elaboration
Foodstuffs various
Beverages elaboration

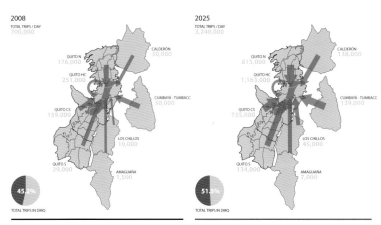

2008
TOTAL TRIPS / DAY
700,000

CALDERÓN
30,000

QUITO N
176,000

QUITO HC
251,000

CUMBAYÁ - TUMBACC
30,000

QUITO CS
159,000

LOS CHILLOS
10,000

QUITO S
29,000

AMAGUAÑA
1,500

45.2%
TOTAL TRIPS IN DMQ

2025
TOTAL TRIPS / DAY
3,240,000

CALDERÓN
138,000

QUITO N
815,000

QUITO HC
1,163,000

CUMBAYÁ - TUMBACC
139,000

QUITO CS
735,000

LOS CHILLOS
45,000

QUITO S
134,000

AMAGUAÑA
7,000

51.5%
TOTAL TRIPS IN DMQ

Regional road network
in relation to the
proposed metro line.

Relación de la red
regional de carreteras
con la línea de metro
propuesta.

**Number of private motorized trips/day into central Quito (current and projected)**

Número de desplazamientos motorizados/día en transporte privado al centro de Quito (actuales y proyectados)

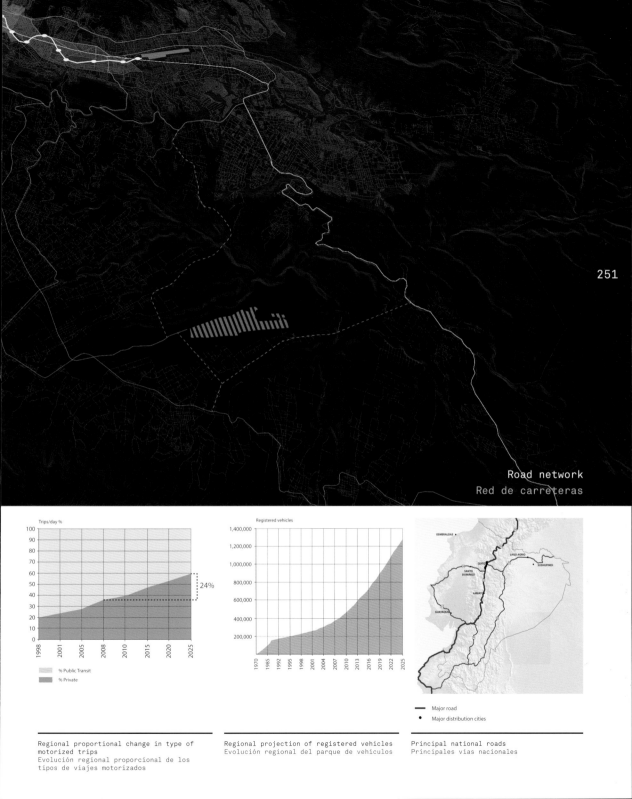

Road network
Red de carreteras

Trips/day %

24%

% Public Transit
% Private

Registered vehicles

Major road
Major distribution cities

Regional proportional change in type of
motorized trips
Evolución regional proporcional de los
tipos de viajes motorizados

Regional projection of registered vehicles
Evolución regional del parque de vehículos

Principal national roads
Principales vías nacionales

The metro line will incorporate itself into Quito's existing public transit system, composed of the Metrobús-Q and the decentralized bus network.

La línea de metro pasará a formar parte del sistema de transporte público que existe actualmente en Quito, formado por el Metrobús-Q y el sistema descentralizado de autobuses.

Entire network
Red completa

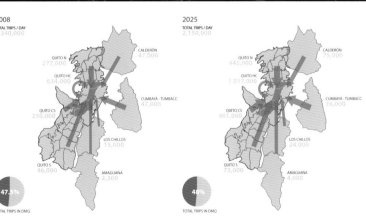

2008
TOTAL TRIPS / DAY
1,340,000

2025
TOTAL TRIPS / DAY
2,150,000

CALDERÓN
47,000

QUITO N
277,000

QUITO HC
634,000

CUMBAYÁ - TUMBACC
47,000

QUITO CS
250,000

LOS CHILLOS
15,000

QUITO S
46,000

AMAGUAÑA
2,300

47.5%

TOTAL TRIPS IN DMQ

CALDERÓN
75,000

QUITO N
445,000

QUITO HC
1,017,000

CUMBAYÁ - TUMBACC
76,000

QUITO CS
401,000

LOS CHILLOS
24,000

QUITO S
73,000

AMAGUAÑA
4,000

48%

TOTAL TRIPS IN DMQ

Number of public motorized trips per day
into central Quito (actual and projected)

Número de desplazamientos en transporte
público motorizado al día hacia el centro
de Quito (actuales y proyectados)

254

Terminal Quitumbe

Estación Sur "El Recreo"

Terminal La Marín

Stations along the
primary routes of the
Metrobus-Q in addition
to major feeder lines.

Estaciones de la red
primaria de Metrobus-Q
y los principales
alimentadores.

Metrobus-Q Network
Red de Metrobus-Q

| Terminal Río Coca | Terminal La Ofelia | Terminal Carcelén |

Estación Norte "La-Y"

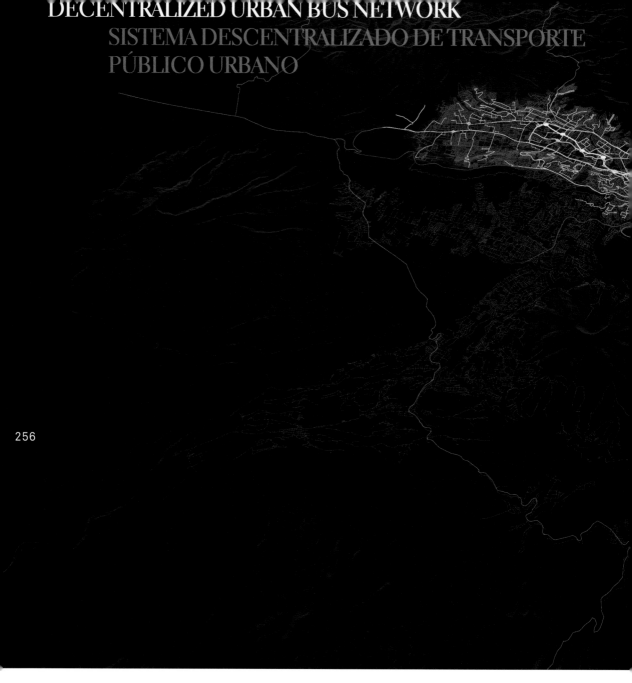

Decentralized bus
network density along
the compact city, where
the historic core has
traditionally served as
a major transportation
hinge point.

Densidad del sistema
descentralizado
de autobús en la
ciudad compacta,
donde el centro
histórico ha servido
tradicionalmente como
punto de conexión.

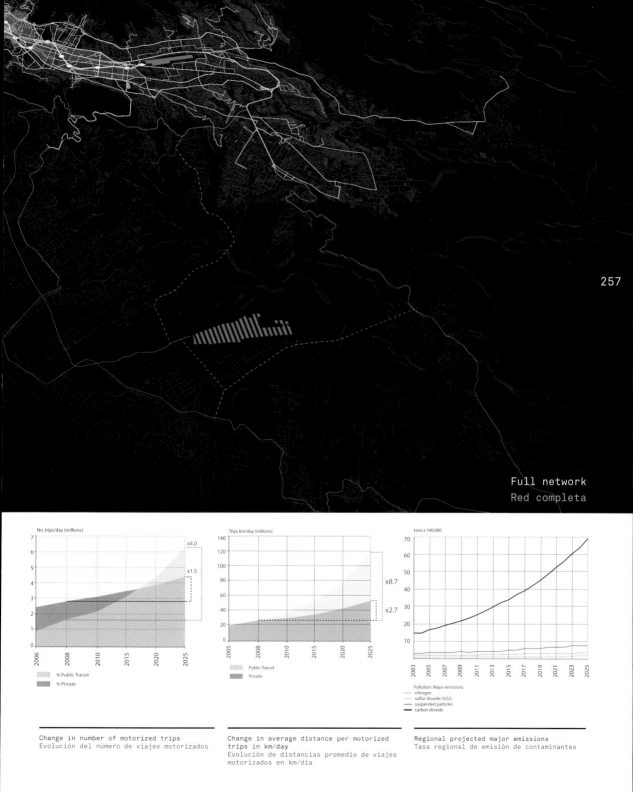

Full network
Red completa

Change in number of motorized trips
Evolución del número de viajes motorizados

Change in average distance per motorized trips in km/day
Evolución de distancias promedio de viajes motorizados en km/día

Regional projected major emissions
Tasa regional de emisión de contaminantes

Decentralized bus
network serving the
northern districts of
the compact city.

Sistema descentralizado
de autobuses en los
distritos del norte de
la ciudad compacta.

Northern network
Red del norte

Estación Norte "La-Y"    Terminal La Ofelia    Terminal Carcelén

Terminal Río Coca

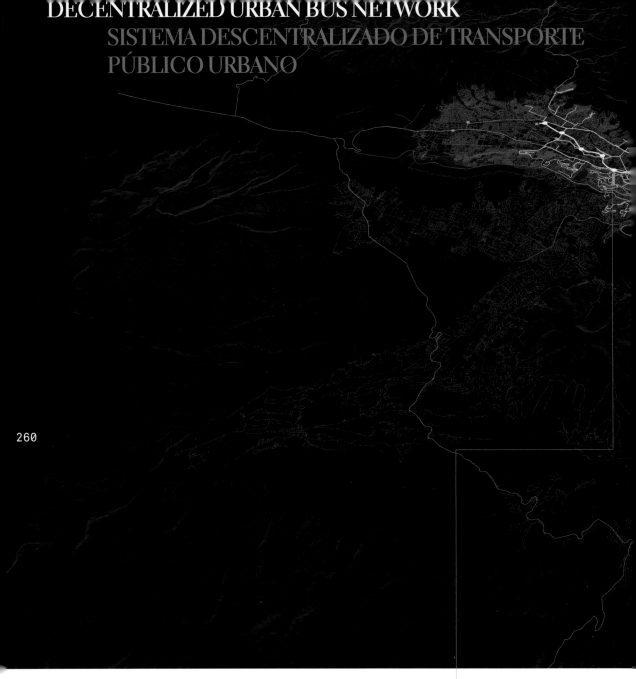

Estación Sur "El Recreo"

Decentralized bus
network serving the
central districts of
the compact city.

Sistema descentralizado
de autobuses en los
distritos del centro de
la ciudad compacta.

Central network
Red del centro

Universidad Central

Estación Norte "La-Y"

Terminal La Marín

Terminal Río Coca

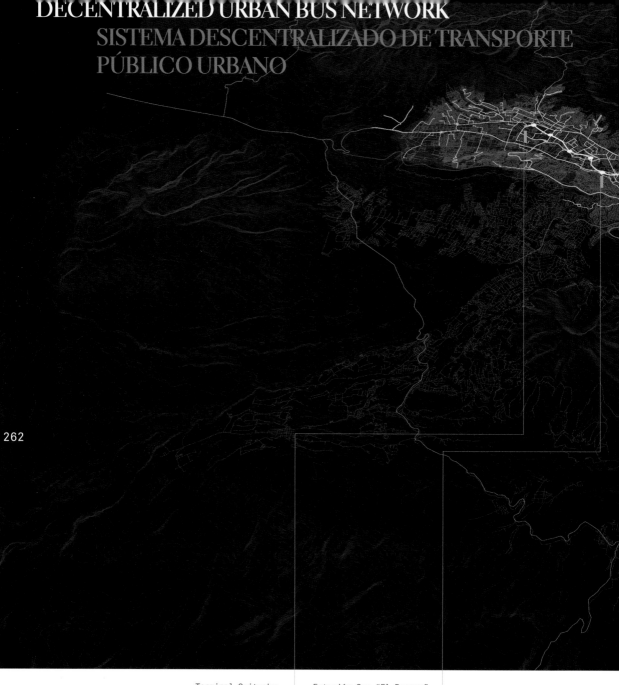

262

Terminal Quitumbe

Estación Sur "El Recreo"

Decentralized bus
network serving the
southern districts of
the compact city.

Sistema descentralizado
de autobuses en los
distritos del sur de la
ciudad compacta.

263

Southern network
Red del sur

Universidad Central

Terminal La Marín

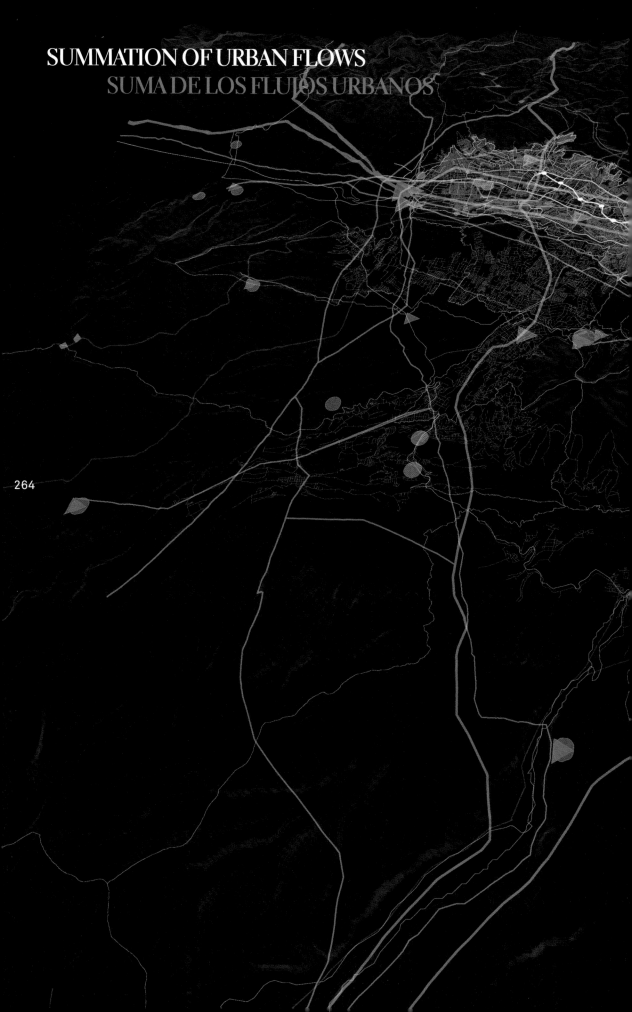

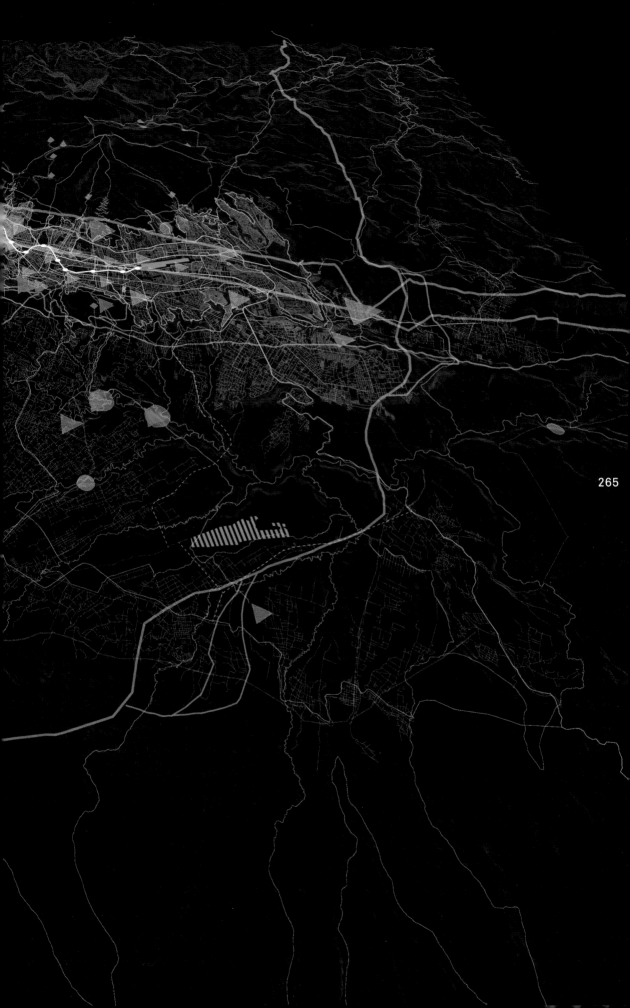

265

# A DESIGN POLICY: THE ROAD TO NEW URBAN CENTERS

## UNA POLÍTICA DE DISEÑO:EL CAMINO HACIA LAS NUEVAS CENTRALIDADES

*Ana María Durán Calisto*

# Two successes in urban acupuncture: Curitiba and Medellin

Without a doubt, the urban intervention and design paradigm that has received the greatest welcome in Latin America is the one popularized as "urban acupuncture". The Spanish and American double-root of this concept contributed toward the expansion of its principles in Brazil, Spain and Spanish-speaking Latin America, once again placing a region on the map of architectural, urban and landscape contributions, a region whose visibility (with the exception of Spain) had been considerably reduced since the regional Modernism boom that characterized it from the 30s to the 60s. In Latin America, it was Jaime Lerner who used this metaphor, derived from traditional Chinese medicine, to illustrate the urban intervention strategy he applied to the renown city of Curitiba in southeast Brazil, since he was elected Mayor –for the first of three times- in 1971. Lerner decided that in a milieu with limited resources, where urban fabrics could not be governed by a totalitarian plan, structured from the top down,

# Dos aciertos de la acupuntura urbana: Curitiba y Medellín

El paradigma de diseño e intervención urbana que mayor acogida ha tenido en Iberoamérica es, sin duda, el que se ha popularizado como "acupuntura urbana". La doble raíz de este concepto, española y americana, ha contribuido a que sus principios se expandan tanto en Brasil como en España e Hispanoamérica, ubicando nuevamente en el mapa de las contribuciones arquitectónicas, urbanas y paisajísticas a una región (salvo España) cuya visibilidad se había reducido considerablemente desde el *boom* del Modernismo regional que la caracterizó entre las décadas de los 30 y los 60. En América Latina fue Jaime Lerner quien utilizó esta metáfora derivada de la medicina tradicional china para ilustrar la estrategia de intervención urbana que aplicó en la reconocida ciudad del sureste de Brasil, Curitiba, desde que fue elegido como su Alcalde, por primera de tres veces, en 1971. Lerner decidió que en un medio con recursos limitados, donde los tejidos urbanos no podrían ser gobernados por un plan totali-

Red Integrada de Transporte bus station. *Curitiba 2002*

Estación de la Red Integrada de Transporte, *Curitiba 2002.*

they would have to be handled by a system to tactically "poke" decisive or critical areas. Every "urban needle" would inject the equipment and public services necessary (parks and public spaces programmed with educational and cultural facilities) into neglected areas. The move was based on putting the stakes in the renewing effect that each public investment would have on the surrounding tissues: private investment would take charge of revitalizing them, with a multiplying effect capable of generating a new economy in neighborhoods with a new image, better services and inter-connectivity.

## Curitiba: Branching

In Latin American cities, where the historical concentration of power and wealth in reduced social groups translated to urban centers that accumulate resources while vast extensions of the population occupy neighborhoods where self-construction and scarcity predominate, Lerner's tactical endeavor provided a decentralization and public resource democratization method without precedent—or, in other words, a method to generate new urban centers and deconcentrate wealth. It is important to note that urban acupuncture owes its success to the incorporation of a nervous system that allows for interconnectivity between all points; it must be preceded or accompanied by a deployment of public transportation that, on one hand, facilitates access to areas that were marginal or isolated, and on the other, links them to existing urban centers (labor markets, commercial areas, educational centers, etc.). In the specific case of Curitiba, the fractal network RIT (*Red Integrada de Transporte*/Integrated Transportation Network), which incorporated the pioneer use of electric buses in exclusive lanes (Bus Rapid Transit), became the marrow that facilitated the development of one of the most sustainable cities on the planet. The RIT's design efficiently complemented other circulation modalities in the city. The spinal columns of electric buses are located on its axes, with their exclusive lanes and tubular stops, which are well-designed, well-constructed and easy to identify (acting as icons, in addition to being operational). On each one of the public transportation system's flanks, two lanes are installed: one is high-speed, adjacent to the electric bus lane, and the other is low-speed, adjacent to wide urban sidewalks,

tario, emprendido desde arriba, tendrían que ser tratados por un sistema de "pinchazos" en áreas álgidas o críticas, de manera táctica. Cada "aguja urbana" introduciría equipamientos y servicios públicos necesarios (parques y espacios públicos programados con componentes educativos y culturales) en zonas desatendidas. La jugada radicaba en apostar por el efecto renovador que cada inversión pública tendría en los tejidos circundantes: la inversión privada se encargaría de revitalizarlos, mediante un efecto multiplicador capaz de generar una nueva economía en barrios con una nueva imagen, mejores servicios e interconectividad.

## Curitiba: ramificación

En las ciudades latinoamericanas, donde la concentración histórica de poder y riqueza en grupos sociales reducidos, se ha traducido en centralidades urbanas que acumulan recursos mientras extensos mantos de la población ocupan barrios donde predominan la auto-construcción y la escasez, el emprendimiento táctico de Lerner proveyó un método de descentralización y democratización de recursos públicos sin precedentes -o, dicho de otro modo, un método de generación de nuevas centralidades y desconcentración de la riqueza. Es importante anotar que la acupuntura urbana debe su éxito a la incorporación de un sistema nervioso que permite interconectar todos los puntos; va necesariamente precedida por o acompañada de un despliegue de transporte público que, por una parte, facilita el acceso a áreas que permanecían marginales y aisladas, y por otro, las vincula a centralidades existentes (fuentes de trabajo, zonas comerciales, centros educativos, etc.). En el caso específico de Curitiba, la red fractal RIT (*Red Integrada de Transporte*), que incorporaba el uso pionero de los buses eléctricos en carriles exclusivos (*Bus Rapid Transit*), se convirtió en la médula que permitió el desarrollo de una de las ciudades más sostenibles del planeta. El diseño de la RIT complementó de una manera eficiente diversas modalidades de circulación en la ciudad. En sus ejes se ubican las columnas vertebrales de los buses eléctricos con sus canales exclusivos y sus paradas tubulares, bien diseñadas, bien construidas, y fácilmente identificables (lo cual las aprovecha como hitos urbanos, además de hacerlas funcionales). En cada uno de los flancos del sistema de transporte

flanked by businesses and high-density towers approximately twenty stories tall. In other words, the population is concentrated along these transportation and commerce corridors, so that the majority has easy access (even pedestrian) to basic services (a pharmacy, a supermarket, a nursery) and to the main public transportation system. The ground in this nervous network's interstitial spaces is occupied with medium and low densities, allowing suburban configurations (garden city) to coexist with other intermediate and high density configurations, without implying moving away from the public transportation system or stimulating automobile use. Curitiba also knew how to take advantage of, and incorporate, territories that had been abandoned or were residual, such as extraction areas (mines), which after being exhausted and decanted as wastelands were reactivated as parks and reserves, also within a decentralized system of green spaces flowing (not poking) through the entire city. Curitiba is pioneer in landscape restoration and the activation of urban ecologies in derelict areas.

## Medellin: Dotting

Another interesting Latin American case, whose application is much more recent and has its own novelties, is the city of Medellin. Thanks to the convergence of Sergio Fajardo, a visionary politician, mathematician and city mayor (2004-2008), with the strategist urban designer and architect, Alejandro Echeverri, it was possible to deploy an urban program in Medellin meant to generate new urban centers, with the main purpose of combating and reducing violence in the city. The key to achieve it, in Echeverri's words, was applying what he calls "social urbanism": an urban acupuncture system not descending from the Brazilian trunk, but rather from the Catalonian one. Echeverri carried out his doctorate at the *Escuela Técnica Superior de Arquitectura de Barcelona* (Advanced Technical Institute of Architecture of Barcelona/ETSAB), where he dedicated his studies to the *Barrios en Ladera* (Hillside Neighborhoods) of Medellin, under the guidance of renowned Catalan architect and urban designer Joan Busquets. It was in Barcelona that intellectuals such as Manuel de Solá-Morales led the transformation of the city, detonated by its role as host of the 1992 Olympic Games. Manuel de Solá-Morales, on par with Lerner in Brazil,

público, se instalan dos vías, una de rápida velocidad, adyacente a la vía de los buses eléctricos, y otra de baja velocidad, adyacente a las anchas aceras urbanas, que están flanqueadas por comercios y torres de aproximadamente veinte pisos, de alta densidad. Es decir, la población se concentra a lo largo de estos corredores de transporte y comercio, de manera que la mayoría tenga fácil acceso (peatonal, incluso) a los servicios básicos (una farmacia, un supermercado, una guardería) y al principal medio de transporte público. En los espacios intersticiales de esta red nerviosa, se ocupa el suelo con medias y bajas densidades, permitiendo que configuraciones suburbanas (ciudad jardín) convivan con otras de densidad intermedia y alta, sin que ello implique alejarse del sistema de transporte público o estimular el uso del automóvil. Curitiba también supo aprovechar e incorporar territorios que habían sido abandonados o permanecían residuales, como sus zonas extractivas (minas), que luego de agotarse y decantar como espacios vagos, se reactivaron como parques y reservas, dentro de un sistema también descentralizado de espacios verdes que fluye a través de (no puntea) la ciudad entera. Curitiba es pionera en la restauración paisajística y la activación de ecologías urbanas en áreas ruinosas.

## Medellín: puntuación

Otro caso de interés en América Latina, cuya aplicación es mucho más reciente y presenta sus propias novedades, es el de la ciudad de Medellín. Gracias a la convergencia de un político visionario, el matemático y Alcalde de la ciudad (2004-2008) Sergio Fajardo, y un arquitecto urbanista estratega que diseñó el modelo de intervención, Alejandro Echeverri, en Medellín se pudo desplegar un programa urbano de generación de nuevas centralidades cuyo objetivo primordial era combatir y reducir la violencia en la ciudad. La clave para lograrlo, en palabras de Echeverri, fue la aplicación de lo que él denomina "urbanismo social": un sistema de acupuntura urbana que no desciende del tronco brasileño, sino más bien del catalán. Echeverri había cursado su doctorado en la Escuela Técnica Superior de Arquitectura de Barcelona (ETSAB), donde dedicó sus estudios a los Barrios en Ladera de Medellín, bajo la dirección del reconocido urbanista catalán Joan Busquets. Fue en Barcelona donde intelectuales como Manuel de Solá-Morales lideraron la

had also conceptualized the strategy of generating new urban centers, taking advantage of residual or derelict territories (*territorios residuales*, a term coined by his brother, architect Ignasi de Solá-Morales), and reactivating marginal areas in the metropolis.

A key difference between the strategies in Curitiba and Medellin is that, in Curitiba, a structural and geometric approach so as to darn the city seems to dominate, while in Medellin, the selection of intervention nodes

transformación de la ciudad, detonada por su actuación como sede de los Juegos Olímpicos de 1992. Manuel de Solá-Morales, a la par de Lerner en Brasil, también había conceptualizado la estrategia de generar nuevas centralidades, aprovechando territorios vagos o residuales (un término acuñado por su hermano, el arquitecto Ignasi de Solá-Morales), y reactivando zonas marginales de la urbe.

Una diferencia clave entre las estrategias de Curitiba y Medellín, es que en Curitiba parece predominar una aproximación estructural y geométrica para zurcir la ciudad; mientras que en Medellín sobresale la selección de puntos o nodos de intervención, consistentemente ubicados en áreas periféricas, que se programan cuidadosamente e interconectan. Los barrios auto-construidos de Medellín han ido ocupando algunas de las laderas de la ciudad, dificultando el acceso a ellos con redes de transporte convencionales. A la columna vertebral del metro que permite desplazarse linealmente a lo largo del valle urbano se sumaron las arterias transversales de los metro-cables. Un sistema de transporte que general-mente se utiliza para fines turísticos y de ocio, se convirtió en la clave para proveer transporte público en territorios abruptos urbanizados. Las estaciones de los teleféricos constituyeron un primer pinchazo infraestructural en las zonas marginales, al que se sumaron otros desarrollos complementarios de suministro de espacios públicos programados con equi-pamientos educativos o culturales (las famosas bibliotecas parque, escuelas públicas, equi-pamientos deportivos, etc.), infraestructurales

(top)Biblioteca Parque España. Giancarlo Mazzanti. *Medellín 2007*.(bottom left) Jardín Infantil Santo Domingo. Felipe Mesa (Plan:b Arquitectos). *Medellín 2012*. (bottom right) Jardín Infantil Santo Domingo, Felipe Mesa (Plan:b Arquitectos), *Medellín, 2012*. All Photos: Sergio Gómez

(arriba)Biblioteca Parque España. Giancarlo Mazzanti. Medellín 2007.(abajo izq) Jardín Infantil Santo Domingo. Felipe Mesa (Plan:b Arquitectos). Medellín 2012. (abajo derecha) Jardín Infantil Santo Domingo, Felipe Mesa (Plan:b Arquitectos), Medellín, 2012. Fotografía: Sergio Gómez

or points stands out, consistently located in peripheral areas, carefully programmed and interconnecting. Medellin's self-constructed neighborhoods have taken over some of the city's hillsides, making it difficult to access them with conventional transportation networks. The transversal MetroCable arteries are added to the subway's spinal column, which grants linear movement throughout the urban valley. A transportation system generally used for tourism and leisure purposes became key in providing public transportation in abrupt, urbanized territories. The cable railway stations were the first infrastructural poke in marginal areas, succeeded or accompanied by the supply of public spaces programmed with educational and cultural facilities (the famous library-parks, public schools, sports grounds, etc.), infrastructural developments (pedestrian bridges, sidewalks, lane

(puentes peatonales, aceras, pavimentación de vías, canalización de agua potable, alumbrados, etc.), o de vivienda. Otra de las fortalezas que ha distinguido a Medellín y que es imperativo anotar, es la fe que su gobierno local depositó en el diseño arquitectónico como detonador de transformación espacial. Medellín aprendió del fenómeno Guggenheim de Bilbao y lo combinó con la estrategia de desarrollo de nuevas centralidades de Barcelona. Mediante la organización de un sinnúmero de concursos públicos de diseño arquitectónico, los pinchazos de Medellín fueron caracterizándose por su calidad arquitectónica y su originalidad, puesto que la ciudad apostó por una arquitectura propositiva, incluso icónica. La apuesta funcionó. Si bien Curitiba se convirtió en un punto importante dentro del mapa global gracias a la lucidez de su diseño urbano, Medellín lo logró gracias a su táctica urbana y su excelente arquitectura: la ciudad violenta renovó su imagen para convertirse en la ciudad bella, socialmente responsable, urbanamente inteligente. Los íconos de Medellín son ya tan reconocibles en los medios como lo fue el Guggenheim de Bilbao (la Biblioteca España, de Giancarlo Mazzanti, o el Parque Explora, del mismo Echeverri, son dos casos en punto). Un efecto colateral de la "política de diseño" de Medellín es que ha contribuido significativamente a engendrar una de las generaciones de arquitectos más creativas y productivas de toda América Latina. Si la arquitectura está más presente como mecanismo de atracción, transformación, comunicación y provisión de funciones sociales en Medellín; en Curitiba, en cambio, es el paisajismo la disciplina que ha jugado el papel estético decisivo. En

273

(top) Parque Biblioteca León de Greiff. Giancarlo Mazzanti. *Medellín, 2007.* Photo: Sergio Gómez (Bottom left) Bosque de la Esperanza. Giancarlo Mazzanti. *Soacha, Altos de Cazucá 2010-2011.* Photo: Jorge Gamboa (bottom right) Pabellón Expocamacol 2010 + Salón Social 2011. Felipe Mesa (Plan:b Arquitectos). *Medellín 2010.* Photo: Sergio Gómez

(arriba) Parque Biblioteca León de Greiff. Giancarlo Mazzanti. *Medellín, 2007.* Foto: Sergio Gómez (abajo izq.) Bosque de la Esperanza. Giancarlo Mazzanti. *Soacha, Altos de Cazucá 2010-2011.* Foto: Jorge Gamboa (abajo derecha) Pabellón Expocamacol 2010 + Salón Social 2011. Felipe Mesa (Plan:b Arquitectos). *Medellín 2010.* Foto: Sergio Gómez

point on the global map thanks to the lucidity of its urban design, Medellin did so thanks to its urban tactic and excellent architecture: the violent city renewed its image to become the beautiful city, socially responsible and urbanely intelligent. Medellin's icons are now as recognizable in the media as the Guggenheim Museum in Bilbao (the España Library, by Giancarlo Mazzanti, or the Explora Park, by Echeverri himself, are two cases in point). A collateral effect of Medellin's "design policy" is that it significantly contributed to engender one of the most creative and productive architectural generations of all of Latin America.

la ciudad brasileña sorprenden los parques; en Medellín, marca la pauta la arquitectura.

## El efecto Medellín

Desde los 70, Curitiba había encontrado eco en diversas ciudades de América Latina, varias de las cuales –Quito incluida- aplicaron sus propias interpretaciones de la RIT. Medellín ha producido una ola análoga, convirtiéndose en el principal vórtice de influencia urbana del continente sudamericano. Son varias las ciudades que están estudiando sus estrategias; adaptando y transfiriendo su experiencia a otros centros urbanos con

Escuela Estatal Jardim Tatiana. Grupo SP (Álvaro Puntoni, Jonathan Davies, João Sodré). *Votorantim, San Pablo 2010.* Photos: Carlos Kipnis/FDE

Escuela Estatal Jardim Tatiana. Grupo SP (Álvaro Puntoni, Jonathan Davies, João Sodré). *Votorantim, San Pablo 2010.* Fotos: Carlos Kipnis/FDE

If architecture is present as a mechanism of attraction, transformation, communication and provider of social functions in Medellin; in Curitiba, conversely, landscape architecture is the discipline that played the decisive aesthetic role. In the Brazilian city, the parks astonish; in Medellin, architecture sets the norm.

## The Medellin effect

Since the 70s, Curitiba had found an echo in several Latin American cities, several of which—including Quito—applied their own interpretations

problemáticas análogas de violencia, inaccesibilidad, ausencia o empobrecimiento de contenidos, y desequilibrio en la distribución de los recursos. Incluso la capital colombiana, Bogotá, ha incorporado procesos de intervención similares en sus zonas marginales (los "Bosques de la Esperanza" de Mazzanti son un caso en punto).

## San Pablo: estandarización

San Pablo, por ejemplo, con el apoyo y la promoción del gobierno del Estado de San Pablo,

(top) Escuela Estatal JD. Romano. H+F Arquitetos (Pablo Hereñú y Eduardo Ferroni). *San Pablo 2008-2009*. Foto: H+F Arquitetos (bottom) Escuela Estatal Umuarama. SIAA (Shundi Iwamizu Arquitetos Associados). *San Pablo 2003-2005*. Photo: Nelson Kon

(arriba) Escuela Estatal JD. Romano. H+F Arquitetos (Pablo Hereñú y Eduardo Ferroni). *San Pablo 2008-2009*. Foto: H+F Arquitetos (abajo) Escuela Estatal Umuarama. SIAA (Shundi Iwamizu Arquitetos Associados). *San Pablo 2003-2005*. Foto: Nelson Kon

of the RIT. Medellin produced an analogous wave, becoming the main vortex of urban influence in the South American continent. Several cities are studying its strategies; adapting and transferring its experience to other urban centers with similar problems, such as violence, inaccessibility, absence or impoverishment of contents, and imbalance in the distribution of resources.

# San Paulo: Standardizing

Sao Paulo, for example, with the support and promotion of the government of the State of Sao Paulo, instituted a Public School Construction Program, through which the revitalization of the most marginal neighborhoods in the city is proposed, by placing educational infrastructures of high architectural quality. The urban strategy is similar to Medellin's: a public service is placed at a neuralgic point in the city, with the expectation that it will contribute toward compensating for an urban deficit in services while catalyzing the regeneration of surrounding areas. Sao Paulo's architectural strategy, however, is different. Medellin wagered for the icon. The park libraries or schools are the jewel in the crown of the urban and infrastructural development that made them possible. They are iconic, unique, formally expressive: they aspire to contribute a meaning, a symbol, in neighborhoods which would be difficult to distinguish otherwise. On the other hand, in Sao Paulo, the urban scale and magnitude of the proposal (building more than 200 schools in one decade) demanded another type of response: its architects proposed the development of a modular system that allows for serial, industrial manufacture, and efficient assembly, so as to reduce construction times and costs to the minimum, without sacrificing the possibility of generating variety. In fact, each school is unique, but as a variable, not as an unrepeatable piece. A group of architects from the Paulista School contributed not only to design a modular construction system, but also to some of its formal applications as they were adapted to the particular conditions of each neighborhood, and each design team´s vision of pedagogy.

Another case study worth pausing to consider is the Grotão project, developed by Alfredo Brillembourg, Hubert Klumpner and the Urban Think Tank for Paraisopolis, one of the most extensive and complex favelas in Sao

ha instituido un Programa de Construcción de Escuelas Públicas, y a través de él, se propone revitalizar los barrios más marginales de la ciudad mediante la introducción de infraestructuras educativas de elevada calidad arquitectónica. La estrategia urbana es similar a la de Medellín: se introduce un servicio público en un punto neurálgico de la ciudad, con la previsión de que contribuirá a suplir una carencia urbana a la vez que cataliza la regeneración de los tejidos circundantes. La estrategia arquitectónica de San Pablo, sin embargo, es diferente. Medellín apostó por el ícono. Las bibliotecas parque o escuelas que constituyen la corona del desarrollo urbano e infraestructural que las hace posibles, son icónicas, únicas, formalmente expresivas: aspiran a contribuir un significado, un símbolo, en barrios que de otro modo, difícilmente se distinguen. En San Pablo, en cambio, la escala urbana y la magnitud de la propuesta (construir más de 200 escuelas en una década) exigió otro tipo de respuesta: sus arquitectos propusieron desarrollar un sistema modular que permitiese la fabricación industrial, en serie, y un ensamblaje eficiente, para reducir al mínimo los tiempos de construcción y los costos, sin que se sacrifique la posibilidad de generar variedad. De hecho, cada escuela es única, pero como variable, no como pieza irrepetible. Un racimo de arquitectos de la Escuela Paulista contribuyó no solamente a diseñar el sistema constructivo modular, sino también algunas de sus aplicaciones formales conforme fueron adaptándolas a las condiciones particulares de cada barrio y a su visión propia de la pedagogía.

Otro caso de estudio en el cual vale la pena detenerse es el proyecto Grotão, desarrollado por Alfredo Brillembourg, Hubert Klumpner y el Urban Think Tank para Paraisópolis, una de las favelas más extensas y complejas de San Pablo. La intervención incorpora una programación múltiple (equipamientos deportivos, vivienda, una Fábrica de Música, aulas, espacios comerciales en planta baja) a la vez que suple una ausencia infraestructural como muro de retención (que es simultáneamente espacio público, parcela agrícola y parque); nodo de transporte público; y red de alcantarillado, iluminación y electricidad. El carácter multifacético de esta propuesta, claramente enmarcada dentro de un paradigma de acupuntura urbana, le valió el Tercer Premio en el tercer concurso internacional de la Fundación Holcim, reconocida por promover la construcción sostenible. El equipo paulista de MMBB

Paulo. The intervention incorporates multiple programming (sports facilities, dwellings, a Music Factory, classrooms, commercial spaces on the ground floor) while supplementing an infrastructural absence as a retention wall (which is simultaneously a public space, agricultural parcel and park); public transportation node; and sewer, lighting and electricity network. The multi-faceted character of this proposal, clearly framed within an urban acupuncture paradigm, was awarded the Third Prize in the Holcim Foundation's third international competition, known for promoting sustainable construction.

## Rio de Janeiro: Retrofitting

Another Brazilian city that is putting urban acupuncture projects to the test in its favelas, as it prepares to host the World Football Cup in 2014 and the Olympic Games in 2016, is Rio de Janeiro. It is interesting that, in Rio's case, some of the most eye-catching proposals arise from the need to retroactively provide micro-infrastructures for potable water, power and telecommunications. One of the fundamental differences between the "formal" and "informal" city is that, in the former, the infrastructure deployment precedes occupation, while in the latter, the territory is inhabited and the infrastructure, with luck, arrives afterward. Self-constructed areas require enormous creativity, given that it is not possible to provide them with services by following a conventional, *a priori*, model. In this sense, they offer a perfect opportunity to retrofit alternative, sustainable, micro-infrastructural systems to provide basic services (a change that will be difficult and costly to implement in formal areas served by grids). The project developed by Nitsche Arquitetos Associados for the Urbanization of Rocina is an excellent example of how a significant upgrade may be achieved in self-constructed neighborhoods: their labyrinthine circulation areas can accommodate the infrastructure necessary to raise the quality of life for the favelas.

An inevitable precedent to these developments, worthy of note, is the Favela-Bairro program, which took off in 1993 (several years before Medellin) with the registry of self-constructed areas which, in spite of their physical presence in the city, did not appear on Rio de Janeiro's cadastral plans. It was the architect and city planner of Argentinian origin, Jorge Mario

también ha realizado algunas propuestas de investigación aplicada interesantes. Su proyecto "Vazios de agua" desvela la estrecha correlación que existe entre los sistemas de agua de San Pablo (particularmente sus reservorios) y la ocupación informal. Los reservorios, a menudo contaminados y cargados con desechos, han sido "atractores" para los asentamientos de auto-construcción y proveen, desde la óptica del manejo del agua en la ciudad, una constelación de potenciales nuevas centralidades conforme se los purifique y asocie con espacios y equipamientos públicos, como propone MMBB.

## Río de Janeiro: retroacción

Otra ciudad brasileña que está poniendo a prueba proyectos de acupuntura urbana en sus favelas, conforme se prepara para recibir el Mundial de Fútbol 2014 y los Juegos Olímpicos de 2016, es Río de Janeiro. Es interesante que, en el caso de Río, algunas de las propuestas más llamativas surjan de la necesidad de proveer retroactivamente micro-infraestructuras de agua potable, energía y telecomunicaciones. Una de las diferencias fundamentales entre la "ciudad formal" y aquella "informal" es que, en la primera, el despliegue de infraestructura precede a la ocupación; mientras que en la segunda, el territorio se habita y la infraestructura, con suerte, llega después. Las zonas auto-construidas demandan enorme creatividad puesto que no es posible proveerles servicios siguiendo un modelo convencional, *a priori*. En esta medida, ofrecen una oportunidad perfecta para incorporar (*retrofit*) sistemas alternativos, sostenibles y micro-infraestructurales de provisión de servicios básicos (un cambio que será difícil y costoso implementar en las matrices de servicios de las zonas formales). El proyecto desarrollado por Nitsche Arquitetos Associados para la Urbanización de Rocina es un excelente ejemplo de cómo puede lograrse una mejoría (*upgrade*) significativa en los barrios de auto-construcción, aprovechando las laberínticas áreas de circulación para incorporar la infraestructura que permita elevar considerablemente el nivel de vida de las favelas.

El precedente insoslayable de estos desarrollos es el programa Favela-Bairro, que arrancó en 1993 (varios años antes del despegue de Medellín) con el registro de las áreas de autoconstrucción que a pesar de su presencia física en la ciudad,

Jauregui, who formulated the program as an alternative which, instead of favoring plans to eradicate the isolated and marginal areas within the metropolis, formulated alternatives capable of boosting their intricate tissues, which in Rio house approximately one and one-half million people. Thanks to this program, "interventions in more than 20 favelas over more than a decade" have been carried out. The tactic employed by Jauregui and his team is framed within the intervention pattern characteristic of "urban acupuncture" (in linear, dotted or sinuous formulations), given that it incorporates social services (cultural, training, community or sports centers, nurseries, etc.) in self-constructed areas. Public interventions act as "urban structuring agents" or monuments fulfilling semantic roles while supplying necessary services, and reactivating—as development vortices—new urban centers. Said interventions are formulated with the community's active participation, and take advantage of "voids" or residual spaces to provide public spaces. Additionally, if necessary, they deploy public transportation infrastructures, such as cable cars. Handling the borders takes on particular importance in integrating these neighborhoods, which have remained isolated, in spite of their central position within the city. This proposal to transform the favelas into neighborhoods earned Jauregui the prestigious Veronica Rudge Green Prize in Urban Design that the University of Harvard grants to projects that positively and significantly contribute to improving the public sector of cities, within a humanist spirit.

## Caracas: Verticalizing

We must not fail to mention the city of Caracas in this space, whose own version of urban acupuncture took off in the year 2001, with an original project: the Vertical Gymnasium, the construction of which culminated in the year 2004 (the year when Fajardo obtained municipal power in Medellin), to turn it into the prototype of a vertical, pre-manufactured and adaptable gymnasium system, capable of giving infrastructural "pokes" in different self-constructed neighborhoods. Conceived by the Urban Think Tank (Alfredo Brillembourg and Hubert Klumpner) with Matias and Mateo Pinto D'Lacoste, the Vertical Gymnasium takes advantage of a reduced open

278

no aparecían en los planos catastrales de Río de Janeiro. Fue el arquitecto y urbanista de origen argentino, Jorge Mario Jáuregui, quien formuló el programa como una alternativa que en lugar de favorecer los planes de erradicación de zonas aisladas y marginales dentro de la urbe, proveyó formas de intervención capaces de potenciar sus tejidos (que en Río alojan a aproximadamente un millón y medio de personas). Gracias a este programa se han llevado a cabo "intervenciones en más de 20 favelas a lo largo de más de una década". La táctica desplegada por Jáuregui y su equipo se enmarca dentro del patrón de intervención que caracteriza a la "acupuntura urbana" (en formulaciones lineales, puntuales o sinuosas) puesto que incorpora servicios sociales (centros culturales, de capacitación, comunitarios o deportivos, guarderías, etc.) en las zonas de autoconstrucción. Las intervenciones públicas actúan como "estructuradores urbanos" o monumentos que cumplen funciones semánticas a la vez que suplen servicios necesarios y reactivan -como vórtices de desarrollo- nuevas centralidades. Dichas intervenciones se formulan con la participación activa de la comunidad y aprovechan vacíos o residuos para proveer espacios públicos. Además despliegan, de ser necesario, infraestructuras de transporte público, como el teleférico. El manejo de borde adquiere particular importancia en la integración de estos barrios que permanecían aislados, por centrales que fuesen desde el punto de vista de su ubicación. Esta propuesta de transformar las favelas en barrios le granjeó a Jáuregui el prestigioso Verónica Rudge Green Prize en Diseño Urbano que la Universidad de Harvard otorga a proyectos que contribuyen de manera positiva y significativa a mejorar el sector público de las ciudades, dentro de un espíritu humanista.

## Caracas: verticalización

No puede dejar de mencionarse en este espacio a la ciudad de Caracas, cuya propia versión de acupuntura urbana arrancó en el año 2001, con un original proyecto: el Gimnasio Vertical, cuya construcción culminó en el año 2004 (año en que Fajardo accedía al poder municipal en Medellín), para convertirlo en el prototipo de un sistema de gimnasios verticales prefabricados y adaptables, capaces de dar "pinchazos" infraestructurales en diversos barrios de auto-construcción. Ideado por el Urban Think Tank (Alfredo Brillembourg

space in the La Cruz del Chacao neighborhood, to provide sports, recreational and cultural areas, thanks to the stacking of a varied programming that meets the needs of neighborhood citizens (who actively participated in the design process) in a safe environment, universally accessible, within an area of restricted implementation. The project stood out due to its poly-functionality and sectional strategy. This primary idea has been adapted, reinterpreted and expanded on by the UTT, which developed variations of the Chacao Vertical Gymnasium to adapt them to different neighborhoods in Caracas and the world, incorporating alternative energy generation and rain water capture systems in most recent versions. The municipal government of Caracas has erected four Vertical Gymnasiums, each one of them with programming adapted to differing neighborhood needs. Just like in Rio de Janeiro, programmatic intervention was taken advantage of as micro-infrastructural incorporation; and as in San Paolo, an exercise in unique design, was standardized to have a greater impact on its applications. This allows for the concept and technology developed for Caracas to be transferred to different geographic locations around the globe: Jordan, the Netherlands, New York… In a world where self-constructed neighborhoods -as made evident by the book Planet of Slums, by Mike Davis- are the urban modality of greatest expansion, Latin American urban acupuncture schemes, stemming from a region that has faced this reality since the dawn of its Modernity, are becoming significant and may be transferable beyond the borders of a metropolis or region. UTT managed to recognize the potential for exporting local intelligence and applying it on a global scale, thanks to the fact that it acknowledged the possibilities for universal application embedded in a unique response conceived for a specific context, as it could be adapted to diverse realities throughout the world. Lastly, it should be noted that the UTT also designed a cable car system that links new nodes of development in marginal areas to diverse urban centers. The idea, in spite of having preceded Medellin, did not receive sufficient attention from the national Venezuelan government until after Medellin inaugurated its transversal transportation system. More than a consequence of the "Medellin effect", Caracas carried out a parallel development that did not enjoy the symbiosis between political willpower (a design policy) and architecture as expeditiously and ubiquitously as in Medellin.

y Hubert Klumpner) con los hermanos Matías y Mateo Pintó D´Lacoste, el Gimnasio Vertical aprovecha un reducido espacio abierto en el barrio La Cruz del Chacao, para proveer áreas deportivas, recreativas y culturales gracias al apilamiento de una programación variada que permite suplir las necesidades de los ciudadanos del barrio (quienes participaron activamente en el proceso de diseño) en un ambiente seguro y de acceso universal, dentro de un área de implantación restringida. Este proyecto se distinguió por su polifuncionalidad y su estrategia seccional. Esta idea primaria ha sido adaptada, reinterpretada y expandida por el UTT que ha desarrollado variaciones del Gimnasio Vertical del Chacao para adaptarlas a diversos barrios de Caracas y el mundo, incorporando en sus más recientes versiones sistemas de generación de energía alternativa y captación de aguas lluvias. El gobierno municipal de Caracas ha erigido cuatro Gimnasios Verticales, cada uno con una programación que se adapta a las necesidades barriales. Al igual que en Río de Janeiro, la intervención programática se aprovecha como incorporación micro-infraestructural; y como en San Pablo, un ejercicio de diseño único, se estandariza para poder tener un impacto mayor en sus aplicaciones. Esto permite que el concepto y la tecnología desarrollados para Caracas puedan ser transferidos a diversas geografías en el globo: Jordania, los Países Bajos, Nueva York… En un mundo en el cual los barrios de autoconstrucción, como lo deja claro el libro Planet of Slums, de Mike Davis, constituyen la modalidad urbana de mayor expansión, las contribuciones de la acupuntura urbana de América Latina, una región que viene enfrentando esta realidad desde los albores de su Modernidad, se vuelven significativas y transferibles más allá de los linderos de una urbe o región. El UTT supo reconocer el potencial de exportación de inteligencia local para aplicarla globalmente, gracias a que identificó en una respuesta única ideada para una condición específica, el potencial de aplicación universal adaptable a diversas realidades en el planeta. Por último, cabe anotar que el UTT también diseñó un sistema de metrocable que permitiese vincular los nuevos nodos de desarrollo en áreas marginales a diversos centros urbanos. La idea, a pesar de haber precedido a la de Medellín, no encontró eco en el gobierno nacional de Venezuela sino hasta mucho después de que Medellín inaugurara su sistema de transporte transversal. Más que consecuencia del "efecto Medellín", Caracas despliega un desarrollo paralelo que no encontró

# Buenos Aires: Occupying

The city of Buenos Aires has fairly particular post-industrial landscape conditions. Unlike Medellin, Rio de Janeiro, Caracas or Quito, where self-construction has taken place mainly in hillsides, in a relatively flat city like Buenos Aires, the areas that have been vulnerable to "invasions" and self-construction are the interstices decanting from the spreading of large transportation or production infrastructures, some of which have fallen into obsolescence. This is, at least, the case of Villa 31, a self-constructed neighborhood that has been the subject of studies in workshops at the Department of Architecture, Design and Urbanism at the University of Buenos Aires. Urbanization and integration proposals began to be developed for Villa 31 in its classrooms, culminating in projects such as the one developed by Javier Fernandez Castro, in collaboration with Jauregui himself. In these projects, an eradication and substitution process was not resorted to; on the contrary, they capitalize on the existing informal developments through a series of individual interventions typical of urban acupuncture. Fernandez Castro´s proposal takes advantage of the presence of neighboring public transportation infrastructures to inter-connect the neighborhood with the rest of the city. Just like in the Favela-Barrio program, Villa 31's design and programming stemmed from an intense community participation process. Architect and urbanist Flavio Janches has also designed significant proposals in the Buenos Aires context that illustrate the benefits and resilience of urban acupuncture. His ludic Project for Villa Tranquila brings to mind yet another significant precedent of this favored mode of intervention in Latin America: the urban playgrounds designed by Aldo van Eyck as a response to post-war urban conditions in European cities.

280

la simbiosis de la voluntad política (una política de diseño) y la arquitectura con la prontitud y ubicuidad que caracterizó a Medellín.

# Buenos Aires: ocupación

La ciudad de Buenos Aires presenta condiciones de paisaje post-industrial bastante particulares, puesto que a diferencia de Medellín, Río de Janeiro, Caracas y Quito, no son las laderas el territorio sujeto a "invasiones" y auto-construcción, sino más bien los intersticios que decantan del despliegue de grandes infraestructuras de transporte o producción, algunas de las cuales han caído en la obsolescencia, en un territorio urbano relativamente plano. Este, por lo menos, es el caso de la Villa 31, un barrio de auto-construcción que ha sido sujeto de estudios en los talleres de la Facultad de Arquitectura, Diseño y Urbanismo de la Universidad de Buenos Aires. Fue en sus aulas que comenzaron a desarrollarse propuestas de urbanización e integración para la Villa 31, y que han culminado con proyectos como el desarrollado por Javier Fernández Castro, en colaboración con el mismo Jáuregui. En ellos, no se ha recurrido a un proceso de erradicación y sustitución, sino que, al contrario, se ha decidido capitalizar sobre el tejido informal existente por medio de una serie de intervenciones puntuales típicas de la acupuntura urbana. La propuesta aprovecha la presencia de infraestructura de transporte público aledaña para interconectar al barrio con el resto de la ciudad. Al igual que en el programa Favela-Bairro, la programación y diseño de la Villa 31 han decantado de un intenso proceso de participación comunitaria. El arquitecto y urbanista Flavio Janches también ha propuesto proyectos que ilustran los beneficios y la flexibilidad de las estrategias de acupuntura urbana en el contexto de Buenos Aires. Su lúdica propuesta para Villa Tranquila trae a la memoria otro de los precedentes significativos de esta estrategia: los *playgrounds* de Aldo van Eyck, ideados para responder a condiciones urbanas típicas de la post-guerra europea.

# The Quito Subway: an unprecedented opportunity to generate new urban centers

The lessons derived from the urban acupuncture processes in Medellin and Caracas are of particular relevance for Quito, now that the city is passing through a historical moment in its development with the proposal to construct an underground public transportation system. On the one hand, it is vital to remember that Medellin's urban strategy was not improvised: it had been developed in architectural and urban design workshops that Echeverri and others gave at the Department of Architecture at the Pontificia Bolivariana University, where Echeverri led the Architectural Study Group, and from its platform, the Projects and Studies for the North Workshop. His research group focused its work on the marginal and hillside areas in northern Medellin, precisely those areas intervened in when he worked for the Mayor's Office in defining/executing the *Proyecto Urbano Integral* (Integral Urban Project/ PUI). On the other hand, it is clear that it was the convergence between an independent politician and an academic who had thought of, discussed and projected the city with his colleagues and students that allowed Medellin to reinvent itself so aptly and in such a short time. The convergence of these two figures in one sole person, as in Lerner's case, is improbable; and urban intelligence without active political support is what decelerated the efficient consummation of pioneer ideas in Caracas. In this sense, workshops such as the one led by architect and urban designer Felipe Correa at the Graduate School of Design at the University of Harvard are of utter importance, precisely because the open up a space for reflection, amidst processes of sudden and profound urban transformation, such as those bound to be triggered by the construction of a public transportation system like the Quito Metro. This unique opportunity for the city to restructure itself can only benefit from a studio where thought and reflection may derive into a coherent urban strategy that could be efficiently and quickly launched given the *sine qua non* of all successful urban acupuncture schemes: the convergence of political willpower, design intelligence and economic resources. The academy can prepare *praxis* so as to prevent the

# El Metro de Quito: una oportunidad sin precedentes para generar nuevas centralidades

Las lecciones derivadas de los procesos de acupuntura urbana en Medellín y Caracas son de particular relevancia para Quito, ahora que la ciudad atraviesa un momento histórico en su desarrollo con la propuesta de construir un sistema de transporte público subterráneo. Por una parte es vital recordar que la estrategia urbana de Medellín no fue improvisada: venía desarrollándose en los talleres de diseño arquitectónico y urbano que Echeverri y otros dictaban en la Facultad de Arquitectura de la Universidad Pontificia Bolivariana, donde Echeverri dirigía el Grupo de Estudios en Arquitectura, y desde su plataforma, el Taller de Estudios y Proyectos del Norte. Su grupo de investigación enfocaba su trabajo en las zonas marginales y en ladera del norte de Medellín, precisamente aquéllas en donde se intervino cuando trabajó para la Alcaldía de su ciudad en la definición/ejecución del Proyecto Urbano Integral (PUI). Por otra, está claro que fue la convergencia entre un político independiente y un académico que venía pensando, discutiendo y proyectando la ciudad con sus colegas y estudiantes, lo que permitió que Medellín se reinventara con tales aciertos y en tan poco tiempo. La convergencia de estas dos figuras en una sola persona, como ocurre en el caso de Lerner, es improbable; y la inteligencia urbana sin apoyo político activo fue lo que desaceleró la consumación eficiente de ideas pioneras en Caracas. En esa medida, talleres como el que ha dictado el arquitecto y urbanista Felipe Correa en el Graduate School of Design de la Universidad de Harvard permiten justamente reflexionar sobre una condición de transformación urbana súbita y profunda, como la que provoca la construcción de un sistema de transporte público, de manera que la oportunidad de reestructurar la ciudad pueda ser aprovechada desde el pensamiento y la reflexión, y que una estrategia coherente pueda desplegarse con eficiencia y rapidez de darse la convergencia *sine qua non* de toda acupuntura urbana exitosa: el encuentro entre voluntad política, inteligencia de diseño y recursos. La academia permite preparar a la praxis, de manera que la última no se convierta en una imitación

latter from becoming a poor imitation of the surface of other cities, or the careless or hasty application of a series of works, not organized in a possible, reasonable, coordinated and visionary urban constellation, put to the test in the laboratory opened by the academic world.

As summarized by the title of this book, the incorporation of the Quito Subway, from its subsoil, will change the face of the city forever: it provides an unprecedented opportunity—difficult to repeat on the same scale in the future—to generate new urban centers throughout the metropolis, finally breaking away from the north-south polarity that has characterized Quito since the train station of Chimbacalle to the south of its Historic Center was inaugurated at the beginning of the 20th century, detonating the perception of an industrial and proletariat south as an antithesis to the residential, commercial and green north. The design for the Subway stops and their areas of influence will mark a first decentralization stage which may spread transversally afterwards. Inevitably, this first stage must pay greater attention to the historically more neglected Quito: its southern half. The importance of this publication for the city lies in each and every one of its projections: they foreshadow that which is possible. One may only hope that the visions shown herein act as a spring for urban action, and that they do not remain jailed between these pages, as tends to occur when a city lacks design policies, thereby condemning it to grow blindly, step-by-step, tripping. This sort of architectural musculature is what gives body to the future of a city capable of imagining itself, reinventing itself and reconstructing itself through the lenses and intelligence offered by the projection capacity granted by design.

282

*Ana María Durán Calisto is a Quito based Architect and a Professor of Architecture at the Facultad de Arquitectura, Diseño y Artes in the Pontificia Universidad Católica del Ecuador. She is also the co-founder of the South America Project with Felipe Correa and a partner at Estudio Ao.*

pobre de la superficie de otras ciudades o en la aplicación irreflexiva o apurada de una serie de obras que no se organizan en una constelación posible, razonada, coordinada, visionaria -puesta a prueba en el laboratorio que abren los espacios del mundo académico.

Como lo resume el título de este libro, la incorporación del Metro de Quito, desde su subsuelo, cambiará para siempre la faz de la ciudad: provee una oportunidad sin precedentes -y que difícilmente se repetirá a la misma escala en el futuro- para generar nuevas centralidades a lo largo y ancho de la urbe, quebrando, finalmente, la polaridad norte-sur que ha caracterizado a Quito desde que se inauguró a inicios del siglo XX la estación de trenes de Chimbacalle al sur de su Centro Histórico, detonando la percepción de un sur industrial y proletario, como antítesis de un norte residencial, comercial y verde. El diseño de las paradas del Metro y sus zonas de influencia marcará una primera etapa de descentralización que luego podrá regarse transversalmente. Esta primera etapa deberá, inevitablemente, prestar mayor atención al Quito históricamente más descuidado: el meridional. La importancia de esta publicación para la ciudad radica en todas y cada una de sus proyecciones: prefiguran lo posible. Sólo queda esperar que las visiones aquí expuestas sean un resorte para la acción urbana, y que no permanezcan encarceladas entre estas páginas, como suele ocurrir cuando una ciudad carece de políticas de diseño, condenándola a crecer de manera ciega, al paso, a tropezones. Este tipo de musculatura arquitectónica es la que da cuerpo al futuro de una ciudad capaz de imaginarse, reinventarse y reconstruirse desde la inteligencia que ofrece la capacidad de proyección que otorga el diseño.

*Ana María Durán Calisto es arquitecta con base en Quito y profesora de arquitectura en la Facultad de Arquitectura, Diseño y Artes en la Pontificia Universidad Católica del Ecuador. Junto con Felipe Correa es co-directora del South American Project y socia fundadora de Estudio Ao.*

## REFERENCES

Davis, Mike. Planet of Slums. London/New York: Verso, 2006.

Lepik, Andres; Bergdoll, Barry. Small Scale, Big Change: New Architectures of Social Engagement. New York: MOMA, 2011.

Machado, Rodolfo, ed. The Favela-Bairro Project: Jorge Mario Jauregui Architects. The Sixth Veronica Rudge Green Prize in Urban Design. Cambridge: Harvard University Press, 2006.

Sánchez, Ángela, "Urbanismo social: la metamorfosis de Medellín", in Barcelona Metrópolis: Revista de información y pensamiento urbanos, Barcelona, enero-marzo 2010.

Santos, Evandro. Curitiba, Brazil: Pioneering in Developing Bus Rapid Transit and Urban Planning Solutions. LAP LAMBERT Academic Publishing, 2011.

Schwartz, Hugh. Urban Renewal, Municipal Revitalization: The Case of Curitiba, Brazil. Higher Education Publications, 2004.

Vaz Del Bello, Giovanni. A Convenient Truth: Urban Solutions from Curitiba. Film. Produced by Maria Terezinha Vaz.

## REFERENCIAS

Davis, Mike. Planet of Slums. London/New York: Verso, 2006.

Lepik, Andres; Bergdoll, Barry. Small Scale, Big Change: New Architectures of Social Engagement. New York: MOMA, 2011.

Machado, Rodolfo, ed. The Favela-Bairro Project: Jorge Mario Jauregui Architects. The Sixth Veronica Rudge Green Prize in Urban Design. Cambridge: Harvard University Press, 2006.

Sánchez, Ángela, "Urbanismo social: la metamorfosis de Medellín", in Barcelona Metrópolis: Revista de información y pensamiento urbanos, Barcelona, enero-marzo 2010.

Santos, Evandro. Curitiba, Brazil: Pioneering in Developing Bus Rapid Transit and Urban Planning Solutions. LAP LAMBERT Academic Publishing, 2011.

Schwartz, Hugh. Urban Renewal, Municipal Revitalization: The Case of Curitiba, Brazil. Higher Education Publications, 2004.

Vaz Del Bello, Giovanni. A Convenient Truth: Urban Solutions from Curitiba. Film. Produced by Maria Terezinha Vaz.

283

284

# SUB-SURFACE SPINES;

*The transformative role of subways in the contemporary city*

# ESPINAS SUB-TERRÁNEAS;

*El efecto de transformación de un metro en la ciudad contemporánea*

5

# METRO SYSTEMS AND CITIES
## METRO Y CIUDAD

Since its inception in London in the mid-19th century, the metro has become an integral infrastructure in cities throughout the world. While the metro's primary role is to provide public transportation, it has in many cases taken on additional projects of transforming spaces within the city through its design. This intersection of architecture, infrastructure, and urbanism which the metro provokes presents a unique opportunity to reconfigure existing urban conditions and create opportunities for new developments within cities.

In addition to its urban role, the design of metro systems has evolved alongside construction and transportation technology. The two main methods of metro construction are "cut-and-cover," in which the track is excavated from above and subsequently covered, and tunneling, where a vertical shaft is created from which horizontal tunnels are excavated. A series of advancements in tunneling shield technology in the construction of early metro systems increased the speed of construction and safety for workers below ground. Early trains in London ran on steam power; however, the trains were converted to electric units in the late 19th century which remains the preferred technology for most systems today. There are several different technology variables which vary from system to system, including: wheel type (rubber or steel), car size and type, track gauge, and crew size (including crewless or automated systems).

Desde su nacimiento en Londres a mediados del siglo XIX, los sistemas de metro se han convertido en una infraestructura integral de ciudades en todo el mundo. Mientras que el papel principal del metro es el de proveer transporte público, en muchos casos los proyectos de metro han incorporado intervenciones adicionales de transformación de espacios urbanos adyacentes. Este encuentro entre arquitectura, infraestructura y urbanismo incitado por el metro presenta una oportunidad única para reconfigurar condiciones urbanas ya existentes, y a la vez crear nuevas oportunidades de desarrollo.

Además de este rol urbano, el diseño de sistemas de metro se ha desarrollado en paralelo a la tecnología de la construcción y el transporte. Los dos métodos principales en la construcción de sistemas de metro son, por un lado, el de "cortar y cubrir", en el cual la vía es excavada desde la superficie y posteriormente cubierta, y, por el otro, el de tunelación, en el que se excava un corredor subterráneo a partir de la creación de una serie de pozos verticales. Ciertos avances en la construcción de los primeros sistemas de metro permitieron, en pocos años, una ejecución más rápida y mayor seguridad para los trabajadores bajo tierra. Los primeros trenes en Londres operaban con máquinas de vapor, aunque pronto la maquinaria incorporó la energía eléctrica, aun a finales del siglo XIX, y desde entonces ha sido la tecnología de preferencia. Sin embargo, sí existen algunas variantes que cambian de sistema a sistema, como por ejemplo el tipo de neumático (caucho o acero), el modelo y tamaño de coche, el ancho de vía y el número de tripulantes (incluyendo sistemas no tripulados o sistemas automatizados).

| Year | City | Country | System |
|------|------|---------|--------|
| 1863 | London | United Kingdom | 402 km / 270 stops |
| 1892 | Chicago | United States | 173 km / 144 stops |
| 1897 | Boston | United States | 101 km / 125 stops |
| 1900 | Paris | France | 214 km /384 stops |
| 1904 | New York | United States | 398 km / 469 stops |
| 1908 | Philadelphia | United States | 41 km / 62 stops |
| 1913 | Buenos Aires | Argentina | 49 km / 78 stops |
| 1919 | Madrid | Spain | 300 km / 293 stops |
| 1954 | Toronto | Canada | 70 km / 69 stops |
| 1966 | Montreal | Canada | 68 km / 69 stops |
| 1969 | Mexico City | Mexico | 201 km / 175 stops |
| 1972 | San Francisco | United States | 167 km / 44 stops |
| 1974 | Sao Paulo | Brazil | 74 km / 64 stops |
| 1974 | Prague | Czech Republic | 60 km / 57 stops |
| 1975 | Santiago | Chile | 94 km / 101 stops |
| 1976 | Washington, DC | United States | 171 km / 86 stops |
| 1979 | Atlanta | United States | 77 km / 38 stops |
| 1979 | Rio de Janeiro | Brazil | 47 km / 35 stops |
| 1983 | Baltimore | United States | 25 km / 14 stops |
| 1983 | Caracas | Venezuela | 54 km / 48 stops |
| 1984 | Miami | United States | 36 km / 22 stops |
| 1985 | Vancouver | Canada | 69 km / 47 stops |
| 1985 | Recife | Brazil | 25 km / 18 stops |
| 1985 | Porto Alegre | Brazil | 34 km / 20 stops |
| 1986 | Belo Horizonte | Brazil | 28 km / 19 stops |
| 1991 | Monterrey | Mexico | 31 km / 29 stops |
| 1993 | Los Angeles | United States | 28 km / 16 stops |
| 1995 | Medellin | Colombia | 32 km / 25 stops |
| 1999 | Bangkok | Thailand | 21 km / 18 stops |
| 2001 | Brasilia | Brazil | 47 km / 29 stops |
| 2004 | San Jaun | United States | 17 km / 16 stops |
| 2005 | Valparaiso | Chile | 43 km / 20 stops |
| 2006 | Maracaibo | Venezuela | 6.5 km / 6 stops |
| 2009 | Santo Domingo | Domnican Republic | 14.5 km / 16 stops |
| 2011 | Lima | Peru | 22 km / 16 stops |
| 2013 | Quito | Ecuador | 23 km / 15 stops |

288

In nearly every major city, the metro contributes to the vitality and structure of its urbanism.
For some of the older systems, notably London, Paris, and New York, the metro has evolved and expanded with the city itself creating expansive networks which respond to the densities and intensities of other developments on the city surface.

En casi todas las ciudades importantes, el metro repercute en la vitalidad y estructura del tejido urbano. En algunos de los casos más antiguos, particularmente Londres, Paris y Nueva York, el metro se ha desarrollado y crecido con la ciudad, creando redes expansivas que responden a la densidad e intensidad existentes sobre la superficie de la ciudad.

KEY
■ South America
■ North America
■ International
— System Length
• 10 stops

Metro tunnel under construction in Hangzhou, China
Túnel de metro en construcción en la ciudad de Hangzhou, China

London's Underground, the world's oldest and largest metro system. Innovative tunneling techniques were developed to construct the first modern tunnel in the mid-19th century, which allowed the train to run below the Thames River. The system has continued to expand gradually overtime.

El Metro de Londres es el sistema de metro más antiguo y grande del mundo. Técnicas innovadoras en la construcción de túneles fueron utilizadas para construir el primer túnel moderno a mediados del siglo XIX, permitiendo que el tren pudiera pasar por debajo del río Támesis. El sistema ha continuado su expansión gradual a través del tiempo.

1863    London    United Kingdom    402 km / 270 stops

Daily Ridership: 3,000,000
Track gauge: 1,435 mm
Electrification: 630 V DC Fourth rail

2000-Present
1990-1999
1980-1989
1970-1979
1960-1969
1950-1959
1940-1949
1930-1939
1920-1929
1910-1919
Before 1910

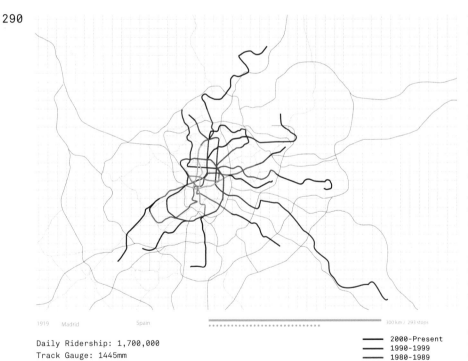

The Madrid Metro, which has evolved continuously to match the growth of the city, is currently the sixth largest system in the world and second largest in Europe, after London. Recent expansion projects, including connections with several cities in the south of the metropolitan area (Metro Sur project) and the airport, added over 90km of track and 80 new stations between 2000-2010.

El Metro de Madrid, desarrollado a la par que el crecimiento de la ciudad, es actualmente el sexto sistema más grande del mundo y el segundo en Europa después del de Londres. Recientes proyectos de expansión, incluyendo las conexiones con varias ciudades al sur del área metropolitana (Proyecto Metro Sur) y el aeropuerto, han dotado a la red de 90km de vías adicionales y 80 nuevas estaciones entre los años 2000 y 2010.

1919    Madrid    Spain    300 km / 293 stops

Daily Ridership: 1,700,000
Track Gauge: 1445mm
Electrification: Overhead wire

2000-Present
1990-1999
1980-1989
1970-1979
1960-1969
1950-1959
1940-1949
1930-1939
1920-1929
1910-1919

Callao Metro Station in Madrid showing relationship between station and Street
La Estación de Metro Callao en Madrid demuestra la relación entre metro y ciudad

The Sao Paulo metro is one of the busiest systems in the world, consisting of five lines, which are integrated with other transportation systems, including bus and commuter rail. There are several additional lines planned for construction which will provide public transportation to previously disconnected areas in the city.

El metro de Sao Paulo es uno de los sistemas más transitados del mundo. Está formado por cinco líneas integradas con otros sistemas de transporte, incluyendo el bus y el tren de cercanías. Existe un plan para construir líneas adicionales que incrementarán el acceso a transporte público en áreas que previamente estuvieron desconectadas en esta extensa ciudad.

1974    Sao Paulo    Brazil    •••••• 74 km / 64 stops

Daily Ridership: 4,200,000
Track Gauge: 1600mm
Electrification: 759V Third rail

— 2000-Present
— 1990-1999
— 1980-1989
— 1970-1979

292

The Buenos Aires metro, which originally opened in 1913, remained the only system in Latin American until Mexico City's opened in 1969. Despite its early construction, there has been relatively little expansion since the 1930s which has placed a great deal of stress on the existing infrastructure. The current expansion plan calls for roughly 40 km of new track to be added in five additional lines.

El metro de Buenos Aires, inaugurado en 1913, fue el único sistema de metro en Latino América hasta la inauguración del de Ciudad de México en 1969. A pesar de su temprana construcción, ha habido una expansión relativamente escasa desde 1930, lo cual a provocado mucha presión en la infraestructura existente. El nuevo plan de expansión requiere 40km de vías que serán incorporadas en cinco líneas adicionales.

1913    Buenos Aires    Argentina    ••••••• 49 km / 78 stops

Daily Ridership: 850,000
Track Gauge: 1435mm
Electrification: Overhead wire 1500 V / 1100 V Third rail

— 2000-Present
— 1990-1999
— 1980-1989
— 1970-1979
— 1960-1969
— 1950-1959
— 1940-1949
— 1930-1939
— 1920-1929
— 1910-1919

Metro Station in Sao Paulo showing the lamination of mobility infrastructure.
Una estación de metro en San Pablo visualizando la integracion entre infraestructuras de movilidad.

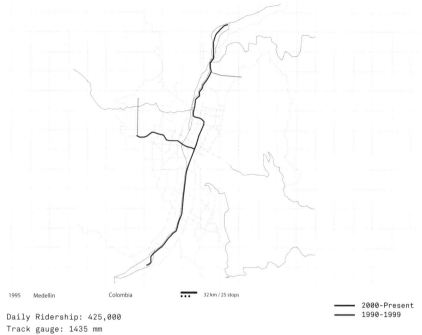

1995    Medellin           Colombia         32 km / 25 stops

Daily Ridership: 425,000
Track gauge: 1435 mm
Electrification: Overhead wire 1500 V

——— 2000-Present
——— 1990-1999

············ Metrocable

The Medellin metro is an elevated rather than subterranean system and has served a symbol of new possibility for the city — increasing economic opportunity, social capital, and tourism. The metro connects to three "Metro cable" car line which were constructed in 2004 and 2008 to integrate informal settlements into the public transportation network.

El metro elevado de Medellín ha servido como símbolo de oportunidad y desarrollo para la cuidad—aumentando las capacidades económicas, de capital social y de turismo. El metro se conecta a teleféricos (metro cable) que fueron construidas en el 2004 y el 2008 para integrar asentamientos informales a la red general de transporte público.

294

1999    Bangkok          Thailand        21 km / 18 stops

Daily Ridership: 550,000
Track Gauge: 1435mm
Electrification: 750 V Third rail

——— 2000-Present
——— 1990-1999

Bangkok elevated transportation system
sistema elevado de transporte en Bangkok

The Bangkok system comprises three different systems: an underground metro, an elevated rail system, and another elevated rail system which connects the city to the Suvarnabhumi Airport. The government is in the process of defining and implementing a plan for extensions to the existing network in a plan call the M-Map which calls for the construction of over 450 km of new routes by 2030.

El sistema de Bangkok comprende tres diferentes sistemas: un metro subterráneo, un sistema de riel elevado y un sistema adicional de riel elevado que conecta la ciudad con el aeropuerto Suvarnabhumi. El gobierno está en proceso de definir e implementar un plan de extensión de la red existente, un plan llamado Mapa-M, que requiere de la construcción de unos 450 km de rutas nuevas para el año 2030.

Conceived as a multi-disciplinary cultural space, the Centro Cultural Sao Paulo (1982) serves as a major urban node that negotiates multiple scales of mobility. It brings together two subway stations and Avenida 23 de maio, a major thoroughfare in the city.

Concebido como un espacio cultural trans-disciplinario, el Centro Cultural Sao Paulo es un importante nodo urbano que negocia múltiples escalas de movilidad. El centro une dos estaciones de metro con la importante Avenida 23 de maio.

Initially conceived in the 1970's, with a final version executed in the 1990's, the Jubilee line extension in London demonstrates how a metro line can serve as the backbone for more comprehensive urban redevelopment, primarily affiliated with the restructuring of Canary Wharf. Furthermore, the use of high profile architecture in its stations provides the line a degree of civic value within the city.

Concebida inicialmente en la década de los setentas y ejecutada en los noventas, la línea Jubilee en Londres demuestra como un metro sirve de espina dorsal para un proyecto urbano, principalmente la restructuración de Canary Wharf. Adicionalmente, el uso de arquitectura de calidad en sus estaciones genera un nuevo valor cívico dentro de la ciudad.

↑ West Plaza
Canary Wharf

↑ West Plaza
Canary Wharf

Madrid Río (2010) is
a 650 hectare public
space project that
resulted from sinking a
ten kilometer stretch
of the M-30 Highway.
The project exemplifies
an urban operation that
simultaneously rethinks
mobility infrastructure
and urban space in
order to give the
Manzanares River back
to the city.

Madrid Río (2010)
es un proyecto de
espacio publico de
aproximadamente 650
hectáreas que nace del
del soterramiento del
diez kilómetros de la
autopista M-30. Este
proyecto es un ejemplo
de como una operación
urbana puede pensar
simultáneamente sus
infraestructuras de
movilidad pesada y
sus espacios urbanos
para devolver el Río
Manzanares a la ciudad.

The Seattle Olympic
Sculpture Park (2007)
constructs a new public
space by extending
a green swath that
stitches together
leftover spaces created
by mobility (rail and
freeway) infrastructure
adjacent to the water.
By doing so the project
successfully connects
the city with the
waterfront.

El Seattle Olympic
Sculpture Park (2007)
genera un nuevo
espacio público al
extender una superficie
verde que agrupa una
serie de espacios
residuales creados por
infraestructuras de
movilidad pesadas junto
a la bahía. El proyecto
logra conectar en un
punto clave a la ciudad
con el frente de agua.

300

# THE METRO AS SPINE;

*A system
of recreational loops
along a linear city*

# EL METRO
# COMO
# ESPINA
# DORSAL;

*Un sistema de
circuitos recreativos
a lo largo de una
ciudad lineal*

6

# METRO AND URBAN STRUCTURE
## METRO Y ESTRUCTURA URBANA

The insertion of the metro creates a critical opportunity for Quito to strengthen the role of open space and collective service infrastructure within the city. The current inventory of open space includes neighborhood parks, recreational areas, and public squares. The metro, and its integration to secondary and tertiary modes of transport, can help to redefine a new network of these open spaces.

    This citywide hypothesis identifies a series of thirteen loops through the city which link the new metro stops to open spaces and reinforce east-west connectivity. These loops then become critical sites for additional cultural, educational and recreational infrastructure that can further enrich the transportation network.

La inserción del metro, crea para Quito una oportunidad crítica que fortalece el papel del espacio abierto y la infraestructura colectiva dentro de la ciudad. El inventario actual de espacios abiertos incluye parques de barrio, áreas recreacionales y plazas públicas. El metro, y su integración a medios de transporte secundarios y terciarios, puede ayudar a redefinir una nueva red de estos espacios abiertos.

    La hipótesis a lo largo de la ciudad identifica una serie de trece circuitos a través de la ciudad que unen a las paradas del nuevo metro con los espacios abiertos y refuerzan la conectividad este-oeste. Estos circuitos se convierten en lugares críticos para la infraestructura cultural, educacional y recreacional complementaria que podría enriquecer aún más las redes de transporte.

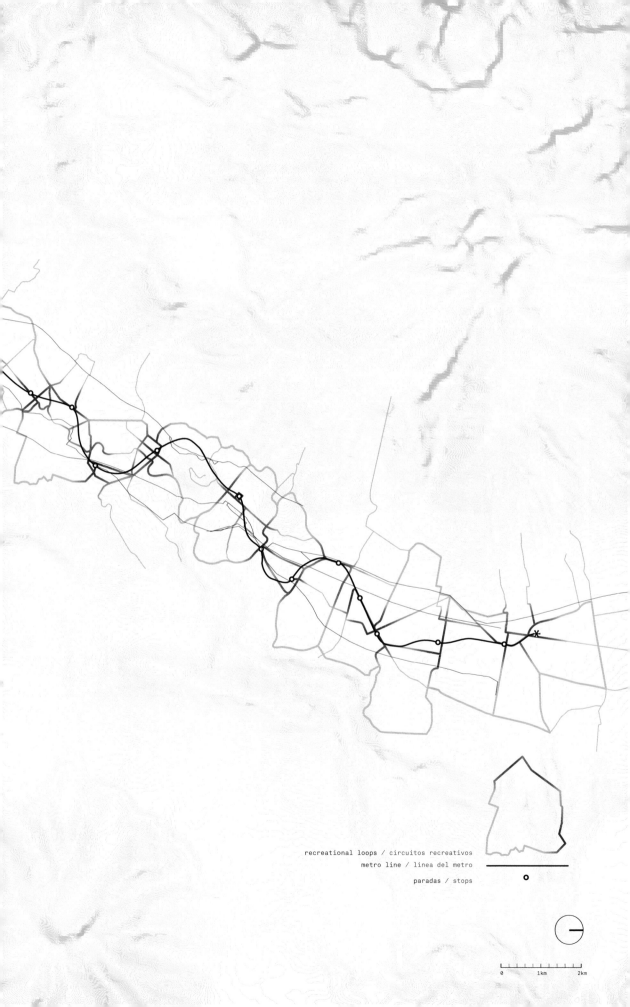

recreational loops / circuitos recreativos

metro line / línea del metro

paradas / stops

0        1km        2km

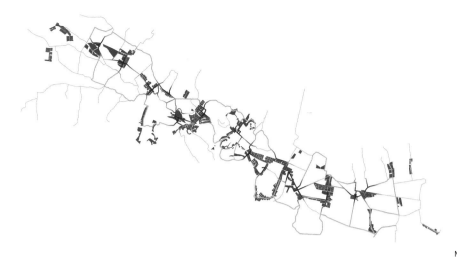

NEW DENSITIES
NUEVAS DENSIDADDES

304

SUBWAY STOPS
PARADAS DE METRO

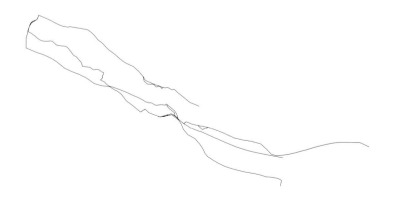

RAPID BUS LINE
BUS EN CARRIL DEDICADO

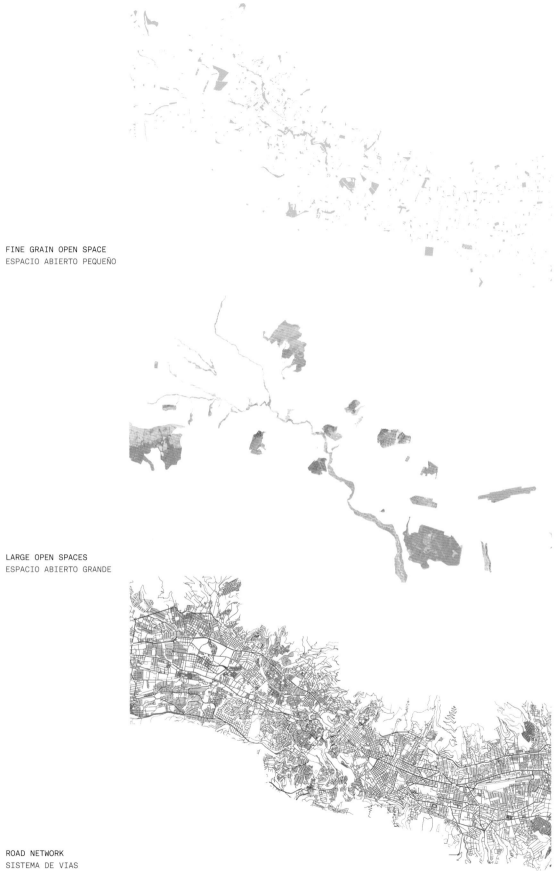

FINE GRAIN OPEN SPACE
ESPACIO ABIERTO PEQUEÑO

LARGE OPEN SPACES
ESPACIO ABIERTO GRANDE

ROAD NETWORK
SISTEMA DE VIAS

STORMWATER DRAINAGE
COLECTORES

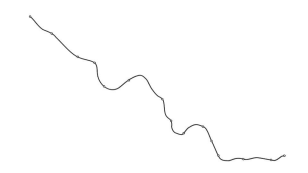

SUBWAY
METRO

TOPOGRAPHY
TOPOGRAFIA

1 Metro line in regional context
1_La línea de metro en el contexto regional

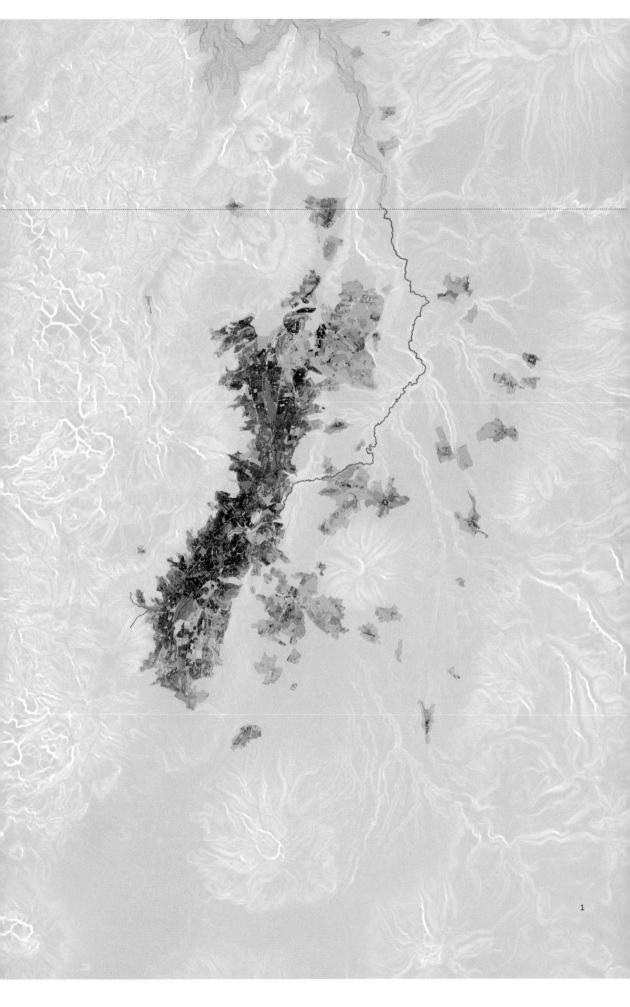

A system of pedestrian
and recreational
rings that are well
integrated to the city
will allow better
connectivity to the
metro stations and
provide a new ground
for a renewed layer of
recreational, cultural
and educational
facilities.

Un sistema de
anillos peatonales y
recreativos que estén
bien integrados con la
ciudad preverán una
mejor conexión a las
paradas de metro y
también servirán como
plataformas urbanas
para nuevos servicios
culturales, educativos
y recreativos.

0          1km          2km

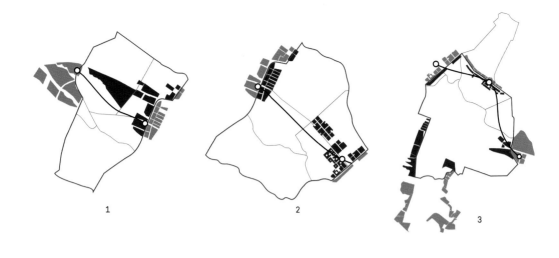

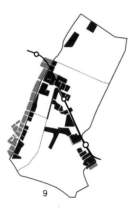

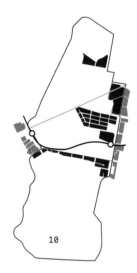

1

2

3

8

9

10

1  2  3  4  5  6  7  8  9  10  11  12  13

Although the loops
function as a
system, each one
can be understood
as a singular unit,
creating a new multi-
scalar organizational
structure for the city.

Aún cuando los
circuitos funcionan
como un sistema, cada
una puede ser entendido
como una unidad
particular, creando
una nueva estructura
organizativa multi-
escalar en la ciudad.

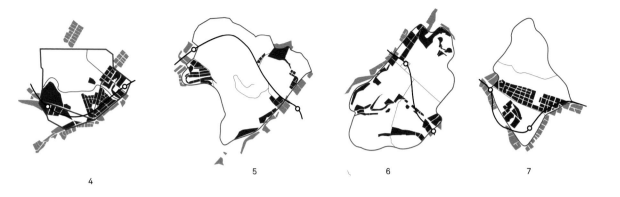

4

5

6

7

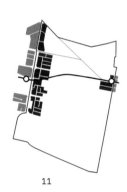

11

12

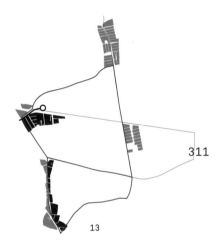

311

13

Loop 1: Quitumbe Area:

-Southern terminus of
the metro line
-Currently a great deal
of open space exisits
in the area
-Identified as an area
for furture growth
within the city

Circuito 1: Area
Quitumbe:
-Terminal sur de la
línea de metro.
-Actualmente existe
una gran extensión de
espacio abierto en el
área.
-Identificada como una
área de expansión
futura dentro de la
ciudad.

Loop 3: Solanda Area:

-Potential for
new recreational
infrastructure
-Intersection of the
Machangara River and
the metro line

Circuito 3: Area
Solanda:
-Potencial para nueva
infraestructura
recreacional.
-Intersección del río
Machángara con la línea
de metro.

Loop 13: Airport Area:

-Northern terminus of
the metro line
-Transition from
airport to park
-New cultural hub
connected to El
Labrador Station
-Establish connections
between smaller scale
open spaces in the area

Circuito 13: Área
Aeropuerto:
-Terminal norte de la
línea de metro.
-Nuevo centro cultural
conectado a la estación
del Labrador.
-establecer conexiones
entre los espacios
abiertos de menor
escala en el área

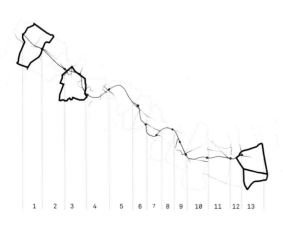

1  2  3  4  5  6  7  8  9  10  11  12  13

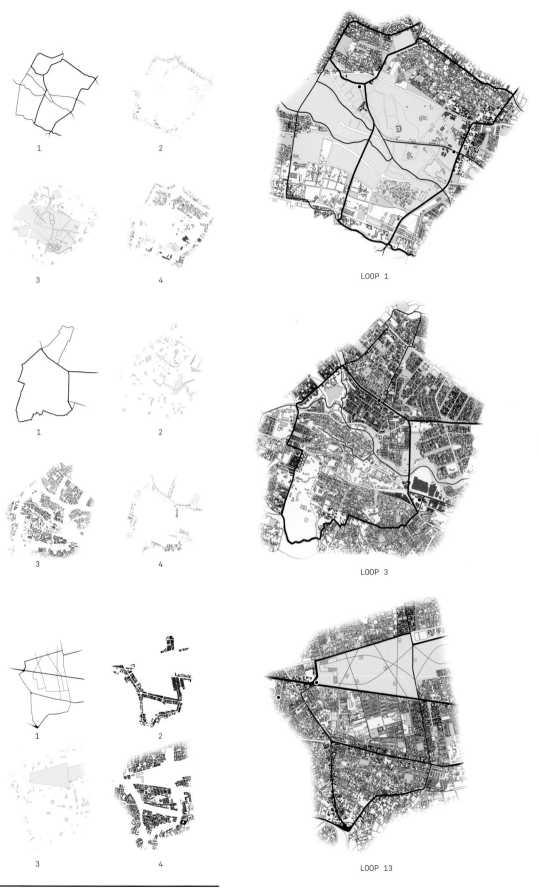

LOOP 1

LOOP 3

313

LOOP 13

1 Loops; 2 Open Space Network; 3 Urban Projects along
Rings; 4 Fabric  1_Anillos; 2 Sistema de espacios públicos;
3 Proyectos urbanos en el anillo; 4 Tejido

loop

open space

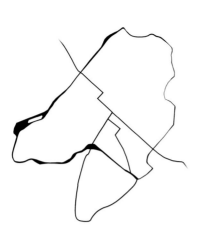

new urban projects

existing buildings

Loop 6: Historic Core:

-Connect network of
existing public squares
-Create opportunities
for new public
services at the edge
of the core, including
parking, open space,
and transportation (bus
station)

Circuito 6, área centro
histórico:
-Conectar la red de
plazas públicas ya
existentes
-Crear oportunidades
de nuevos servicios
públicos alrededor del
centro, incluyendo
parqueaderos, espacios
abiertos y transporte
(parada de bus).

1  2  3  4  5  6  7  8  9  10  11  12  13

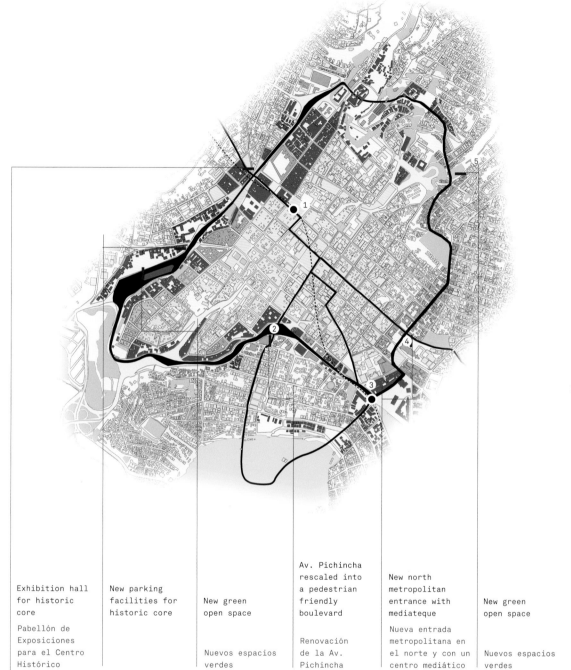

315

| Exhibition hall for historic core | New parking facilities for historic core | New green open space | Av. Pichincha rescaled into a pedestrian friendly boulevard | New north metropolitan entrance with mediateque | New green open space |
|---|---|---|---|---|---|
| Pabellón de Exposiciones para el Centro Histórico | | Nuevos espacios verdes | Renovación de la Av. Pichincha | Nueva entrada metropolitana en el norte y con un centro mediático | Nuevos espacios verdes |

Existing Key Locations / Lugares Claves

1. Plaza 24 Mayo
2. Av. Pichincha
3. La Alameda
4. La Basilica
5. Museo del Agua

316

# APPENDIX: SINGULAR PROJECTS;

*A selection of design proposals for a valley-city*

# APÉNDICE: PROYECTOS SINGULA-RES;

*Una selección de proyectos para una ciudad-valle*

7

# METRO DE QUITO

MARIUSZ
KLEMENS

LAP CHI
KWONG

TOM
CAKULS

EMMET
TRUXES

NATHAN
SHOBE

JENNIFER
ESPOSITO

KE YU
XIONG

BILLY
WEBSTER

LAURA
HAAK

GIORGI
KHMALADZE

PABLO
RAMOS
&
LUCAS
CORREA

320

The eleven projects included in the following appendix imagine new possibilities for several areas of the city within which one of the metro stations will be located. Beyond accommodating for this new infrastructure, each project conceives of the metro as a catalyst for larger urban transformations. Presented as a constellation of singular projects, these design hypotheses offer inventive architectural and urban identities that can through accretion improve the urban landscape for a twenty first century Quito.

The projects, which are presented from south to north along the metro line, are focused on the themes of establishing centralities and creating connections. Several of the projects identify new linkages in the city, particularly in the east-west direction, through a series of corridors that open up new areas of the city for development. Other projects address the need to re-configure existing and establish additional nodes within city through the provision of new scales of housing as well as cultural, recreational, and open spaces paired with the metro infrastructure.

Los once proyectos incluidos en el siguiente apéndice imaginan nuevas posibilidades para ciertas áreas urbanas en el entorno de varias estaciones de metro. En lugar de pensar sólo en maniobras limitadas a la adecuada incorporación de la nueva infraestructura, cada proyecto utiliza el metro como un nuevo catalizador para transformaciones urbanas de mayor repercusión. Presentados como una lluvia de ideas, estas hipótesis de diseño ofrecen nuevas identidades arquitectónicas y urbanísticas que proponen mejorar el paisaje urbano de Quito para el siglo 21.

Los proyectos, que se presentan en una secuencia de sur a norte a lo largo de la línea de metro, consisten principalmente en la creación de centralidades urbanas y conexiones. Varios de ellos trabajan con la incorporación de nuevos vínculos en la ciudad, particularmente en la dirección este-oeste, mediante una serie de corredores que ofrecen nuevas oportunidades de desarrollo en otras áreas de la ciudad. Otros proyectos trabajan con la necesidad de reconfigurar centralidades existentes o de crear nuevas centralidades, a través de cambios de escala en proyectos residenciales así como a través de proyectos culturales o recreacionales en paralelo a la nueva infraestructura del metro.

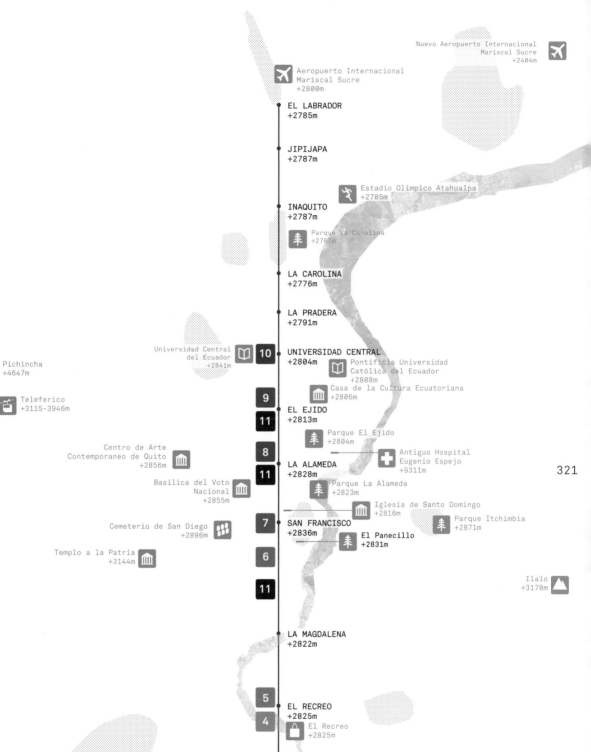

Nuevo Aeropuerto Internacional
Mariscal Sucre
+2404m

Aeropuerto Internacional
Mariscal Sucre
+2800m

EL LABRADOR
+2785m

JIPIJAPA
+2787m

Estadio Olimpico Atahualpa
+2785m

INAQUITO
+2787m

Parque La Carolina
+2767m

LA CAROLINA
+2776m

LA PRADERA
+2791m

Pichincha
+4647m

Universidad Central
del Ecuador
+2841m

10  UNIVERSIDAD CENTRAL
+2804m

Pontificia Universidad
Católica del Ecuador
+2808m

Teleferico
+3115-3946m

9

Casa de la Cultura Ecuatoriana
+2806m

EL EJIDO
+2813m

11

Parque El Ejido
+2804m

8

Antiguo Hospital
Eugenio Espejo
+9311m

Centro de Arte
Contemporaneo de Quito
+2856m

LA ALAMEDA
+2828m

11

321

Basilica del Voto
Nacional
+2855m

Parque La Alameda
+2823m

Iglesia de Santo Domingo
+2816m

Cemeterio de San Diego
+2896m

7  SAN FRANCISCO
+2836m

Parque Itchimbia
+2871m

El Panecillo
+2831m

Templo a la Patria
+3144m

6

Ilalo
+3178m

11

LA MAGDALENA
+2822m

5  EL RECREO
+2825m

4

El Recreo
+2825m

EL CALZADO
+2837m

Parque de Solanda
+2825m

3

SOLANDA
+2846m

2

MORAN VALVERDE
+2884m

1  QUITUMBE
+2926m

# QUITUMBE

322

This specific design strategy investigates a variety of new block morphologies that provide a framework for the densification of the Quitumbe District. At larger scale, the project also proposes an interesting dynamic between the Quitumbe Station, conceived as a larger inter-provincial hub and the Moran Valverde Station conceived as a more local neighborhood epicenter.

Esta estrategia de diseño genera una serie de morfologías de manzana que ofrecen un marco alternativo de desarrollo para la densificación del distrito de Quitumbe. El proyecto también propone una dinámica interesante entre la estación de Quitumbe, concebida como un gran intercambiador interprovincial, y la estación Morán Valverde, que funciona como un epicentro a escala local de barrio.

View of Quitumbe before the extensive urban development of the last 5 years
Vista de Quitumbe antes del extenso desarrollo de los últimos 5 años

LUCAS CORREA SEVILLA / PABLO PÉREZ RAMOS

# RAVINE CENTRAL
# QUEBRADA CENTRAL

Ravine Central understands Quito's urban evolution paradigmatic phases as means to speculate on the formal attributes the city must take and considers the future implementation of the first metro line as yet another one of these paradigmatic epochs. The projects explores historic questions such as the introduction of the damero plan, and some other contemporary ones such as the uncontrolled growth to identify the two urban problematics to which Quito must respond urgently: geography and density.

The result is a project that plays with pixel-like resolution. The micro scale deals with the conception of a new type of urban block that helps Quito's densification and salvages the extreme ravine condition as recreational and productive spaces in the city. On the other hand, the macro scale proposes a new 2020 urban strategy that zones the city into highly dense centers and urban archipelagoes with well-defined boundaries. The project marks in very specific ways the true potential of a city that has not been critically analyzed for the past century, and will set the way to the true modern Quito: a city that replaces the tradition of antagonism and privatization for the inclusion of geography, density and diverse urban continuity.

Quebrada Central propone distintas fases paradigmáticas de la evolución de Quito como soporte para especular con los atributos formales que la ciudad debe considerar en su desarrollo futuro, en el que la implementación de la línea de metro será constituirá una nueva época paradigmática. El proyecto analiza cuestiones históricas como la implantación de la retícula de manzanas, y otras contemporáneas como el crecimiento urbano descontrolado, para identificar las dos problemáticas urbanas a las que Quito debe responder con mayor urgencia: la geografía y la densidad

El resultado es un proyecto con una lógica de pixel, en el que la microescala trabaja con la concepción de una nueva tipología urbana que favorezca la densificación urbana y utilice la condición extrema de las quebradas existentes como espacios recreativos y productivos para la ciudad. Por otra parte, la macroescala propone una nueva estrategia urbana para el año 2020 que formalice una expansión de la ciudad a modo de archipiélago, con centros urbanos densos y límites urbanos bien definidos. El proyecto exprime ciertas potencialidades de una ciudad que no ha sido estudiada críticamente a lo largo del último siglo, y propone una nueva vía de construcción del Quito contemporáneo: una ciudad que debe sustituir la tradición del antagonismo y la privatización por una nueva inclusión de su geografía, una mayor densidad y una diversa continuidad urbana.

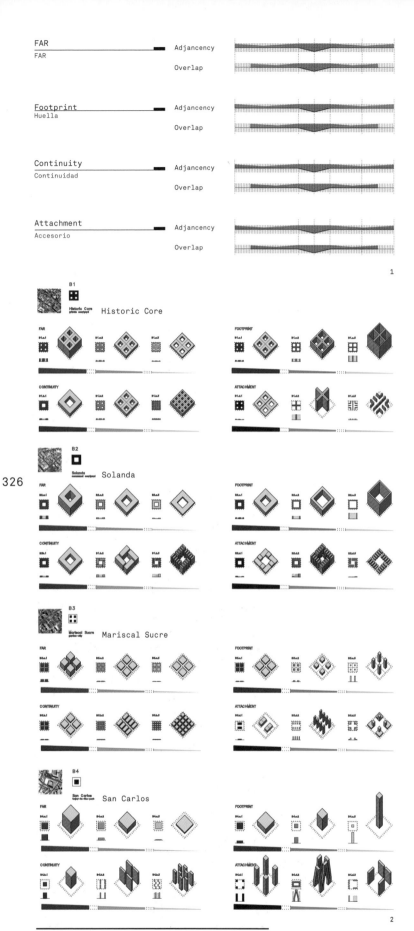

FAR
FAR
Adjancency
Overlap

Footprint
Huella
Adjancency
Overlap

Continuity
Continuidad
Adjancency
Overlap

Attachment
Accesorio
Adjancency
Overlap

1

B1
Historic Core

FAR
FOOTPRINT
CONTINUITY
ATTACHMENT

B2
Solanda

FAR
FOOTPRINT
CONTINUITY
ATTACHMENT

B3
Mariscal Sucre

FAR
FOOTPRINT
CONTINUITY
ATTACHMENT

B4
San Carlos

FAR
FOOTPRINT
CONTINUITY
ATTACHMENT

2

"The presentation was quite splendid and was very complete in the way you researched the complexity of the geography. All of the dimensions and complexities are on the table and you explained them in a very clear way. The process from here should be to step back and ask yourself, what are the basic rules? In these images you are already intervening in an area that is certainly compact. I think this is very good, that you try and apply this in different contexts. In the end the question for me, looking at your models is; how does it adapt to a multiplicity of conditions. Is an 100x100 meter block just as valid in Quitumbe as it is in the outskirts?"

"La presentación ha sido espléndida y ha sido también muy completo el modo en que habéis investigado la complejidad de la geografía. Todas las dimensiones y las complejidades han sido puestas sobre la mesa, y las habéis explicado muy claramente. En este punto, deberíais dar un paso atrás y preguntaros a vosotros mismos, ¿cuáles son las reglas básicas? En estas imágenes estáis interviniendo en un área que es ciertamente compacta. Y creo que está muy bien, que hagáis pruebas y tratéis de aplicar el modelo en diferentes contextos. Al final, la pregunta para mí, viendo vuestra maqueta, es, ¿cómo se adapta este modelo a distintas condiciones urbanas? ¿Es una manzana de 100x100 igual de válida en Quitumbe y en las afueras?"

-Joan Busquets

326

1_Block Gradient  2_ Block Typologies by location 3_
General framework
1_ Degradado de bloque 2_ Tipologías por la ubicación del
bloque 3_ Marco general

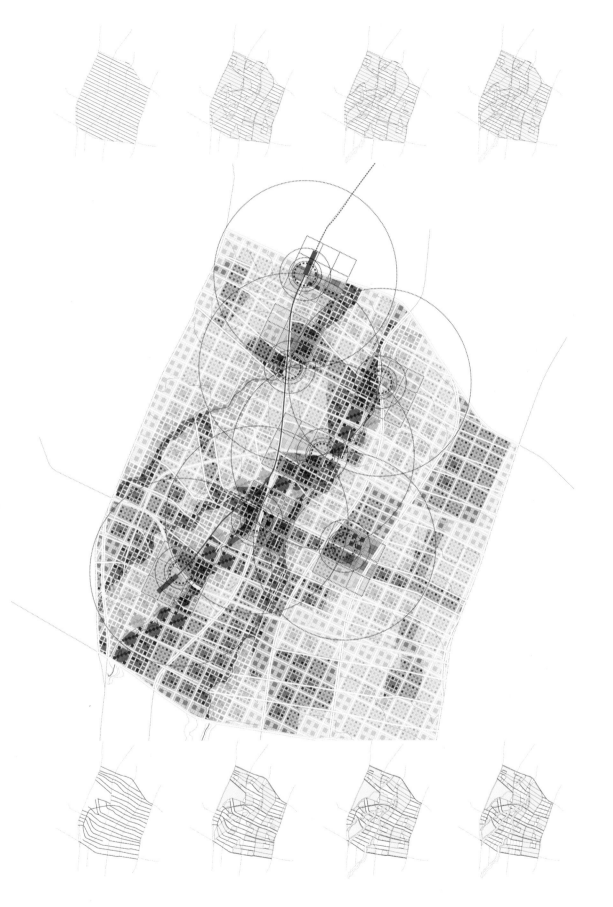

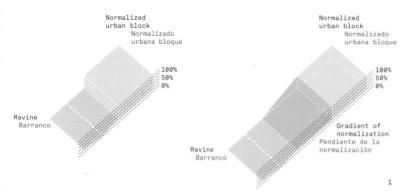

Normalized
urban block
  Normalizado
  urbana bloque

100%
50%
0%

Ravine
Barranco

Normalized
urban block
  Normalizado
  urbana bloque

100%
50%
0%

Ravine
Barranco

Gradient of
normalization
Pendiente de la
normalización

1

328

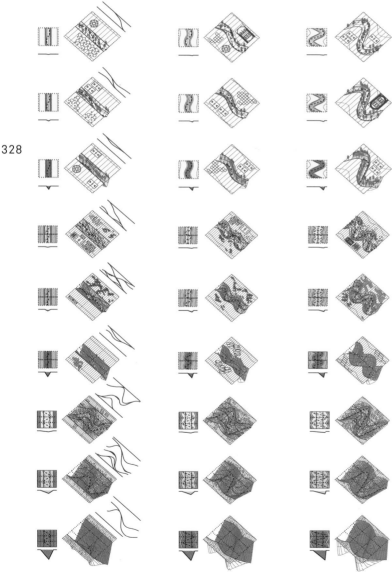

2

1_ Block / ravine mediation strategy 2_ Ravine typologies
3_ General framework
1_ Estrategia de negociación entre manzana y quebrada 2_
Tipologías de quebradas  3_ Marco general

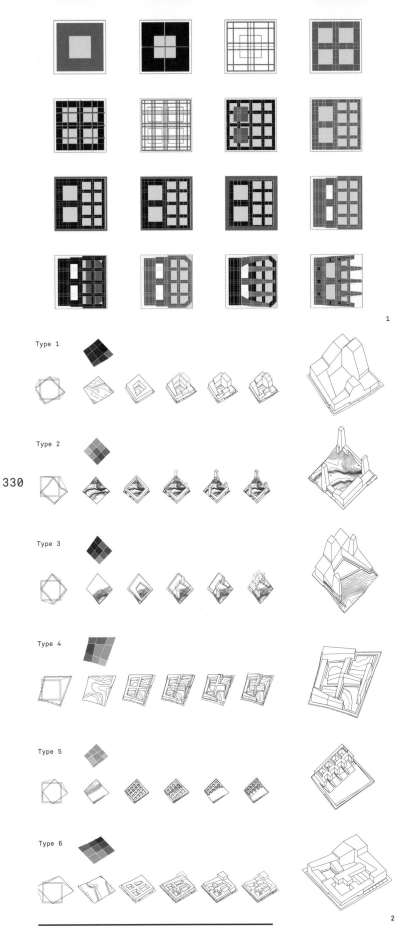

330

1

2

1,2,3_ Emergent types progressions in plan, axonometric and physical model
1,2,3_ Progresión de tipologías emergentes en planta, axonometría y maqueta

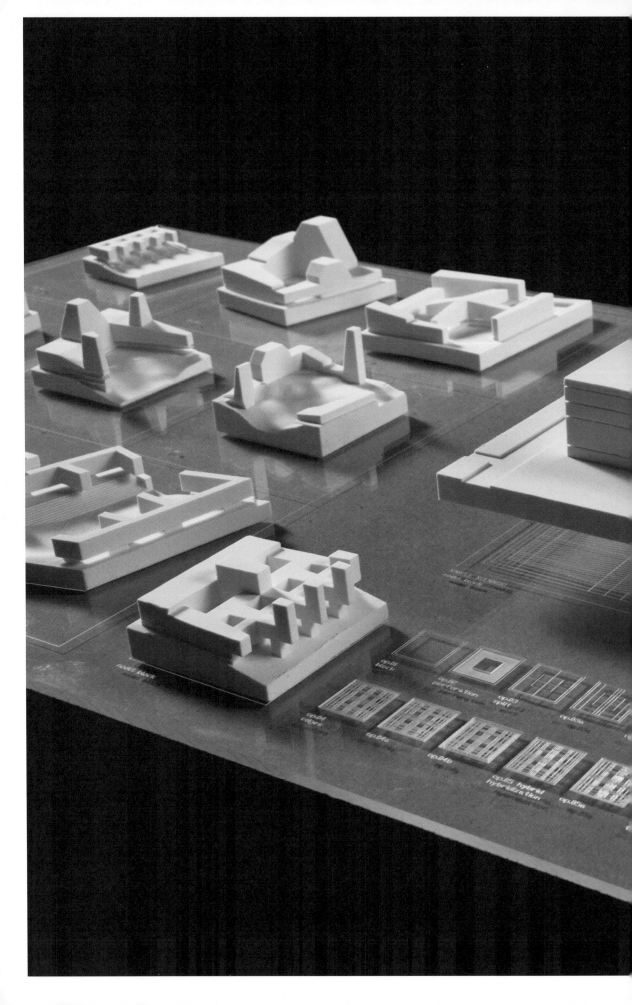

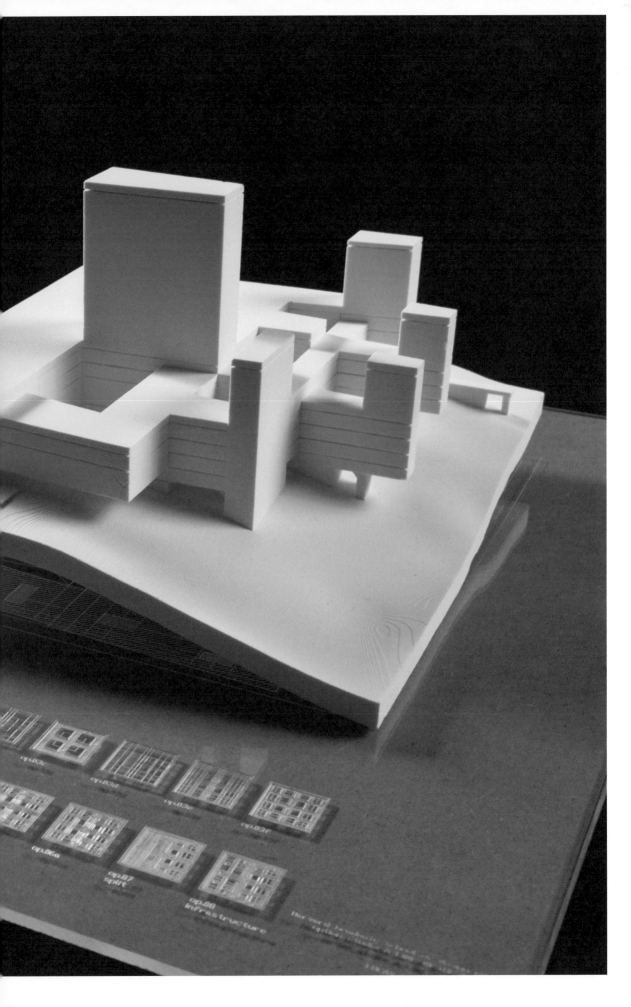

1 Proposed regional densities.
1 Densidades regionales propuestas

# SOLANDA Y EL CALZADO

The strategies for El Calzado and Solanda propose pairing the metro station with an array of recreational and educational facilities. These strategies take advantage of residual spaces that result from the intersection of the Machangara Ravine with the city's grid. It also gives value to the open spaces adjacent to the University campus. The first project also examine how low rise high-density prototypes with a significant public front towards the recreational strip further densify this district.

Las estrategias para El Calzado y Solanda proponen la consolidación de una matriz de equipamientos recreativos y educativos junto a la estación de metro. Esta estrategia utiliza parte de los espacios residuales que resultan de la intersección del barranco del Machángara y la retícula urbana. Además, revalora el sistema de espacios libreas asociados al campus universitario. Uno de los proyectos también examina un modelo urbano de alta densidad y baja altura, con una expresiva fachada hacia la nueva banda recreativa que caracteriza el barrio.

GIORGI KHMALADZE

# HOUSING STRIP
## VIVIENDA LINEAL

338

This proposal rethinks and revitalizes the residential neighborhood of El Calzado, and introduces a hybrid program mixing public recreational facilities with housing. The re-routed vehicular traffic patterns allow for a better use of the existing open space. Sunken transversal vehicular connections meet the entrance to the metro in particular moments to provide locations for sheltered bus stops with integrated retail spaces. The mostly pedestrian ground plane is conceived of as a recreational spine with a network of paths, playgrounds and public programs in close proximity to the transit system. The public zones allow for transversal movement from the neighborhood into the park while the private zones provide visual connection, ultimately giving the recreational spine back to the neighborhood. The housing typology addresses several additional principles which become drivers of the urban and architectural form. Shared green spaces facilitate interaction between inhabitants; passive cooling methods are incorporated to take advantage of a local climate. Ultimately, the proposed typology presents itself as a giant urban canopy, an essential element for an equatorial climate.

La propuesta revitaliza el barrio residencial de El Calzado, e introduce un programa híbrido de vivienda y recreación. Se reorganizan los patrones de tráfico rodado para mejorar la calidad del espacio público. Se proponen conexiones transversales soterradas en contacto con los accesos al metro, para la ubicación de paradas de autobús protegidas de la intemperie e integradas con espacios comerciales. El plano del suelo, exclusivamente peatonal, se propone como una espina recreativa con un sistema de caminos, áreas de juegos y programas públicos en proximidad con los sistemas de transporte. Las áreas públicas permiten movimientos transversales que vinculan el barrio y el parque, mientras que las áreas privadas garantizan la comunicación visual, introduciendo por tanto también el parque dentro del barrio. Las tipologías residenciales incorporan una serie de principios arquitectónicos que formalizan las condiciones espaciales. Los espacios verdes comunes garantizan la interacción entre los vecinos; se incorporan métodos pasivos de refrigeración del aire. Además, la tipología edificatoria propuesta se concibe como una enorme bóveda urbana, esencial en las condiciones climatológicas del Ecuador.

1

1_ El Calzado linear park 2_ Exploded Axonometric of
housing types
1_ Parque lineal de El Calzado 2_ Tipologías de vivienda
en axonometría

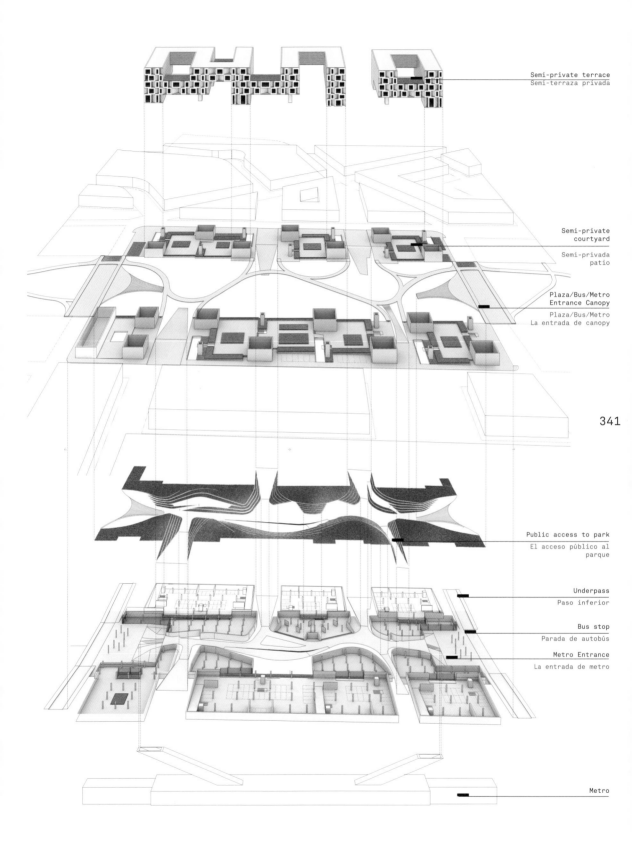

Semi-private terrace
Semi-terraza privada

Semi-private
courtyard

Semi-privada
patio

Plaza/Bus/Metro
Entrance Canopy

Plaza/Bus/Metro
La entrada de canopy

341

Public access to park

El acceso público al
parque

Underpass
Paso inferior

Bus stop
Parada de autobús

Metro Entrance
La entrada de metro

Metro

# ACTIVATING RESIDUAL SPACE
## ACTIVANDO ESPACIOS RESIDUALES

The moment of confluence of the line of the metro and the line of the Machangara River occurs in Solanda, the densest neighborhood in Quito's urban landscape, and the site of the southern campus of Quito's Universidad Central. To accommodate the metro line crossing the ravine in Solanda a portion of the Machangara River has been canalized, releasing a vast amount of open space in the area. This release creates the opportunity for the rethinking of residual space in relation to the ravine as well as the opportunity for the insertion of both public and private, academic and recreational programs, bringing a new scale of monumentality to the south of Quito. The creation of a series of anchor programs along a network of paths, attempts to stitch together the disconnected surrounding neighborhoods, as well as link academic and public recreational facilities through a series of circuits, which all revolve around a central elevated running track. This recreational circuit in Solanda performs as a new greenspace infrastructure for both the city, the neighborhood, and the campus with a set of anchor programs manifesting in moments of tangency to allow for sectional transitions within the landscape, as well as creating a new set of entrances to the site. This project also attempts to deal with the site from the scale of the vast territory through monumentality and the creation of moments of panoramic view from the site, as well as through a connection to a city wide ecological infrastructure through the connection to the ravine.

344

La confluencia de la línea de metro y el río Machángara sucede en Solanda, el barrio más denso de la ciudad, y el espacio sobre el que se asienta el campus sur de la Universidad Católica de Quito. Un tramo del río Machángara ha sido canalizado para introducir la línea de metro, liberando una gran cantidad de espacio abierto dentro de este área de alta densidad. Este movimiento ofrece una oportunidad para repensar el espacio residual en relación con la quebrada, así como la oportunidad de incorporar nuevos espacios públicos y privados, nuevos programas académicos y recreativos que, en contacto con el barrio de Solanda, dotarán de un nuevo sentido de monumentalidad al sur de Quito. La creación de una serie de programas ancla a lo largo de una red de vías de circulación permitirá grapar entre sí los barrios desconectados, y a la vez crear una serie de conexiones múltiples entre los equipamientos recreativos y académicos, todos ellos colocados alrededor de un circuito deportivo elevado. Todo este sistema constituye una nueva infraestructura verde para la ciudad, el barrio y el campus, organizando además una serie de programas periféricos que construyen ciertas transiciones entre el paisaje y la ciudad, y actúan como puntos de acceso al lugar. Este proyecto busca un entendimiento del lugar desde una óptica monumental asociada a la gran escala del territorio y a la creación de vistas panorámicas, así como a través de la conexión infraestructural y ecológica con otros puntos de la ciudad a través de la quebrada.

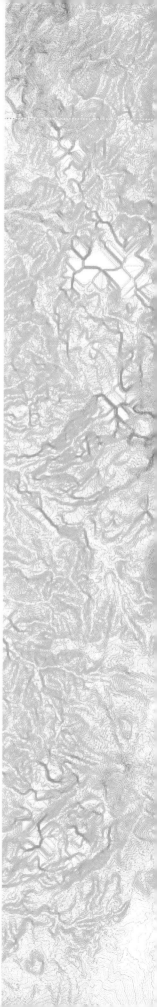

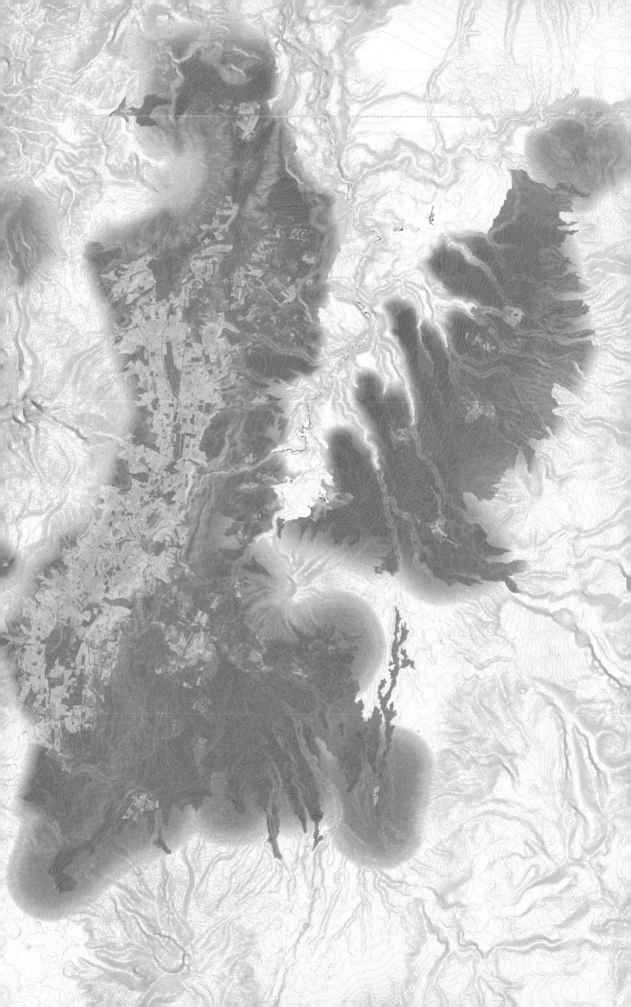

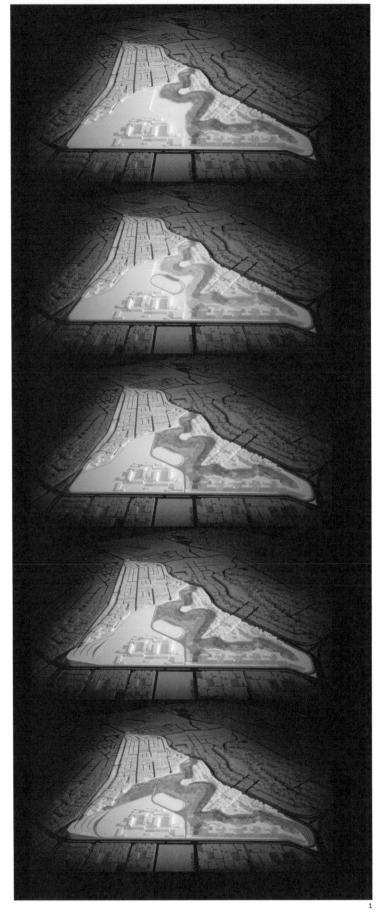

346

"You've made this very clear. You can cross and go through the site. My question is that when you introduce the geometry should you not take more of the lines that already exist in the site? That doesn't mean that these should be straight shots across the site, yet the project might require more precise connections from point A to point B."

"Lo has hecho muy claro. Puedes atravesar el lugar. Mi pregunta es, cuando incorporas la geometría, ¿no deberías tomar más líneas de las que ya existen en el lugar? Con esto no quiero decir que debiera haber líneas rectas atravesando el emplazamiento, pero sí que quizá el proyecto requiera de conexiones más precisas entre un punto A y un punto B."

-Joan Busquets

"It's important to understand these lines as indicators of flows moving through the site as opposed to thinking of them as lines that construct boundaries. You have to be able to use these to link up with the larger circuits moving across the site and articulate and mark the traces of these movements within the project."

"Parte de ello tiene que ver con el entendimiento de estas líneas como indicadores de flujos que se mueven a través del lugar y no pensar tanto en ellos como algo que crea barreras. Tienes que ser capaz de establecer vínculos con circuitos más amplios, y entender bien qué es lo que se está moviendo y construyendo la traza."

-Ila Berman

1

1_ Phasing diagram: Recreational loops with programmatic anchors 2_ Site plan
1_ Diagrama detallando las faces del proyecto con circuitos y programas 2_ Implantación

# EL RECREO

This set of strategies conceptualizes el recreo as a new city-wide hub that can also accommodate a more expanded commercial programmatic brief as well as significant cultural and social infrastructures. The strategies also deal with providing access to the metro station to neighborhoods that are at a higher elevation than the station as well as neighborhoods located on the other side of the Machangara Ravine.

Este conjunto de estrategias conceptualizan El Recreo como un intercambiador a escala urbana que puede además acoger una agenda programática comercial más ambiciosa, así como importantes infraestructuras sociales y culturales. Las estrategias también consideran la incorporación de accesos al metro desde los barrios circundantes que están a una diferencia de cota importante con respecto al metro, y también desde aquellos barrios que están al otro lado del río Machángara.

# EL RECREO AS URBAN HUB
## EL RECREO COMO NODO URBANO

350

The El Recreo metro station presented a unique opportunity to coalesce Quito's divergent regional transportation network within a highly localized metropolitan corridor. Taking advantage of the sites unique urban proximities, a balance was sought to unite multiple transportation infrastructures under the pretense of a new interdependent commercial epicenter. Working in tandem with improved vehicular circulation, integrated pedestrian access and a planned transportation network linking Quito to the larger Equatorial community; El Recreo will utilize rail as a strategic subsurface recalibration mechanism showcasing Metro de Quito as a predominant driver for urban success.

La estación de El Recreo presenta una oportunidad única para fusionar la red regional de transporte de Quito con un corredor metropolitano altamente definido. Aprovechando las condiciones únicas de los barrios adyacentes, el proyecto genera un nuevo equilibrio para unificar las múltiples infraestructuras de movilidad para configurar un nuevo epicentro comercial y de uso mixto. Trabajando con nuevas circulaciones de tráfico rodado, con un nuevo acceso peatonal integrado y una red de transporte planificada que conecte Quito con el resto del país, El Recreo empleará el metro como un mecanismo estratégico de recalibrado subterráneo que garantice el éxito urbano.

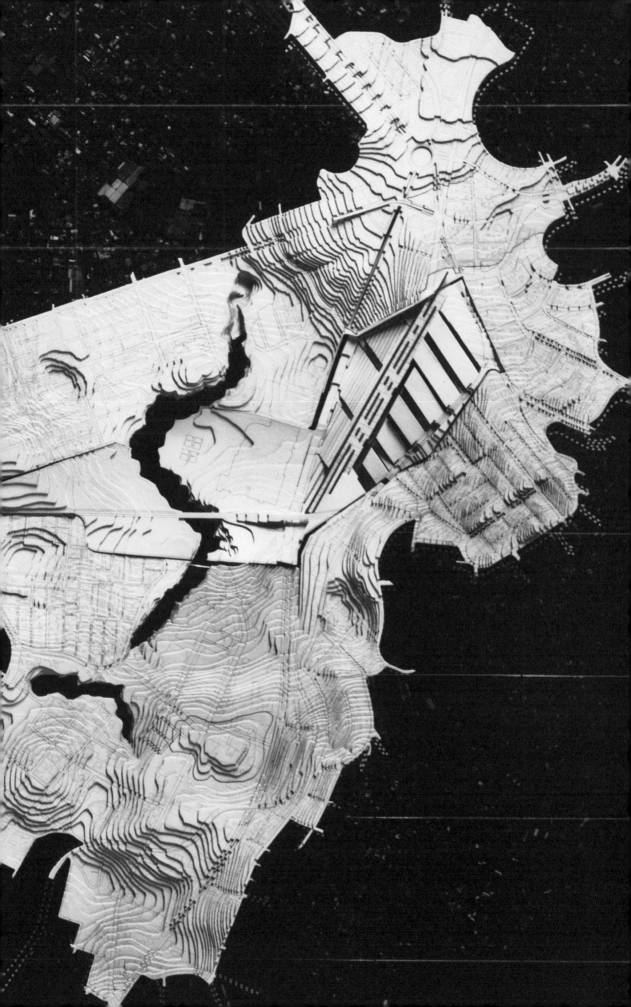

"We should talk about centrality. I was just thinking, when you were presenting, about the Euston station. It was designed with a classical facade that trains terminated within. The station provided almost a gate to the city. In a way, the train station acts more than just a transit hub, but as a demarcation between the city and the hinterland."

"Deberíamos hablar de la centralidad. Yo estaba pensando, mientas presentabas, en la estación de Euston. Fue diseñada con una fachada clásica contra la que el tren terminaba. La estación era casi como una puerta para la ciudad. En cierto modo, la estación de tren es más que un intercambiador, es una delimitación entre la ciudad y el interior del país."

-Chris Lee

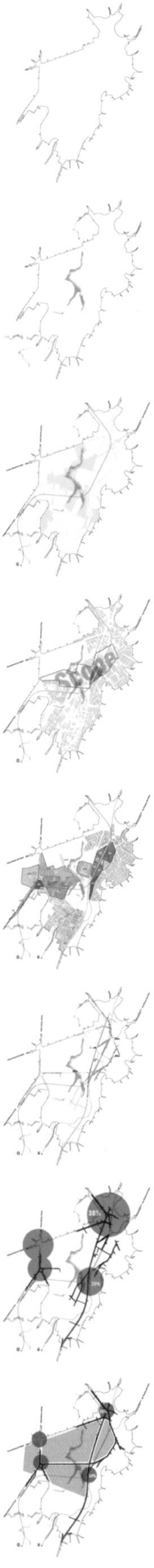

1

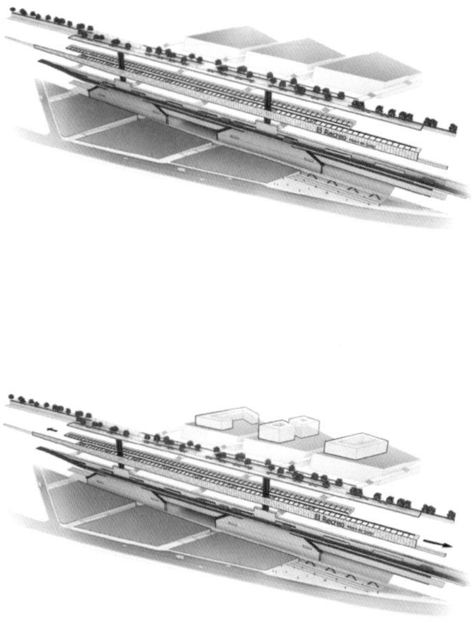

2

1_ Infrastructural assessment and proposed realignment
2_ Vertical program integration 3_ Quito's intermodal adjacencies  4_ Section of El Recreo station
1_ Evaluación de las infraestructuras y nuevos alineamientos 2_ Integración vertical 3_ Relaciones Intermodales 4_ Corte de la estación El Recreo

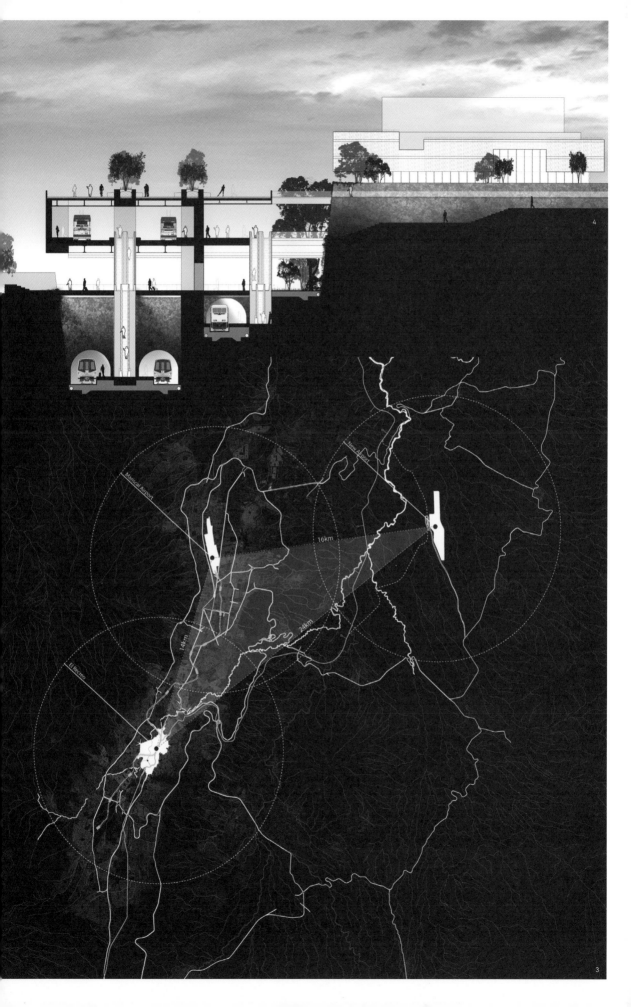

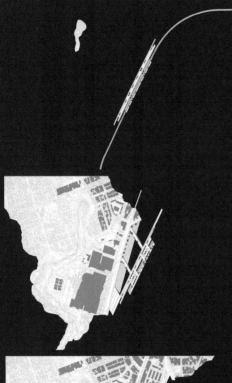

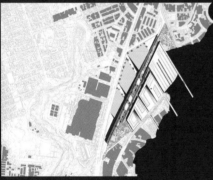

"I think that there is a difference between thinking about the site as a parcel, where the infrastructural diagram gets filled in at specific points with something that is similar to an existing typology but simply expanded in scale, versus constructing a new form of architecture and inhabitable infrastructure at the scale of the geography itself. I think there needs to be a stronger hand in designing these more synthetic infrastructural components of the project."

"Creo que hay una diferencia entre pensar en esto como una parcela, donde todo tiene que ver con un diagrama infraestructural que se rellena con algo que es básicamente lo mismo pero subido de escala, o construir una arquitectura a la escala de la geografía y la infraestructura, que puede ser habitada. Creo que es necesaria una mano más fuerte en el diseño de esas partes de la infraestructura."

-Ila Berman

"In the end, it is a question of the size of the parcels. In your story how were you making the connection between the different elements?"

"A fin de cuentas, es una cuestión del tamaño de las parcelas. En tu argumento, ¿cómo haces las conexiones entre los distintos elementos?"

-Joan Busquets

1_ Plans by level  2_ Montage of the proposed station
1_ Plantas por nivel 2_ Fotomontaje de la nueva estación

# EL RECREO AS LAYERED CITY
## EL RECREO COMO CIUDAD EN CAPAS

358

El Recreo, the site of a proposed metro station, is divided into several parts due to the extreme topographical conditions, heavy traffic, and the polluted ravines. The project translated the site's innate topographical characters into a series of design strategies that reconnect the disjointed west-east neighborhoods and extends the disrupted north-south urban fabric. It fuses pedestrian movement, transportation systems, and cultural, commercial and recreational programs into one continuous utilitarian landscape. The design addressed the current issues and future possibilities through the exploration of a new urban landscape that is derived from the locale and allows for a new urban identity to emerge.

El Recreo, emplazamiento para una de las estaciones propuestas, es un espacio dividido en varias áreas, debido a las condiciones topográficas extremas, el intenso tráfico y las quebradas contaminadas. El proyecto traduce el carácter topográfico del lugar en una serie de estrategias de diseño que reconectan los barrios del este con los del oeste, extendiendo el agitado tejido urbano en dirección norte-sur. Unifica el movimiento peatonal, los sistemas de transporte y los programas comerciales y recreativos en un paisaje utilitario y continuo. El diseño explora los problemas actuales del lugar y las posibilidades de futuro a través de la creación de un paisaje urbano que da una nueva identidad al lugar.

360

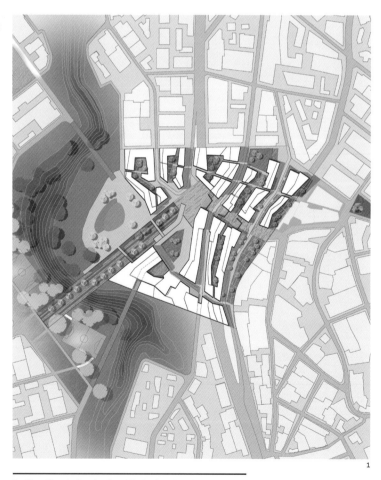

1

1_ Site Plan 2_ Sectional model showing the city decked
above the station
1_ Implantación 2_ Maqueta en corte visualizando la ciudad
por encima de la estacion

Connectivity    Accessibility    Continuity    Vitality

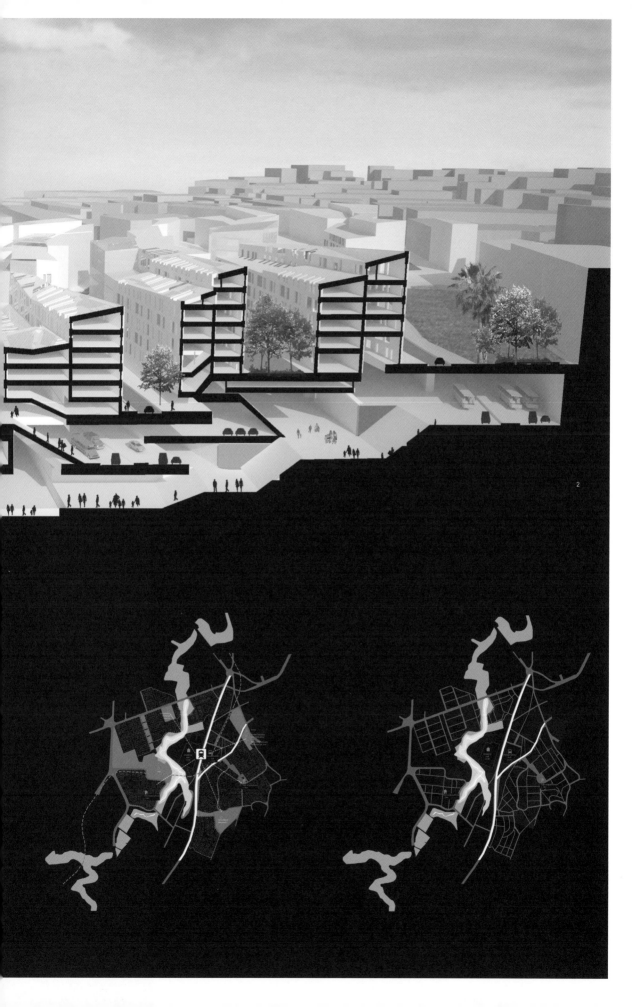

# HISTORIC CORE

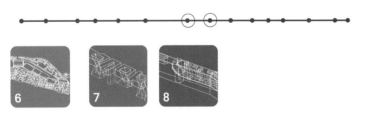

The introduction of a new metro line in the city is of a unique advantage to the historic core. For one, it guarantees more flexible access without the need for busses that traverse it. The following three projects propose ideas of how through the introduction of the new metro line heavyweight infrastructure surrounding the historic core can be rescaled in order to introduce new high quality open spaces and urban services.

La introducción de una nueva línea de metro trae una serie de ventajas al centro histórico. La mas importante es acceso peatonal al casco histórico sin la necesidad de que buses pesados rueden por las delicadas calles de esta zona patrimonial. Los tres proyectos que trabajan en esta zona se enfocan en rescalar la infraestructura de movilidad existente y proponer dentro de esta nuevos espacios y equipamientos públicos de calidad.

JENNIFER ESPOSITO

# INFILLING THE VOID
## RELLENANDO EL VACIO

The introduction of the Metro de Quito provides the opportunity to seek answers through architectural interventions to the following three questions:

1. How can the Metro act as a catalyst for connecting voids in the urban fabric left by ravines and infrastructural arteries?
2. How can these connections provide amenities that are currently non-existent in the Historic Core?
3. How can new development compliment a Historic Core?

In particular, this project examines the site of the Historic Core Bus Terminal, currently being demolished for replacement by the San Francisco Metro Station. The site is located in a sunken vehicular artery that divides the Historic Core from the rest of the city. The opening up of this site provides the opportunity to rescale, reorganize, and reconnect the southern end of the Historic Core. This project proposes to make use of soil excavated from the Metro tunnels in order to fill in and re-stitch the site. This newly created surface becomes a public park currently not available at this scale in the Core, complete with parking, and bookended by two community projects: a public library and recreation center.

La creación del Metro de Quito es una oportunidad para buscar, a través de intervenciones arquitectónicas, a las siguientes preguntas:

1. ¿Cómo puede el Metro funcionar como un catalizador que conecte los vacíos urbanos que resultan de la presencia de las quebradas y las arterias infraestructurales?
2. ¿Cómo pueden estas conexiones incorporar dotaciones hoy por hoy inexistentes en el Centro Histórico?
3. ¿Cómo pueden estos desarrollos urbanos complementar el Centro Histórico?

En particular, este proyecto estudia el entorno de la Terminal de Autobuses del Centro Histórico "El Cumandá", actualmente en demolición para ser reemplazada por el sistema estación Centro Histórico - Plaza San Francisco. El emplazamiento está ubicado en una arteria de comunicación que separa el Centro Histórico del resto de la ciudad. La apertura de este espacio supone una oportunidad para re-escalar, reorganizar y reconectar la margen sur del Centro Histórico. El proyecto propone el empleo del material resultante de la excavación de los túneles del metro para rellenar el espacio y así poder conectar los dos lados. Esta nueva superficie se convierte en un nuevo parque público –una dotación que no existe hoy por hoy en el centro– con espacios de parking asociados, flanqueados en los extremos por dos edificios de mayor alcance social: una biblioteca pública y un centro de recreación.

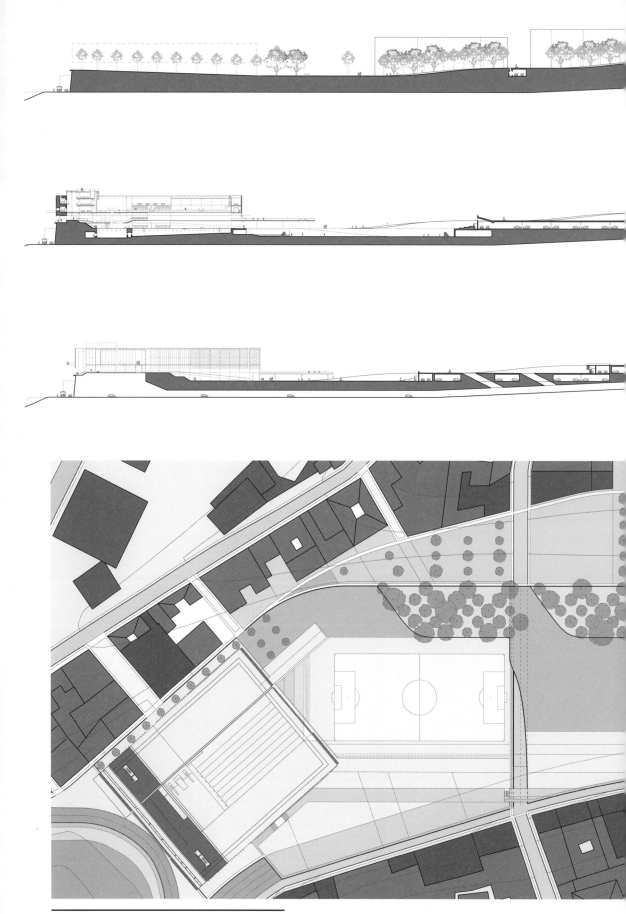

1_ Longitudinal sections 2_ Site plan
1_ Cortes generales 2_ Implantación

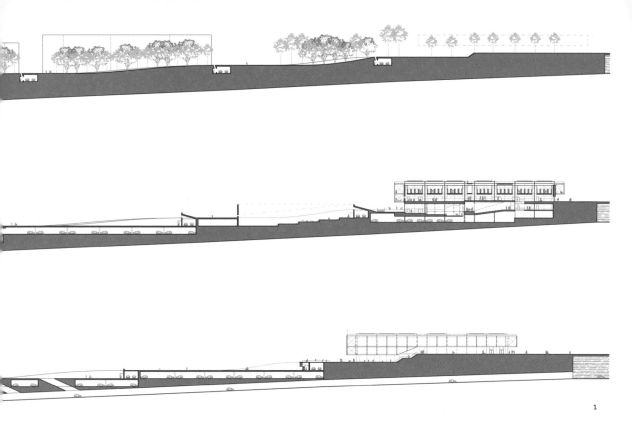

1

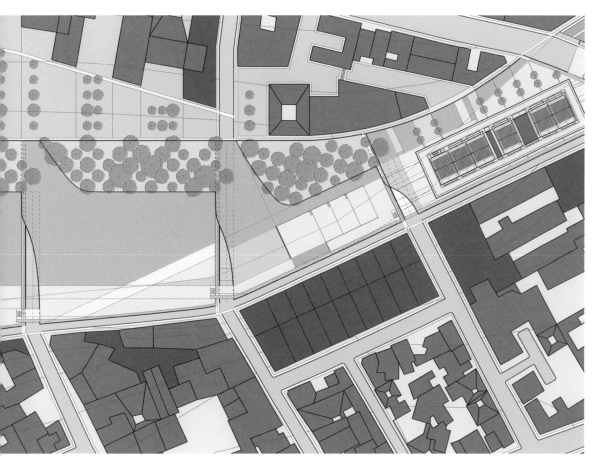

2

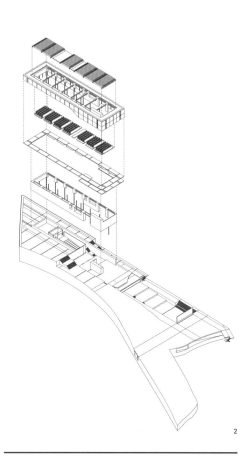

1

2

"You started with three
different scales of
the void. There was
this moment when I
thought you were going
to start carving out
of the city and use
this as an operative
device. And I was
really surprised when
you did the opposite
and your strategy was
to infill instead. There
is one piece still
missing for me which is
the landscape, and the
way in which it might
reinsert itself into
the project a little
more."

"Empezaste con estas
tres escalas de vacío.
Y en un momento pensé
que ibas a empezar
a escavar la ciudad
utilizando eso como
herramienta. Y entonces
me sorprendió mucho
cuando de pronto
hiciste lo contrario y
la estrategia resultó
ser de relleno. Si
hay algo que hecho en
falta es el paisaje, y
cómo se involucra en el
proyecto un poco más."

-Ila Berman

"I think it is a very
simple solution yet a
very sensitive one in
its understanding of
the city and embeds
a lot of cultural
meaning. What I like
about this is the
discontinuity, the
fact that it's not a
continuous landscape
project but an urban
and architectural
statement."

"Creo que es una
solución muy sencilla y
a la vez muy sensible
en su entendimiento de
la ciudad y en su forma
de incorporar una alta
carga cultural. Lo que
me gusta de esto es
la discontinuidad, el
hecho de que no es un
proyecto de paisaje
continuo sino una
declaración urbana y
arquitectónica."

-Dan Handel

1

1,3,4_ Axon and sections: Rec center 2,5,6_Axon and
sections: Library
1,3,4_ Axonometría y cortes: Centro recreativo

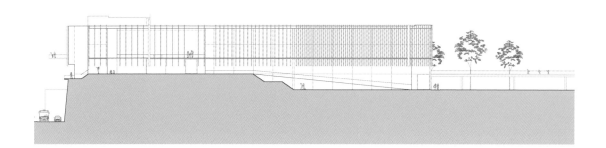

3

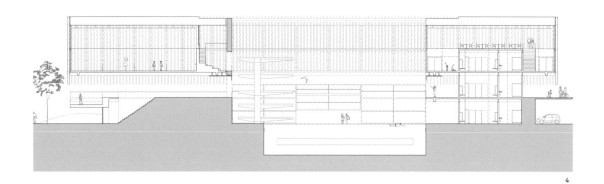

4

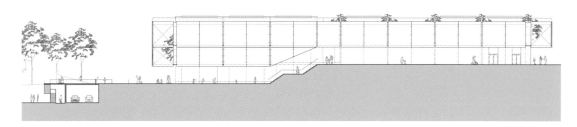

5

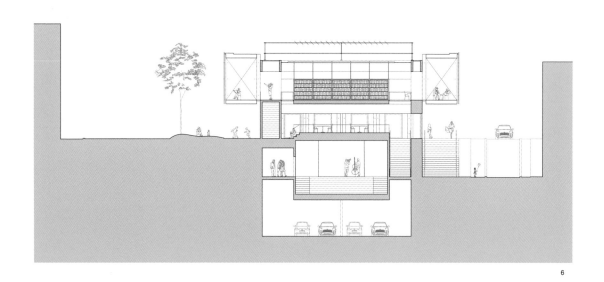

6

# RECALIBRATING THE INNER BLOCK
## RECALIBRANDO EL INTERIOR DE LA MANZANA

372

Situated along the Venticuatro de Mayo, this project proposes an alternative location for the San Francisco station. The relocated station speculates on the potential of connecting the historic core to the Panecillo through a reconfiguration of five city blocks. The intervention rethinks the internal structure of the block and redefines the courtyard typology, establishing a new public ground plane facilitating the connection across the Venticuatro de Mayo. A new monumental axis is established, allowing for a dialog between the recently decommissioned San Lazaro Hospital and the historic core marking an opportunity for new program to be housed within the currently vacant structure. The primary design strategy sought to complete the build-out each block to the premises of the original foundational plan for the city of Quito.

Emplazado en la veinticuatro de Mayo, el proyecto propone integrar el sistema estación Centro Historico - Plaza San Francisco al gran bulevar. La ubicación de la estación amplía el potencial de comunicación del centro histórico y El Panecillo, a través de la reconfiguración de cinco manzanas. La intervención reconsidera la estructura interna de la manzana y redefine la tipología de manzana-patio, estableciendo un nuevo plano de espacio público y facilitando la comunicación a lo largo de la Venticuatro de Mayo. Se crea un nuevo eje monumental que favorece un diálogo entre el Hospital Psiquiátrico de San Lázaro (que recientemente cerro sus puertas) y el Centro Histórico, abriendo una oportunidad para la reutilización del edificio del hospital. La estrategia de diseño consiste en completar cada manzana pensada desde el interior.

"Yes, the simplest
things about the
project are, for me,
the most profound and
the most convincing.
The simple bars are
responsive to the city
while also shifting
down into the private
space of the interior.
The transparency of the
buildings refreshes the
morphology. Will we
always wonder why the
buildings are lifted
off the ground?"

"Si, las cosas más
sencillas de este
proyecto son, para mí,
las más profundas y
las más convincentes.
La manera como estas
barras responden tanto
a la ciudad como a la
profundidad del espacio
interior. Las partes
mas transparentes de
los edificios refrescan
la morfología. Siempre
nos vamos a cuestionar
porque están los
edificios tan distantes
del suelo?"

-Keller Easterling

"The project is all
about creating a
radical rethinking of
the public realm and
reshaping the ground
plane. Presenting
an opportunity for a
new horizon against
which to read the city,
through these light
wells and then through
the offset of the
generic condition."

"Lo interesante del
proyecto es que
consiste en crear
una idea radical
acerca del dominio
público, y dar una
nueva forma al plano
del suelo. Presenta
una oportunidad de un
nuevo horizonte contra
el cual se puede leer
la ciudad, y estos
pozos de luz que
compensan las partes
más genéricas."

-Christopher Roach

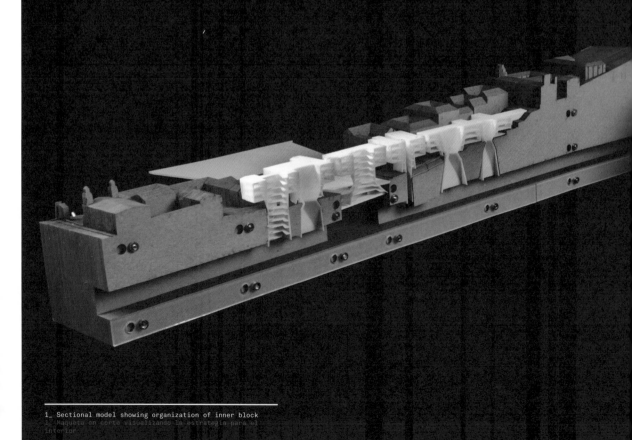

1_ Sectional model showing organization of inner block
1_ Maqueta en corte visualizando la estrategia para el
interior

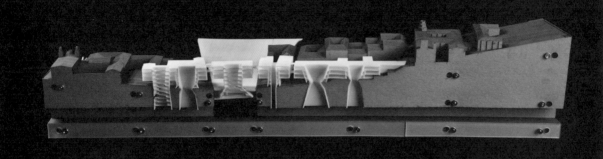

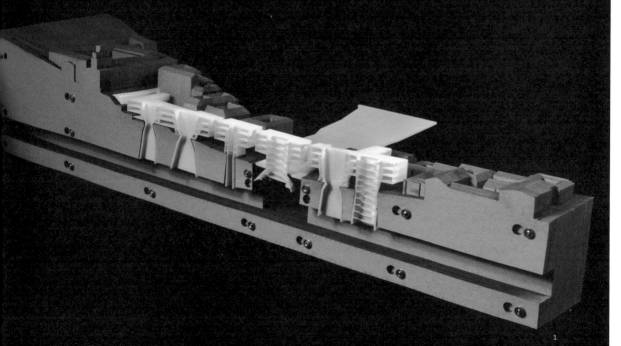

1

# DEEP SPACE
# ESPACIO PROFUNDO

376  This proposal redefines La Alameda into a new gateway for Quito's Historic
Core. With a program including a mediatheque, park, and transit hub, this
project merges culture and infrastructure to help reveal the Quito of the
twenty-first century. Sited on the Panamerican Highway along the eastern
edge of the Historic Core, this project is defined by three interlocking
moves. The first sinks La Alameda to connect it to the metro 30 meters
underground. The result is a vertical public space cut into the earth revealing the metro within the city. The second move sinks the thick north-south
artery of the Panamerican below ground, easing east-west pedestrian and
vehicular flows across the site. The final move places a bus node, mediatheque, and public hardscape into a linear mass and nestles it around
the laminated infrastructures. The form and program of this architecture
promotes transparency and a new means of seeing/understanding Quito.

Esta propuesta redefine el Parque de La Alameda en un nuevo acceso al
centro histórico de Quito. Con un programa que incorpora una mediateca,
un parque y un intercambiador de transportes, el proyecto fusiona cultura e
infraestructura para revelar el Quito del siglo XXI. Situado en un tramo de
la carretera panamericana al este del centro histórico, la propuesta consiste
en tres gestos entrelazados: el primero entierra La Alameda a una profundidad de 30 metros para unir el parque con la estación de metro. El resultado es un nuevo espacio público vertical que proyecta el metro sobre la
superficie urbana. El segundo gesto entierra también la Panamericana para
facilitar las conexiones de tráfico rodado y peatonal en dirección este-oeste.
El último incorpora una estación de autobuses, una mediateca y una plaza
pública en un edificio lineal que se dispone a lo largo de las infraestructuras.
El programa y la forma de esta nueva arquitectura promueve la transparencia y actúa así como un nuevo instrumento con el que ver y entender Quito.

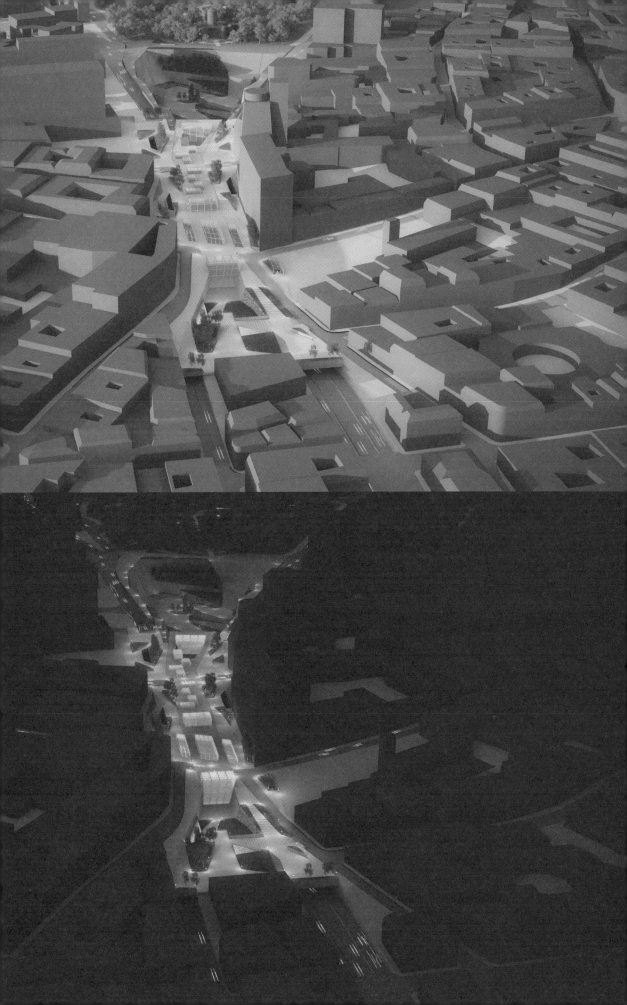

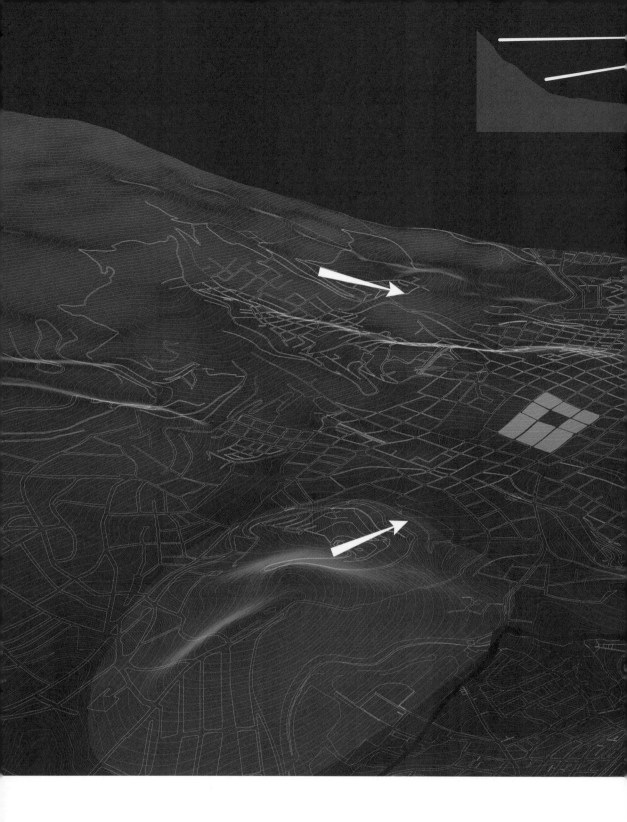

1_ Intervention location as a pivotal point in the historic
core connecting to the north
1_ Intervención en un lugar clave que conecta el centro
histórico con el norte

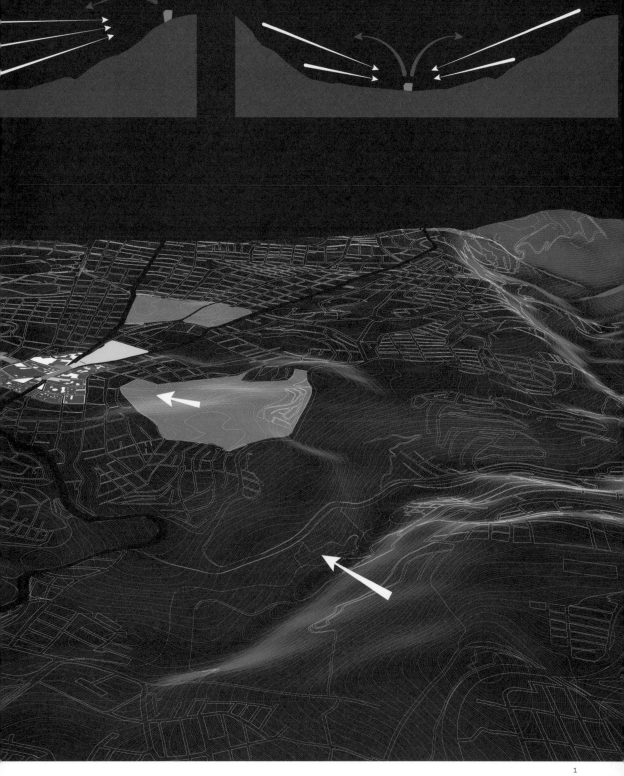

380

"I am very attracted by some of the ideas that you have, but I don't think you have gone far enough. I don't think you have gone far enough because of the confusion between the process of imitation as abstraction versus the process of imitation as copy. If you look at it from the slice that you have shown, I think we can begin to rethink the idea of the collective and the common artifact; precisely when we begin to look at the collision of landscape or nature and the city. This collision, between the process of urbanization and nature, transforms the ravine and the mountain from nature into a natural artifact that belongs to all."

"Me interesan algunas de las ideas que tienes, pero pienso que no has llegado tan lejos como podrías. No creo que hayas ido muy lejos porque veo cierta confusión entre el proceso de imitación como abstracción y el proceso de imitación como copia. Si lo miras desde la sección que has hecho, creo que empezamos a repensar la idea de lo colectivo, la idea de lo común. También cuando el barranco y la montaña de pronto se vuelven no solo naturaleza sino artefactos naturales que pertenecen al conjunto."

-Christopher Lee

1_ Longitudinal section of mediatheque 2_ Cross section of mediatheque
1_ Corte longitudinal de la mediateca 2_ Corte trasversal de la mediateca

# EL EJIDO

Strategies for El Ejido focus on how the two major university campuses in
the area (Universidad Catolica and Universidad Central) in conjunction
with the metro can facilitate a new cultural and educational district, giving
a new lease on life to the more depressed areas in the Mariscal district.
Primarily the zone between Avenida 10 de Agosto and Avenida America.

Las estrategias para El Ejido se centran en como los dos campus
universitarios de la zona (Universidad Católica y Universidad Central)
pueden facilitar, en conjunción con el Metro, un nuevo distrito cultural y
educativo, dando un nuevo impulso a una de las áreas más deprimidas en el
distrito Mariscal. Principalmente la zona entre la Avenida 10 de Agosto y la
Avenida América.

# SERIAL STREETSCAPE
## MOMENTOS URBANOS
## EN SERIE

Spatial character is inextricably tied to the life of the city. Places for quiet
contemplation are, after all, configured differently from those inhabited
by the bustle of commerce, just as spaces frequented by schoolchildren
are unlikely to resemble those used by heavy industry. Spatial organization, from the metropolitan scale to the human scale, determines how the
city functions, how it is experienced and, ultimately, what it means. The
Morphological Inventory aims to revitalize neighborhoods around the Universidad Central del Ecuador (UCE) by seeding them with zones of highly
differentiated spatial character. Crucial to the project is the belief that spatial diversity promotes variety of use, which is essential to the vitality of the
city. Also central to the project is the conception of these spatial "moments"
as part of a larger sequence, forming a variegated whole. The vision is one
of initially autonomous centers of activity, corresponding to five proposed
points of intervention, eventually merging into a rich network of urban life,
with the Universidad metro station at its origin.

El carácter del espacio está inextricablemente unido a la vida de la ciudad.
Los espacios para la contemplación sosegada se construyen, después de
todo, de un modo muy distinto del de aquellos ocupados por la agitación
del comercio, del mismo modo que los espacios frecuentados por los esco-
lares difieren de aquellos dedicados a la industria pesada. La organización
espacial, dese la escala metropolitana a la escala humana, determinan
cómo funciona la ciudad, cómo se experiencia y, en última instancia, qué
significa. El inventario Morfológico busca la revitalización de los barrios alrededor de la Universidad Central de Ecuador (UCE), mediante
la implantación de zonas con caracteres espaciales muy diferenciados. El
proyecto se construye esencialmente sobre la convicción de que la diversidad espacial promueve la variedad de usos, que es fundamental para la
vitalidad de la ciudad. Es igualmente crucial el entendimiento de cada uno
de estos "momentos" espaciales como parte de una secuencia mayor, un
todo heterogéneo. La visión es la de un conjunto de espacios autónomos de
actividad, que se corresponden con cinco lugares de intervención fundidos
al final en una única e intensa red de vitalidad urbana con la estación de
Metro de la Universidad como catalizador.

384

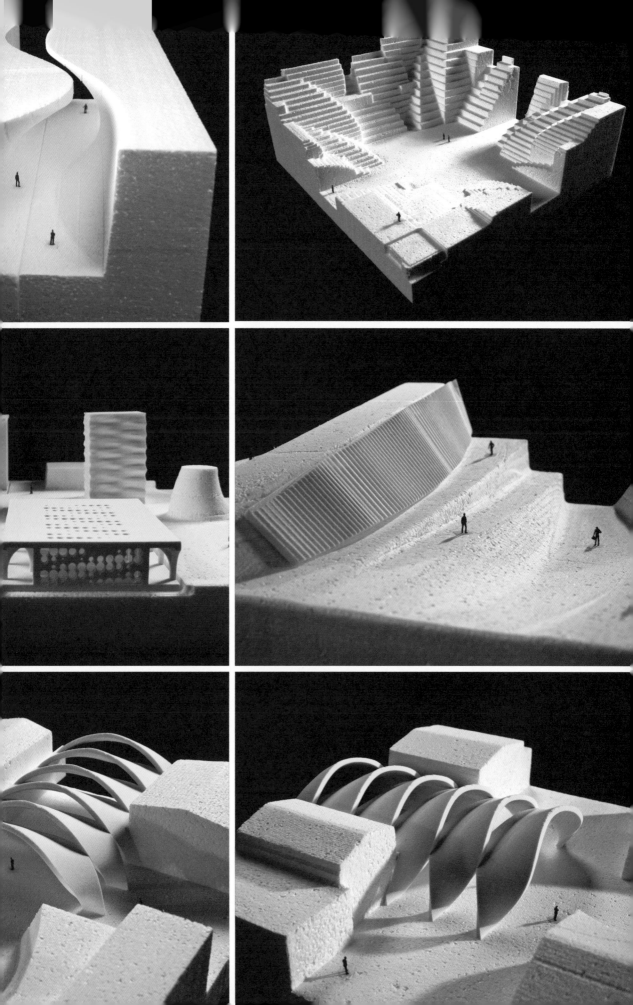

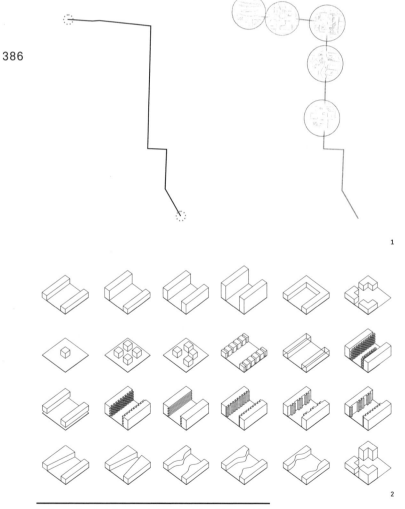

1

2

1_ Proposed pedestrian street with 5 points of intervention
2_ Open space types 3_ Site plan
1_ Calle peatonal con las 5 intervenciones 2_ Tipologías de
espacio abierto 3_ Implantación

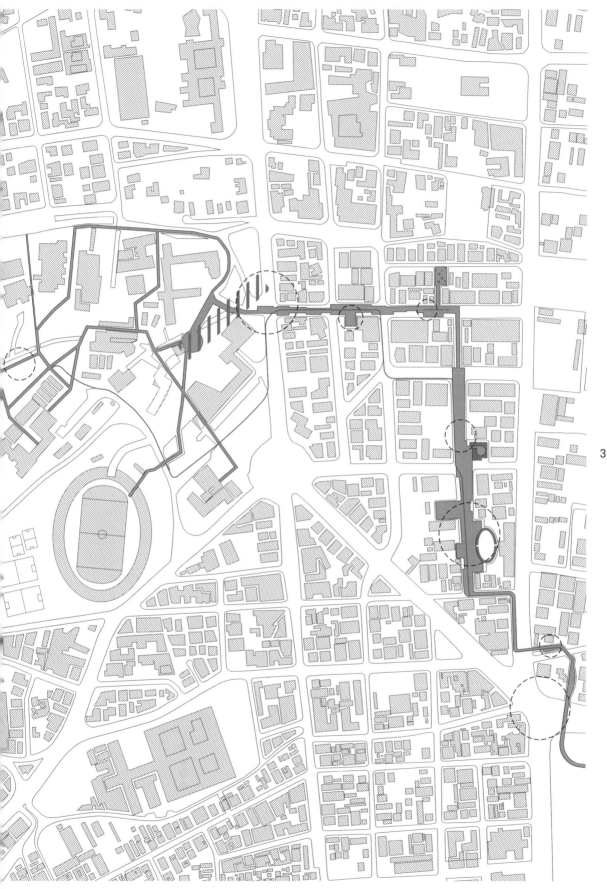

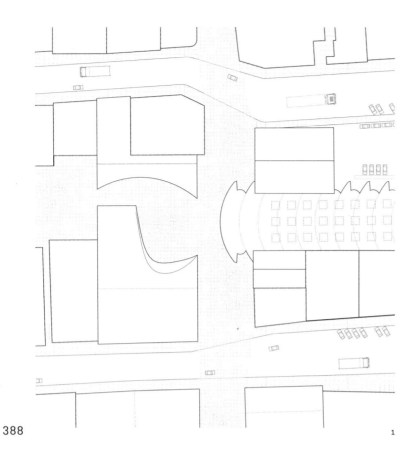

1

2

1_ Plan and perspective: Mercado Santa Clara 2_ Plan and
perspective: Public square
1_ Planta y perspectiva: Mercado de Santa Clara 2_ Planta y
perspectiva: Plaza pública

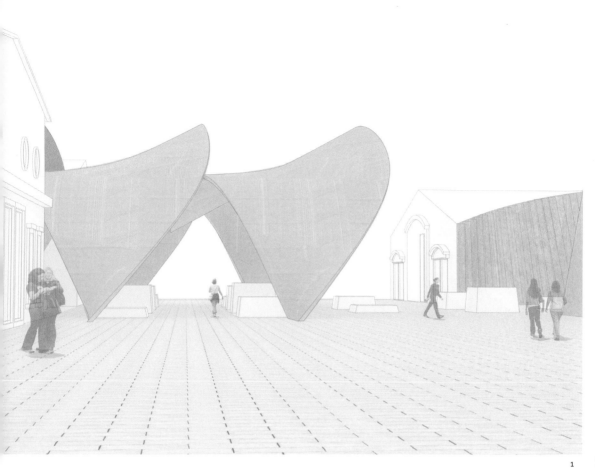

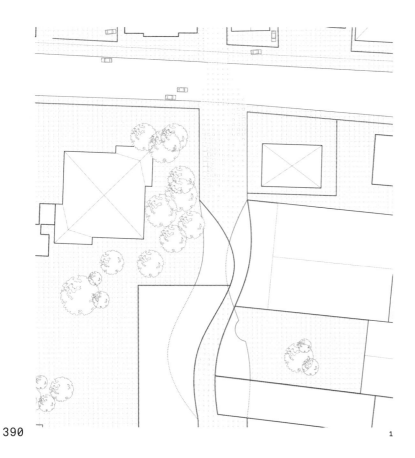

1

2

1_ Plan and perspective of serial moment 2_ Plan and
perspetive of the university campus extension
1_ Planta y perspectiva de un momento de la serie 2_ Planta
y perspectiva de la ampliación del campus universitario

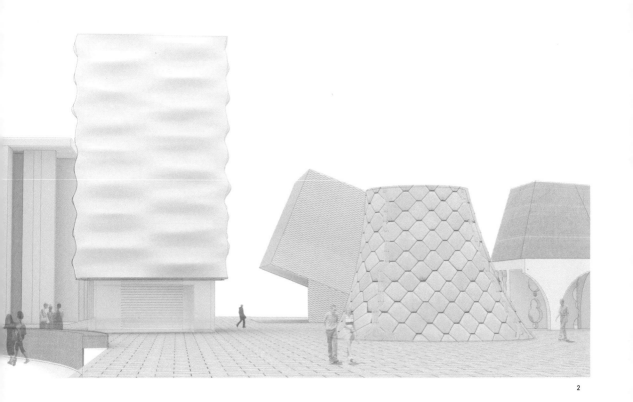

# URBAN CHARMS
## ENCANTOS URBANOS

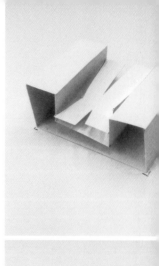

The Metro station will be located in the El Ejido Park, one of the green open spaces in the city center. The station will serve for the residents of Quito to access the park, and also for students to commute to the college areas including Pontificia Universidad Catolica del Ecuador and others academic institutions. The project started off with establishing a direct subterranean route from the park to the college area. The challenge was to transport people from the subterranean level to the ground level and to create a long underground tunnel that is an ideal space for people to move through.

392

The concept of the project could be described as Urban Charms. The charms are various architectural interventions situated along the linear route providing different amenities and spatial experiences. The interventions on the sub surface level adjusts themselves to the appropriate scale for the park area. Instead of defining a new scale for the metro in the city, the key idea for the Urban Charms is to negotiate between the interventions and the existing scale of the surroundings.

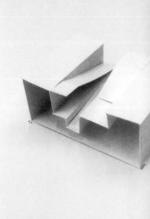

La estación de Metro se ubicará en El Parque del Ejido, uno de los espacios verdes en el centro de la ciudad. La estación servirá para que los quiteños puedan acceder al parque, y para que los estudiantes puedan llegar por transporte público al entorno de la Universidad Católica Pontificia de Ecuador y otras instituciones académicas. El proyecto nace de la intención de conectar directamente mediante un corredor subterráneo el área del parque con las universidades. El reto no es otro que mover a los usuarios desde el nivel subterráneo hasta el nivel de superficie, creando un largo túnel subterráneo como dispositivo ideal para el movimiento de la gente.

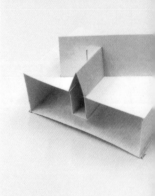

El concepto del proyecto se podría definir como Urban Charms (Encantos Urbanos). Los encantos son una serie de intervenciones arquitectónicas a lo largo de la ruta lineal que proporcionan distintos estímulos y experiencias espaciales. Las intervenciones en el nivel subterráneo se ajustan a la escala del parque en superficie. En lugar de definir una nueva escala para el metro en la ciudad, la idea clave de Urban Charms es la de la negociación entre la intervención realizada y la escala existente en el entorno.

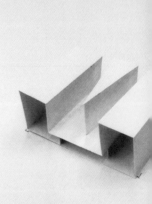

"Maybe that's the issue we should start with because I actually think the figure does matter. On the one hand, I appreciate the conceptual approach and I can imagine it as a way of linking up components within the city that signifies and renders visible the new infrastructure that is moving through the urban fabric. What is critical for me is not just the idea that these figures are urban elements but specifically what they become when you string them together. In particular, so that they do not become simply follies in the landscape but instead produce something greater than an urban charm bracelet."

"Yo pienso que la figura del proyecto es clave. Por un lado, me gusta el enfoque conceptual y me lo imagino como una táctica que es en realidad un modo de vincular varios componentes de la ciudad, y me pregunto qué significa esta infraestructura que se mueve a través del tejido urbano. Para mí es crítica no sólo la idea de que estas cosas son elementos sino también y específicamente en qué se convierten cuando los coordinas todos juntos. De manera que ya no son un folly en el paisaje sino algo mucho más grande que una serie de encantos urbanos."

-Ila Berman

1_Site plan: Urban Charms 2_ Key moments along the urban charm
1_Plano de ubicación: Urban Charms  2_ Momentos claves a lo largo del Urban Charm

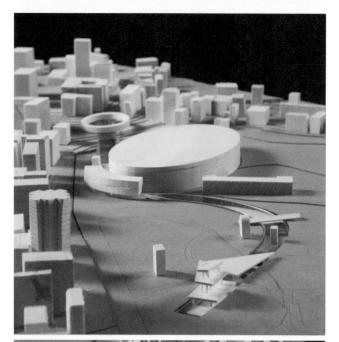

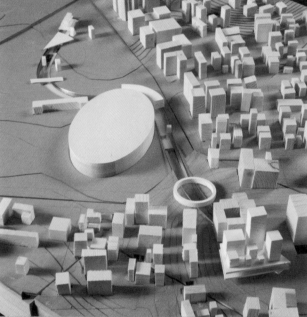

Diverse spaces along the Urban Charm
Diversos espacios a lo largo del Urban Charm

1_ Site plan of Urban Charms 2_ Sectional studies
1_ Implantación del proyecto 2_ Estudios en corte

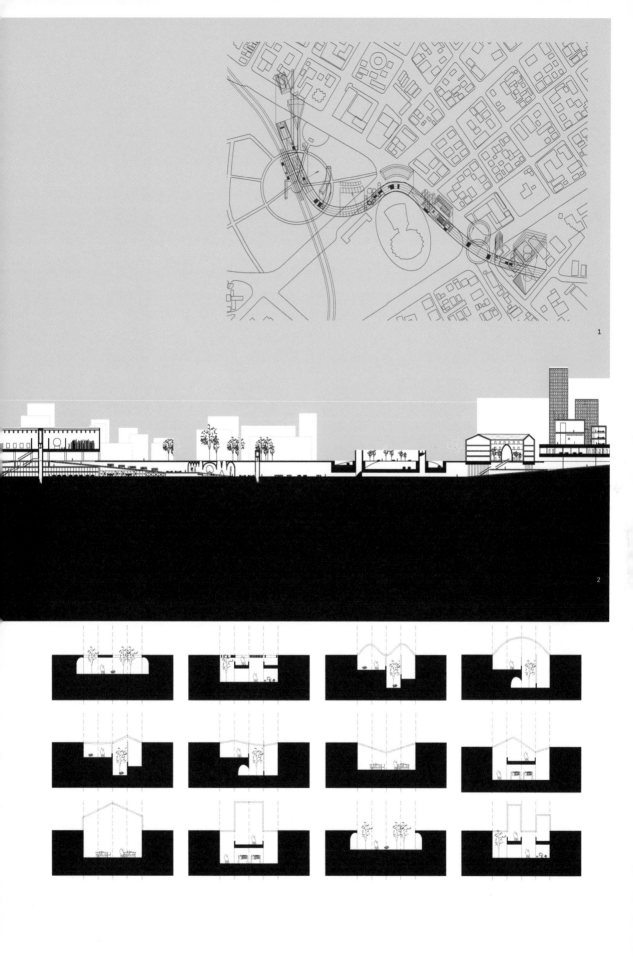

1

2

# HIPER-CENTRO

The strategy for the hyper-center examines the relationship between the historic core and the commercial and financial centers to the north. The project proposes a combination of new densification hotspots paired with a new network of fine grain open space that could if fully executed provide a new, more qualitative, identity to the area. By rethinking the quality of the streets and the densities of many key avenues and streets, these new corridors can further complement the metro's linearity.

La estrategia para el híper-centro examina la relación entre el centro histórico y los nuevos centros financieros y comerciales que se han desarrollado en el norte de la ciudad. El proyecto propone la densificación de ciertas áreas del norte en combinación con una estrategia de espacio abierto de grano fino, logrando redefinir las cualidades urbanas de estos sectores. Al repensar el norte por medio de esta estrategia de densidades y vacíos, el proyecto genera nuevos corredores que complementan la linealidad del metro.

# DENSE LOOPS
## CIRCUITOS DENSIFICADOS

402

Quito's topographical location has a profound effect on the fabric of the city as well as its infrastructure and its functionality. Quito is a linear city, spanning North-South, along a narrow and elongated valley. The primary objective of this project is to investigate moments of east-west connectivity in order to enhance the utilization of the proposed metro line. The overlay of detailed East-West corridor analysis and the proposed complimentary BRT system have uncovered a potential locations of interventions that would allow for inception of new development that would enhance cross connectivity as well as give new identity to Quito's districts. The intervention sites include: La Loma, La Alameda, El Ejido where each site specific conditions informed particular design strategies.

La configuración topográfica del entorno de Quito tiene un efecto definitivo en el tejido urbano, así como en su infraestructura y su funcionalidad. Quito es una ciudad lineal, que discurre en dirección norte-sur, debido efectivamente a las condiciones de la topografía y también como resultado de su infraestructura, que refuerza la funcionalidad linead de la ciudad, limitando su conectividad en la dirección este-oeste. La superposición del análisis detallado de corredores este-oeste y el sistema propuesto de líneas de bus en carril dedicado servirán como germen de nuevos desarrollos urbanos que mejoren la conectividad y den una nueva identidad a ciertos barrios de Quito. Los espacios de intervención incluyen La Loma, La Alameda, El Ejido, y las condiciones específicas de cada uno informa una estrategia de intervención diferente.

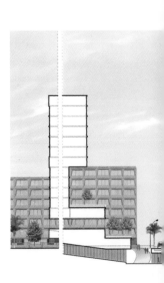

El Ejido

La Loma

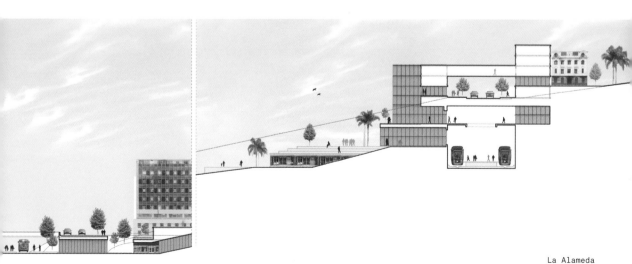

La Alameda

Loop and corridor strategy
Estrategia de corredores y circuitos

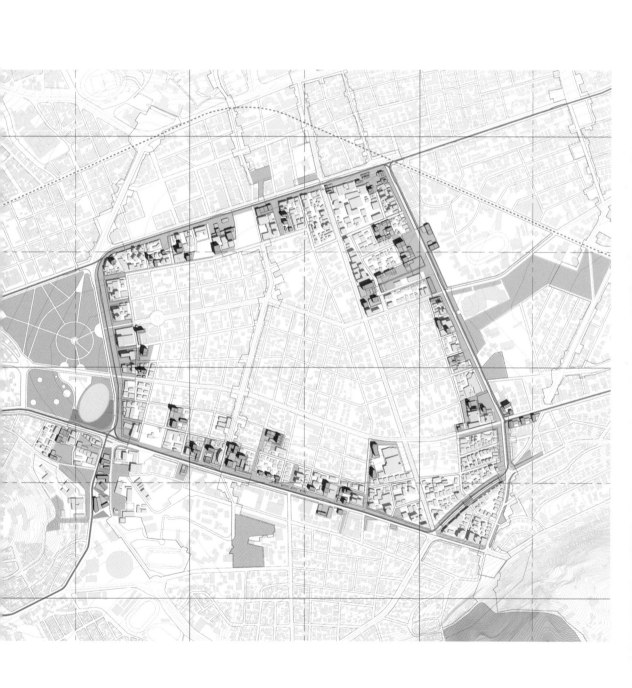

406

250M GRID

1

2

The strength of this diagram lies in its capacity to uncover potentials that are dormant in the fabric of the city right now. Instead of adding, your proposal unveils spaces for interstitial and incremental interventions in the existing public rights of way. The strength of this concept lies in its capacity to strategically redefine a dynamic threshold for your intervention, thickening and deepening the body of the thread to trigger the development of a collection of projects in the public realm.

Lo fascinante de este diagrama es que nos ayuda a descubrir potenciales que se encuentran actualmente desactivados en el tejido urbano. En lugar de añadir nuevos elementos, tu propuesta descubre espacios intersticiales de intervención en el ámbito del espacio público. La fuerza del concepto es que te ayuda a definir estratégicamente un umbral dinámico para tu intervención, ampliando o reduciendo el área de acción de la banda conectora para facilitar el desarrollo de una colección de proyectos en el espacio público.

- María Arquero

La Marín: 1_ Transversal corridor strategy 2_ New continuous street-scape
La Marín: 1_ Estrategia para corredores trasversales 2_ Estrategia paisajística para la calle

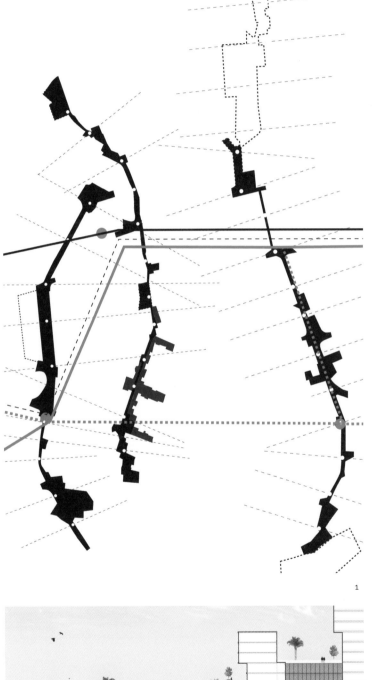

1

2

El Ejido: 1_ Transversal corridor strategy 2_ New
continuous street-scape
El Ejido: 1_ Estrategia para corredores trasversales  2_
Estrategia paisajística para la calle

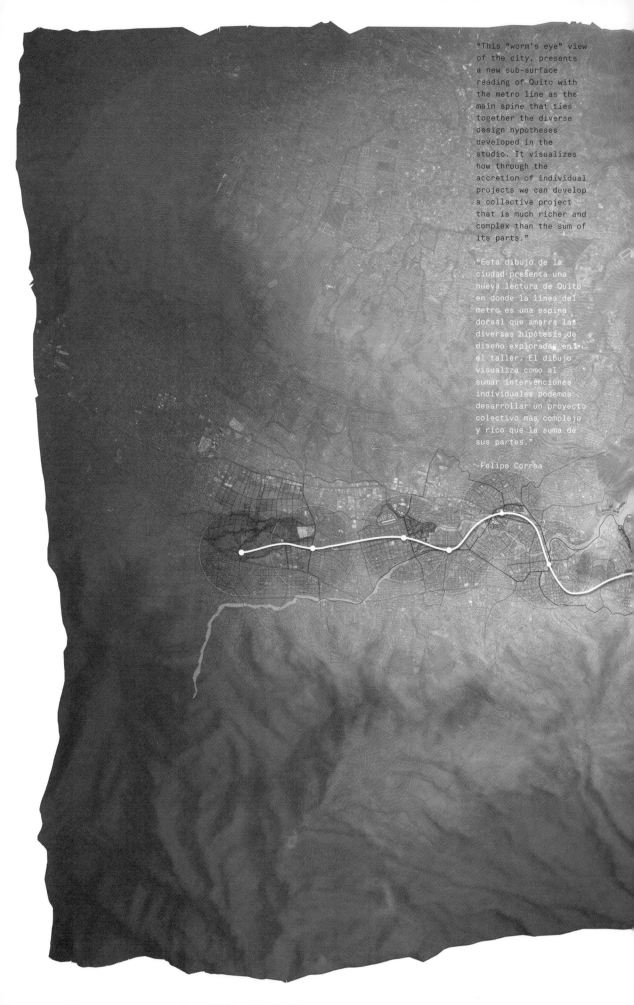

"This "worm's eye" view
of the city, presents
a new sub-surface
reading of Quito with
the metro line as the
main spine that ties
together the diverse
design hypotheses
developed in the
studio. It visualizes
how through the
accretion of individual
projects we can develop
a collective project
that is much richer and
complex than the sum of
its parts."

"Esta dibujo de la
ciudad presenta una
nueva lectura de Quito
en donde la línea del
metro es una espina
dorsal que amarra las
diversas hipótesis de
diseño exploradas en
el taller. El dibujo
visualiza como al
sumar intervenciones
individuales podemos
desarrollar un proyecto
colectivo más complejo
y rico que la suma de
sus partes."

-Felipe Correa

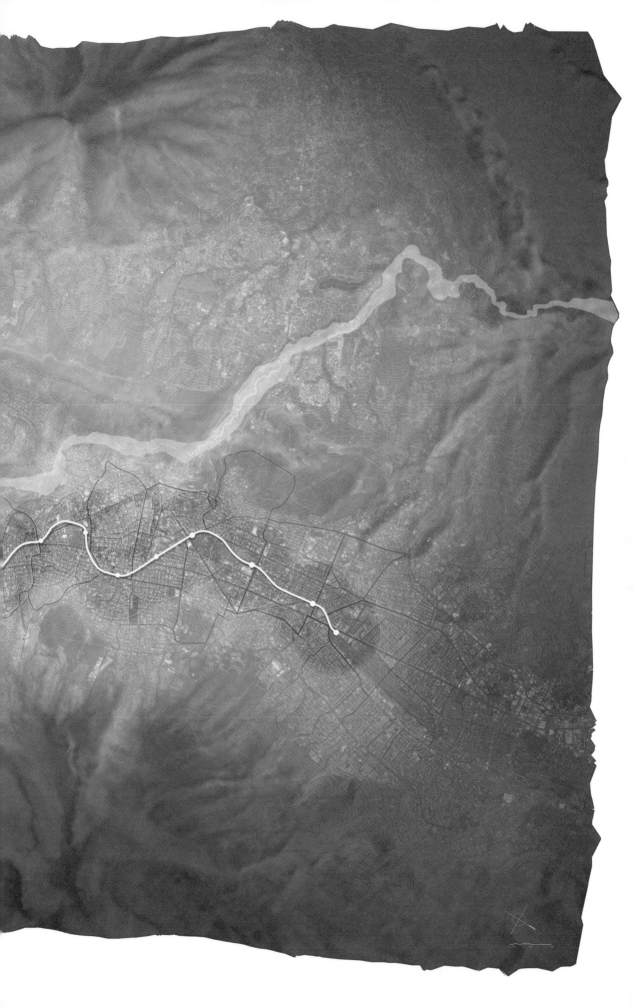

# CREDITS AND REFERENCES
# CRÉDITOS Y REFERENCIAS

A Line in the Andes Studio Team:

Felipe Correa (Instructor)

Tom Cakuls (MARCH 1)

Lucas Correa Sevilla (MAUD)

Jennifer Esposito (MARCH 2)

William Gardiner Webster III (MAUD)

Laura Haak (MARCH 2)

Giorgi Khmaladze (MARCH 2)

Mariusz Klemens (MAUD)

Lap Chi Kwong (MARCH 1)

Pablo Pérez Ramos (MLA 1)

Nathan Shobe (MARCH 1)

Emmet Truxes (MARCH 1)

Keyu Xiong (MARCH 1)

The authors have made every reasonable effort to correctly acknowledge the credits of images used in this volume. It is nonetheless possible that some attributions may have been omitted or are partially incorrect, in which case the author will add any additional credits in subsequent editions.

Inner cover photography: Pablo Corral Vega. All Quito photography from Quito's municipal archive unless otherwise noted. Final review and architectural model photography: Anita Kan.

### Introductory pages:
8 Quito at Night. Arthur Morris. 2006.

12.Night view of Guapulo and the lower valley. Andrés Toledo. 2012.

22 Night view of the historic core. Emmet Truxes. 2012.

29 Exploded axonometric of the metropolitan district. A Line in the Andes Studio. Laura Haak and William Webster. 2012.

### Chapter 1
Historic core drawings by Felipe Correa with Alexis Coir, Andrew McGee, Jarrad Morgan, Lorrie Roche, Mariusz Klemens, Lorrie Roche, and Caroline Shannon. Chapter edited by Alexis Coir. Historic core drawings © Felipe Correa

### Chapter 2
Research by Pablo Pérez Ramos and Lucas Correa Sevilla. Edited by Pablo Pérez Ramos

Satellite images courtesy of Google Earth

Historic map reproductions courtesy of Instituto Metropolitano de Patrimonio, unless otherwise noted.

94 1573 map. Courtesy of the Real Academia.

Addicional references for this chapter:

Brewer Carías, Allan-Randolph. La Ciudad Ordenada. Caracas: Criteria Editorial, 2006. Print.

Benavides, Jorge Solís, Fernando Carrión, and Jorge Salvador Lara. Quito. Spain:

Busquets, Joan and Felipe Correa. Quito: A Flatbed Site as an Agent for a New Centrality. Cambridge: Harvard University Graduate School of Design, 2007. Print.

Busquets, Joan and Felipe Correa. Cities X Lines: A New Lens for the Urbanistic Project. Cambridge: Harvard University Graduate School of Design, 2007. Print.

Crespo, Alfonso Ortiz, Matthias Abram, and José Segovia Nájera. Damero. Quito: FONSAL (Fondo de Salvamento del Patrimonio Cultural), 2007. Print.

Seminario La Ciudad Iberoamericana (1985: Buenos Aires), Centro de Estudios y Experimentación de Obras Públicas, and Comisión de Estudios Históricos de Obras Públicas y Urbanismo. La Ciudad Iberoamericana: Actas Del Seminario, Buenos Aires, 1985. Madrid: CEDEX and CEHOPU, 1985. Print. Biblioteca CEHOPU.

### Chapter 3
Research by Pablo Pérez Ramos and Lucas Correa Sevilla. Edited by Pablo Pérez Ramos

Satellite images courtesy of Google Earth

Historic map reproductions courtesy of Instituto Metropolitano de Patrimonio, unless otherwise noted.

158 View of City and Valley. Courtesy of Instituto Geográfico Militar. 2006.

166 !942 Pilot Plan for Quito. Guillermo Jones Odriozola. Courtesy of Felipe Correa.

### Chapter 4
Research by Mariusz Klemens and Emmet Truxes. Edited by Emmet Truxes

202 aerial view of Quito and its valleys. Courtesy of Instituto Geográfico Militar. 2004

212 "Top South American oil producers, 2010" : *Ecuador.* U.S. Energy Information Administration, last updated September 2011. Web. July 2012. *<http://www.eia.gov/countries/country-data.cfm?fips=EC>*.

212 "Major national oil pipelines": *Oil Blocks: Ecuador.* Western Amazon, last updated June 2009. Web. July 2012. *<http://westernamazon.org/maps.html>*.

212 "Major regional oil pipelines": *Abastecimiento del Distrito Metropolitano de Quito en combustibles 2000-2001.* Zonu, last updated 2001. Web. July 2012. *<http://www.zonu.com/detail/2011-10-28-14711/Abastecimiento-del-Distrito-Metropolitano-de-Quito-en-combustibles-2000-2001.html>*.

212 "National oil production and consumption": *Ecuador.* U.S. Energy Information Administration, last updated September 2011. Web. July 2012. *<http://www.eia.gov/countries/country-data.cfm?fips=EC>*.

214 "Pipeline network and plants": *Abastecimiento del Distrito Metropolitano de Quito en combustibles 2000-2001.* Zonu, last updated 2001. Web. July 2012. *<http://www.zonu.com/detail/2011-10-28-14711/Abastecimiento-del-Distrito-Metropolitano-de-Quito-en-combustibles-2000-2001.html>*.

214 "Surface transportation network and plants": *Abastecimiento del Distrito Metropolitano de Quito en combustibles 2000-2001.* Zonu, last updated 2001. Web. July 2012. *<http://www.zonu.com/detail/2011-10-28-14711/Abastecimiento-del-Distrito-Metropolitano-de-Quito-en-combustibles-2000-2001.html>*.

214 "National total primary energy consumption, 2008": *Ecuador.* U.S. Energy Information Administration, last updated September 2011. Web. July 2012. *<http://www.eia.gov/countries/country-data.cfm?fips=EC>*

216 "Gas stations": *Abastecimiento del Distrito Metropolitano de Quito en combustibles 2000-2001.* Zonu, last updated 2001. Web. July 2012. *<http://www.zonu.com/detail/2011-10-28-14711/Abastecimiento-del-Distrito-Metropolitano-de-Quito-en-combustibles-2000-2001.html>*.

218 "Energy availability vs demand": *Plan Maestro de Electrificación: 2012-2021.* Consejo Nacional de Electricidad, last updated June 2012. 55. Web PDF. July 2012. *< http://www.conelec.gob.ec/documentos.php?cd=4214&l=1>*.

218 "National power network": *Sistema Nacional de Generación, Transmisión y Distribución de Energía Eléctrica en el Ecuador*, Consejo Nacional de Electricidad, last updated January 2010. Web PDF. July 2012. *<http://www.geographos.com/mapas/?p=873>*.

220 "Regional power network":

410

*Sistema Nacional de Generación, Transmisión y Distribución de Energía Eléctrica en el Ecuador*, Consejo Nacional de Electricidad, last updated January 2010. Web PDF. July 2012. *<http://www.geographos.com/mapas/?p=873>*.

220 "National energy consumption per industrial sector": *Plan Maestro de Electrificación: 2012-2021*. Consejo Nacional de Electricidad, last updated June 2012. 88. Web PDF. July 2012. *<http://www.conelec.gob.ec/documentos.php?cd=4214&l=1>*.

220 "National electric consumption": *Estadísticas del Sector Eléctrico: Demanda de Energía*, Consejo Nacional de Electricidad, last updated 2012. Web. July 2012. *<http://www.conelec.gob.ec/indicadores/>*.

222 "National power lines": *Sistema Nacional de Generación, Transmisión y Distribución de Energía Eléctrica en el Ecuador*, Consejo Nacional de Electricidad, last updated January 2010. Web PDF. July 2012. *<http://www.geographos.com/mapas/?p=873>*.

222 "Regional power network": *Sistema Nacional de Generación, Transmisión y Distribución de Energía Eléctrica en el Ecuador*, Consejo Nacional de Electricidad, last updated January 2010. Web PDF. July 2012. *<http://www.geographos.com/mapas/?p=873>*.

222 "National hydroelectric plants and watersheds": *Sistema Nacional de Generación, Transmisión y Distribución de Energía Eléctrica en el Ecuador*, Consejo Nacional de Electricidad, last updated January 2010. Web PDF. July 2012. *<http://www.geographos.com/mapas/?p=873>*.

222 "Regional hydroelectric plants": *Sistema Nacional de Generación, Transmisión y Distribución de Energía Eléctrica en el Ecuador*, Consejo Nacional de Electricidad, last updated January 2010. Web PDF. July 2012. *<http://www.geographos.com/mapas/?p=873>*.

224 "Regional power substations": *Sistema Nacional de Generación, Transmisión y Distribución de Energía Eléctrica en el Ecuador*, Consejo Nacional de Electricidad, last updated January 2010. Web PDF. July 2012. *<http://www.geographos.com/mapas/?p=873>*.

**Chapter 5**
Researched and edited by Caroline Shannon
All information and data on world metro systems were complied from the following sources:

Bennett, David. *Metro: The Story of the Underground Railway.* London: Mitchell Beazley, 2004. Print.

Garbutt, Paul Elford. *World Metro Systems*. Middlesex, England: Capital Transport, 1989. Print.

*World Metro Database*, Metrobits.org, last updated July 2010. Web. July 2012. *<www.mic-ro.com/metro/table.html>*.

*UrbanRail.Net*, last updated 2012. Web. July 2012. *<www.urban-rail.net>*.

286 construction of the metro station near the Opera in Paris. Stefano Bianchetti/Corbis.

288 Subway tunnel in Hangzhou, China. Photo: Xu Yu/Xinhua Press/Corbis. 2011.

290 "London Metro Map and Data":
*London Tube Performance Improves, Ridership in Record Numbers.* Railway Observer, last updated September 2011. Web. July 2012. *<http://www.railwayobserver.com/index.php/mass-transit-systems/europe/670-london-tube-performance-improves-ridersihp-in-record-numbers>*.

Bennett, David. *Metro: The Story of the Underground Railway.* London: Mitchell Beazley, 2004. Print.

*Line Facts.* Transport for London, last updated 2012. Web. July 2012. *<http://www.tfl.gov.uk/corporate/modesoftransport/londonunderground/key-facts/1610.aspx>*.

290 "Madrid Metro Map and Data":
*Metro Madrid Maps.* Metro Madrid, last updated July 2012. Web. July 2012. *<http://www.metromadrid.es/export/sites/metro/comun/documentos/planos/Planobasecartografica.pdf>*.

*Madrid Metro.* UrbanRail.net, last updated 2011. Web. July 2012. *<http://www.urbanrail.net/eu/es/mad/madrid.htm>*.

291 Subway Station at Plaza del Callao in Madrid. Photo: Guido Cozzi / Corbis. 2008

292 "Sao Paulo Metro Map and Data":
Sao Paulo Metro, Brazil. Railway-technology.com, last updated 2011. *< http://www.railway-technology.com/projects/saopaulometro/>*

*Sao Paulo Metro.* UrbanRail.net, last updated 2012. Web. July 2012. *<http://www.urbanrail.net/am/spau/sao-paulo.htm>*.

292 "Buenos Aires Metro Map and Data":
*Metrovias en Numeros.* Metrovias, last updated 2012. Web. July 2012. *<http://www.metrovias.com.ar/V2/MetroviasNumeros.asp?op=11&Item=3&Lang=>*

*Buenos Aires*, Metrobits.org, last updated November 2011. Web. July 2012. *<http://mic-ro.com/metro/metrocity.html?city=Buenos+Aires&print=1>*.

293 Station at the Pinheiros River in the city's south zone, Sao Paulo. Photo: Paulo Fridman/Corbis. 2011.

294 "Medellin Metro Map and Data":
*Metro Systems in Latin America: A New Era Begins,* Global Mass Transit Report, last updated July 2010. Web. July 2012. *<http://www.globalmasstransit.net/archive.php?id=3498>*

*Medellin*, Metrobits.org, last updated September 2008. Web. July 2012. *<http://mic-ro.com/metro/metrocity.html?city=Medellin&print=1>*.

295 "Bangkok Metro Map and Data":
*Bangkok Metro.* UrbanRail.net, last updated 2011. Web. July 2012. *<http://www.urbanrail.net/as/bang/bangkok.htm>*.

*Bangkok,* Metrobits.org, last updated September 2011. Web. July 2012. *<http://mic-ro.com/metro/metrocity.html?city=Bangkok>*.

296 Traffic and Monorail in Bangkok. Photo: Mike McQueen/Corbis. 2002.

Centro Cultural Sao Paulo. Photo: Luciano Bernardes.

Canary Wharf Underground Station (Jubilee Line). Foster and Partners, London. Photo: Dennis Gilbert/VIEW/Corbis. 2011.

298 Madrid Rio Linear Park. Burgos & Garrido Architects. Photo Jeroen Musch. 2011.

299 Seattle Olympic Sculpture Park. Weiss Manfredi Architects. Photo: Benjamin Benschneider. 2008.

**Chapter 6**
Research by Jennifer Esposito, Giorgi Khmaladze and Caroline Shannon. Edited by Caroline Shannon

**Chapter 7**
Edited by Nathan Shobe
337 View of El Calzado. Mariusz Klemens. 2012
348 View of El Recreo. Nathan Shobe. 2012